经济所人文库

朱荫贵集

中国社会科学院经济研究所学术委员会 组编

中国社会科学出版社

图书在版编目（CIP）数据

朱荫贵集/中国社会科学院经济研究所学术委员会组编.
—北京：中国社会科学出版社，2023.7
（经济所人文库）
ISBN 978-7-5227-1951-1

Ⅰ.①朱⋯　Ⅱ.①中⋯　Ⅲ.①经济学—文集　Ⅳ.①F0-53

中国国家版本馆CIP数据核字（2023）第108803号

出 版 人	赵剑英
责任编辑	王　曦
责任校对	殷文静
责任印制	戴　宽

出　　版	中国社会科学出版社
社　　址	北京鼓楼西大街甲158号
邮　　编	100720
网　　址	http://www.csspw.cn
发 行 部	010-84083685
门 市 部	010-84029450
经　　销	新华书店及其他书店
印刷装订	北京君升印刷有限公司
版　　次	2023年7月第1版
印　　次	2023年7月第1次印刷
开　　本	710×1000　1/16
印　　张	22.5
字　　数	333千字
定　　价	128.00元

凡购买中国社会科学出版社图书，如有质量问题请与本社营销中心联系调换
电话：010-84083683
版权所有　侵权必究

中国社会科学院经济研究所
学术委员会

主　任　高培勇

委　员　（按姓氏笔画排序）
　　　　　龙登高　朱　玲　刘树成　刘霞辉
　　　　　杨春学　张　平　张晓晶　陈彦斌
　　　　　赵学军　胡乐明　胡家勇　徐建生
　　　　　高培勇　常　欣　裴长洪　魏　众

总　序

作为中国近代以来最早成立的国家级经济研究机构，中国社会科学院经济研究所的历史，至少可上溯至1929年于北平组建的社会调查所。1934年，社会调查所与中央研究院社会科学研究所合并，称社会科学研究所，所址分居南京、北平两地。1937年，随着抗战全面爆发，社会科学研究所辗转于广西桂林、四川李庄等地，抗战胜利后返回南京。1950年，社会科学研究所由中国科学院接收，更名为中国科学院社会研究所。1952年，所址迁往北京。1953年，更名为中国科学院经济研究所，简称"经济所"。1977年，作为中国社会科学院成立之初的14家研究单位之一，更名为中国社会科学院经济研究所，仍沿用"经济所"简称。

从1929年算起，迄今经济所已经走过了90年的风雨历程，先后跨越了中央研究院、中国科学院、中国社会科学院三个发展时期。经过90年的探索和实践，今天的经济所，已经发展成为以重大经济理论和现实问题为主攻方向、以"两学—两史"（理论经济学、应用经济学和经济史、经济思想史）为主要研究领域的综合性经济学研究机构。

90年来，我们一直最为看重并引为自豪的一点是，几代经济所人孜孜以求、薪火相传，在为国家经济建设和经济理论发展作出了杰出贡献的同时，也涌现出一大批富有重要影响力的著名学者。他们始终坚持为人民做学问的坚定立场，始终坚持求真务实、脚踏实地的优良学风，始终坚持慎独自励、言必有据的学术品格。他们是经济所人的突出代表，他们的学术成就和治学经验是经济所最宝贵的财富。

抚今怀昔,述往思来,在经济所迎来建所90周年之际,我们编选出版《经济所人文库》(以下简称《文库》),既是对历代经济所人的纪念和致敬,也是对当代经济所人的鞭策和勉励。

《文库》的编选,由中国社会科学院经济研究所学术委员会负总责,在多方征求意见、反复讨论的基础上,最终确定入选作者和编选方案。

《文库》第一辑凡40种,所选作者包括历史上的中央研究院院士,中华人民共和国成立后的中国科学院学部委员、中国社会科学院学部委员、中国社会科学院荣誉学部委员、历任经济所所长以及其他学界公认的学术泰斗和资深学者。

《文库》第二辑共25种,在延续第一辑入选条件的基础上,第二辑所选作者包括经济所学术泰斗和资深学者,中国社会科学院二级研究员,经济所学术委员会认定的学术带头人。

在坚持学术标准的前提下,同时考虑的是入选作者与经济所的关联。他们中的绝大部分,都在经济所度过了其学术生涯最重要的阶段。

《文库》所选文章,皆为入选作者最具代表性的论著。选文以论文为主,适当兼顾个人专著中的重要篇章。选文尽量侧重作者在经济所工作期间发表的学术成果,对于少数在中华人民共和国成立之前已成名的学者,以及调离经济所后又有大量论著发表的学者,选择范围适度放宽。为好中选优,每部文集控制在30万字以内。此外,考虑到编选体例的统一和阅读的便利,所选文章皆为中文著述,未收入以外文发表的作品。

《文库》每部文集的编选者,大部分为经济所各学科领域的中青年学者,其中很多都是作者的学生或再传弟子,也有部分系作者本人。这样的安排,有助于确保所选文章更准确地体现作者的理论贡献和学术观点。对编选者而言,这既是一次重温经济所所史、领略前辈学人风范的宝贵机会,也是激励自己踵武先贤、在学术研究道路上砥砺前行的强大动力。

《文库》选文涉及多个历史时期,时间跨度较大,因而立意、观点、视野等难免具有时代烙印和历史局限性。以现在的眼光来看,某些文章的理论观点或许已经过时,研究范式和研究方法或许已经陈旧,但为尊重作者、尊重历史起见,选入《文库》时仍保持原貌而未加改动。

《文库》的编选工作还将继续。随着时间的推移,我们还会将更多经济所人的优秀成果呈现给读者。

尽管我们为《文库》的编选付出了巨大努力,但由于时间紧迫,工作量浩繁,加之编选者个人的学术旨趣、偏好各不相同,《文库》在选文取舍上难免存在不妥之处,敬祈读者见谅。

入选《文库》的作者,有不少都曾出版过个人文集、选集甚至全集,这为我们此次编选提供了重要的选文来源和参考资料。《文库》能够顺利出版,离不开中国社会科学出版社领导和编辑人员的鼎力襄助。在此一并致谢!

一部经济所史,就是一部经济所人以自己的研究成果报效祖国和人民的历史,也是一部中国经济学人和中国经济学成长与发展历史的缩影。《文库》标示着经济所90年来曾经达到的学术高度。站在巨人的肩膀上,才能看得更远,走得更稳。借此机会,希望每一位经济所人在感受经济所90年荣光的同时,将《文库》作为继续前行的新起点和铺路石,为新时代的中国经济建设和中国经济学发展作出新的更大的贡献!

是为序。

于 2019 年 5 月

编者说明

《经济所人文库》所选文章时间跨度较大，其间，由于我国的语言文字发展变化较大，致使不同历史时期作者发表的文章，在语言文字规范方面存在较大差异。为了尽可能地保持作者个人的语言习惯、尊重历史，因此有必要声明以下几点编辑原则：

一、除对明显的错别字加以改正外，异形字、通假字等尽量保持原貌。

二、引文与原文不完全相符者，保持作者引文原貌。

三、原文引用的参考文献版本、年份等不详者，除能够明确考证的版本、年份予以补全外，其他文献保持原貌。

四、对外文译名与今译名不同者，保持原文用法。

五、对原文中数据可能有误的，除明显的错误且能够考证或重新计算者予以改正外，一律保持原貌。

六、对个别文字因原书刊印刷原因，无法辨认者，以方围号□表示。

作者小传

朱荫贵，男，1950年12月生于贵州省贵阳市，原籍河北省景县。1982年至2003年在中国社会科学院经济研究所中国经济史研究室工作。

朱荫贵1982年获北京大学历史系学士学位后进入经济研究所，1988年考入中国社会科学院研究生院经济系在职攻读博士学位，1993年获经济学博士学位。1990年通过中国社会科学院研究生院与日本东京大学合作培养博士生考核，获得日本国际交流基金资助在东京大学学习一年，1995—1997年获得日本学术振兴会资助再赴东京大学从事2年博士后研究。在经济研究所工作期间，历任实习研究员、助理研究员、副研究员、研究员。1998年兼任中国社会科学院研究生院经济系教授、博士生导师。1988年任研究室副主任，2000年任研究室主任，经济研究所党委委员，中国社会科学院经济学科片正高级专业技术职称评审委员会委员。1993年获国务院颁发的有突出贡献社会科学专家证书并享受国务院政府特殊津贴。2003年被复旦大学历史学系以"杰出人才"身份引进，担任教授、博士生导师，教授中国经济史、商业史、企业史、金融史等课程。曾任中国近现代史教研室主任，历史系学术委员会主任。社会工作：担任或曾担任中国经济史学会理事、近代专业委员会副主任；中国商业史学会理事、副会长；上海经济史学学会副会长、上海炎黄文化研究会副会长、招商局史研究会副会长等职务。2016年退休。2017—2018年复旦大学历史系返聘教授，2019年任华中师范大学人文学院特聘教授。

朱荫贵的学术专业为近现代中国经济史，主要兴趣集中在中日现代化比较研究、近代中国轮船航运史、近现代中国企业史、股份制企业史、近代中国资本市场、近代金融史、证券史、近代中国市场经济等领域。

中日现代化比较研究方面，朱荫贵全面比较研究了中日两家典型企业在现代化起步时期的诸种异同，通过长时段、大范围、多角度的分析比较，得出结论：后发展国家在改造自身追赶先进国家的过程中，国家政权是否干预经济以及如何干预，是决定此后这个国家走上什么道路的根本和决定性因素。而国家政权之所以这样干预而不是那样干预，又受这个国家历史文化传统的制约和影响。他的这些观点汇聚在由他的博士论文修改的著作《国家干预经济与中日近代化》中。该书1996年获中国社会科学院经济研究所优秀著作二等奖。2017年社会科学文献出版社再版修订本。

近代中国轮船航运史是朱荫贵最早接触的研究领域。1982年朱荫贵进入经济研究所后，跟随航运史专家聂宝璋先生做研究，协助和合作编辑大型资料工具书《中国近代航运史资料》（第二辑上下册），到2002年这部资料书由中国社会科学出版社出版为止的20年时间里，不间断的多年资料收集工作，奠定了他在近代中国轮船航运史这个研究领域的坚实资料基础，除撰写博士论文受益良多之外，还出版了《中国近代轮船航运业研究》和《朱荫贵论招商局》两部著作，另外还发表了数十篇有关专题论文。国家社科基金和中国社科院重大项目《中国近代经济史》第2、第3、第4卷的轮船航运部分，以及国家重大文化工程《清史》中的航运篇，也是由他撰写。且正在着手撰写一部全面介绍1949年前近代中国轮船航运业和外国在华轮船航运业全面发展演变以及势力消长变化的著作。

企业史是朱荫贵另一个感兴趣同时也是研究成果最多的领域。在企业史研究中，他又格外关注近代中国股份制企业的各种特点和问题，包括中国近代股份制企业的形成途径、资本筹集、经营和分配特点、政企关系，与中国传统商事习惯的继承和创新，与中国传统企业合股制的异同,等等,在进行了多个专题研究之后,2008 年出版了《中国近代股份制企业研究》一书。在对近代中国企业史的研究中,他在资金运行特点方面的研究格外引人注目,如他指出近代中国企业要向政府提供报效(包括明文规定的报效和采用其他方式的间接报效)、企业普遍采取固定利率分配即"官利"的原因和特点、企业可以直接向社会吸收存款作为运行资金、企业内部资金调拨和普遍采用"负债经营"模式等。汇聚他这些成果的论文《中国近代股份制企业的特点——以资金运行为中心的考察》发表(《中国社会科学》2006 年第 5 期)后,2008 年获上海哲学社会科学优秀成果一等奖,2009 年获全国高校人文社会科学研究优秀成果一等奖。

近代中国金融领域的研究,是朱荫贵着力较多的又一个方面。特别是对近代中国传统金融机构钱庄,新式金融机构银行、资本市场和证券交易所等的研究成果引人关注。且正在撰写《中国近代的资本市场》一书,汇聚他在这些问题上的研究成果。

朱荫贵的代表性论著有《国家干预经济与中日近代化》《中国近代轮船航运业研究》《中国近代股份制企业研究》《近代中国:金融与证券研究》《朱荫贵论招商局》《中国国家资本的历史分析》(合著)、《中国近代经济史》(第 2、第 3、第 4 卷,合著)等著作。主编《中国近代航运史资料》第二辑(与聂宝璋合编);《近代中国:经济与社会研究》(与戴鞍钢合编);译作《近代中国的国际契机》(与欧阳菲合译)等。另在《中国社会科学》《经济研究》《历史研究》《近代史研究》《中国经济史研究》和日本有关刊物发表论文 100 多篇。

目　录

中日比较篇

中国早期现代化：与日本的比较 …………………………… 3
论国家政权在中日近代化过程中的作用
　　——十九世纪中日两国海技自立的比较研究 ………… 19
"官督商办"与"命令书"
　　——中日近代工商企业经营管理形态的比较研究 …… 45

轮船航运业篇

清代木船业的衰落和中国轮船航运业的兴起 …………… 73
1927—1937年的中国轮船航运业 ………………………… 98
抗战时期日本对中国轮船航运业的入侵与垄断 ………… 128

企业史篇

论晚清新式工商企业对政府的报效 ……………………… 153
近代中国的第一批股份制企业 …………………………… 168
引进与变革：近代中国企业官利制度分析 ……………… 188
中国近代股份制企业的特点
　　——以资金运行为中心的考察 ……………………… 209
"调汇"经营：大生资本企业集团的突出特色
　　——以大生棉纺织系统为中心的分析 ……………… 232

金融证券与资本市场篇

两次世界大战间的中国银行业 ………………………………… 253
1937 年前的外国在华银行
　　——以南京国民政府时期为中心 ………………………… 281
试论近代中国证券市场的特点 ………………………………… 298
"大分流"之后的与时俱进:传统钱庄业在近代中国的
　　变化与特点 …………………………………………………… 319

编选者手记 ……………………………………………………… 340

中日比较篇

中国早期现代化：与日本的比较

自18世纪工业革命爆发后，机器大工业以规模大、效率高、产品价格低、能迅速冲破此前孤立和狭小的市场等特点，被世界所接受和效仿。此后，以机器大工业为核心的现代化潮流，以无可阻挡之势向世界扩展和蔓延，深刻地影响到各个国家、地区和民族。此时世界上出现的一个明显趋势和变化，就是农业文明逐渐向工业文明转化，以农业文明为主的东方落后于机器大工业迅速发展的西方，东西方的发展差异越来越明显。

2000年，美国加利福尼亚大学尔湾分校的彭慕兰教授出版《大分流：欧洲、中国及现代世界经济的发展》一书[1]，引发学术界广泛关注和讨论。

该书关注的重点是1800年以来中国和欧洲出现的差异，彭慕兰以"大分流"来概括中国和欧洲出现的不同发展道路。彭慕兰的著作进一步强化和引发了人们对此前英国学者李约瑟提出并被称为"李约瑟之谜"问题的关注。[2] 在彭慕兰的著作中，亚洲内部的情况并非该书关注的重点。实际上，如果说18世纪以来中国和欧洲的发展道路出现了"大分流"的话，19世纪中叶亚洲内部同样出现了大

---

[1] 该书中文版由史建云译，于2004年由江苏人民出版社出版。

[2] 著名的研究中国科学技术史的英国学者李约瑟，在完成他的多卷本巨著《中国科学技术史》之后，曾在20世纪30年代提出一个问题，这个问题此后被称为"李约瑟之谜"，其内容主要为："尽管中国古代对人类科技发展做出了很多重要贡献，但为什么科学和工业革命没有在近代的中国发生？"对于这个问题，很长时间以来甚至直到今天仍然成为国内外学者的研究难题，回答多种多样，但没有一种能够被大多数学者接受，中国和欧洲在17、18世纪后出现的"大分流"原因研究，就是其中之一。彭慕兰的著作很大程度上也是为回答此问题而作。

分流，出现了在现代化发展道路中的不同类型和途径，其中代表性的国家就是中国和日本。

19世纪中叶，同处东亚的中国和日本，受西力东渐的影响，在大约相同的时段里开始了以机器大工业为中心的经济近代化进程。这时，先后完成工业革命的西方诸强国，已经在向全世界寻求市场和殖民地。西方强国这种"按照自己的面貌为自己创造出一个世界"的进军，给尚未经历工业革命的东亚各国带来极大压力。在这种压力下，中日两国都面临着沦为西方强国殖民地的危机。此时的中日两国，同时承受着改变命运和发展自身努力强大的压力。这种压力来自国外和国内两方面：来自国外西方强国的压力，是要中日两国顺应资本主义势力扩张的要求，便于它们对东方的掠夺和剥削；来自中日两国内部的压力，首先是为了避免沦为殖民地和自身灭亡的命运。这是内涵完全不同的两种指向。

此后，在这内外双重"改变面貌"压力的交互作用下，中日两国在19世纪60年代大致相同的时段里分别开始了"求强""求富"为中心的洋务运动和以"殖产兴业""富国强兵"为中心的明治维新运动，开始了这两个国家经济现代化的第一步。但是，经过三十余年的发展，到19世纪末期时，中日两国却出现了明显不同的发展结果。在这段时期，日本生产力获得了迅速发展，资本主义生产方式已经逐步取代了此前的封建生产方式，不仅摆脱了沦为西方强国殖民地的危险，反而在1895年的中日战争中打败了同时起步的中国，以一个新兴资本主义强国的姿态出现在东亚。相反，中国不仅未能摆脱亡国灭种的深重危机，在过去一败再败于西方强国的基础上，又败给几乎同时起步且国土面积比中国小很多的日本，不仅割地赔款，而且因《马关条约》的签订，使得西方强国随后在中国掀起了划分势力范围、争夺中国权益的狂潮，从而陷入更深重的危机中。

中日两国同为后发国家，在大致相同的时间里向西方学习开始资本主义现代化的进程，结局却差异如此之大，其中原因曾长期以来引起国内外学术界注意，发表过不少论著和专文，① 从各种角度进行了探讨。本文在前人研究的基础上，从此前研究中注意不够的政府干预经济的角度出发，探讨中日两国现代化起始时期的异同点，进而论证两国政府发挥的不同作用成为中日两国走上不同道路的最关键性因素。

一　中日经济近代化开始时两国国情的相似之处

中日两国在开始经济近代化之时，两国的国情中，历史背景、起步条件和发展进程中有许多相似之处，这些相似之处至少可以举出以下几点：

第一，两国在19世纪中叶被列强打开大门之前，都长期处于相对封闭状态，对外贸易很不发达，农业人口占极大比重。1887年时中国的农村人口约占全部人口的80%，日本在1872年时农业人口占全部从业人口的72%②。两国人口相对于可耕土地面积来说都处于高度密集状态，都有不利的人地比例关系。1887年时，中国的人均耕地面积不过0.17公顷，日本为0.12公顷③。以农户计算，1888

---

① 主要著作如日本龙溪书社出版依田憙家教授的《日中两国近代化的比较研究序说》；孙志民、翟新编译，上海三联书店出版依田憙家的《中日近代化比较研究》；马家骏、汤重南《日中近代化的比较》，日本六兴出版株式会社出版；芝原拓自、藤田敬一《明治维新和洋务运动》，载《历史面貌再构成的课题》（御茶水书房出版）；罗兹曼等《中国的现代化》（江苏人民出版社出版）和布莱克等《日本和俄国的现代化》（商务印书馆出版），等等。

主要论文如黄逸峰、姜铎《中国洋务运动与日本明治维新在经济发展上的比较》，《历史研究》1963年第1期；丁日初、杜恂诚《十九世纪中日资本主义现代化成败原因浅析》，《历史研究》1983年第1期；罗荣渠《中国早期现代化的延误——一项比较现代化研究》，《近代史研究》1991年第1期；王玉茹《二元结构和经济增长——十九世纪八十年代至二十世纪三十年代日本和中国近代化过程的比较研究》，早稻田大学社会科学研究所《社会科学研究》106号，1991年；另有一批从某些具体领域如教育、文化或行业如棉纺织业等进行比较研究的论文。

② [日] 安藤良雄编：《近代日本经济史要览》，东京大学出版会1990年版，第6页表3。

③ 吴承明：《中国近代农业生产力的考察》，《中国经济史研究》1989年第2期；中国科学院经济研究所世界经济研究室编：《主要资本主义国家经济统计集（1848—1960）》，世界知识出版社1962年版，第372、379页人口与耕地面积计算。

年时，日本每户耕种不满0.79公顷土地的农户占全部农户的55%，耕种0.79—1.48公顷土地的农户占全部农户的30%，二者合计占85%。① 以家庭为单位的农业小生产方式在两国都占据统治地位。作为后发的封建农业国家，两国都不可避免地存在人均收入水平低下和资本短缺的状况。

第二，中国和日本都是在和西方诸强国签订了一系列不平等条约后开始自己的经济现代化的。起步阶段和以后的几十年中，一直受着不平等条约的束缚。通过19世纪40年代和60年代的两次鸦片战争，英、美、俄、法等资本主义强国强迫中国清政府签订的不平等条约26个。② 日本从1853年被美国培里舰队首先敲开大门，到1868年明治政府成立前的15年中，英、美、俄、法等强国迫使日本签订了不平等条约25个。西方列强通过订立一系列不平等条约及其附属约款和协定等，从中日两国攫取了大批特权。在主要的条款如享有治外法权、关税不能自主、开辟"租界"、开放通商城市等方面，两国都是相同的。这些不平等条约的订立，标志着两国过去闭关锁国时代的结束。

第三，19世纪60年代初期到90年代中期，也就是中国洋务运动和日本明治维新时期，两国都具有发展经济不可缺少的30来年相对和平时期。虽然80年代中期中国爆发过中法战争，日本有过出兵台湾和镇压本国叛乱的"西南之役"，但都是时间不长、规模不大、不影响全国的局部战争。在这个时期，西方列强正是处于自由资本主义向垄断资本主义的过渡阶段，对外仍以商品输出为主，中日两国政府仍然掌握着选择和发展的主动权。

第四，中日两国在被列强打开大门的时候，自身社会经济的发展水平都还不具备或不完全具备发动工业化的条件。洋务运动和明

---

① 安藤良雄编：《近代日本经济史要览》，东京大学出版社1990年版，第15页表1。原表单位是"町"。为便于比较，笔者按樊亢、宋则行主编《外国经济史》第三册附表每町合0.99公顷折算。以户数统计的数字中国无。

② 参见王铁崖编《中外旧约章汇编》第1册，生活·读书·新知三联书店1957年版，目录第1—2页。

治维新引进兴办的一系列机器企业,都不是这两个国家在自身经济发展到一定水平后的自然产物,而是在内忧外患的危机中,作为自救自强的措施,由这两国政府通过自上而下的方式引进和推行的。在这段时期的历史舞台上,中国清政府和日本明治维新政府都扮演了经济近代化的组织者和导演的角色。

二 经济近代化开始时中日两国国情的不同之处

在中日两国之间存在若干相同点的同时,两国之间存在的不同之处更加多而且重要,这一点更加需要我们注意。正是因为有这些不同之处的存在,才使得在大体相同时期开始,同时具有不少相同点的中日两国,此后走上了不同的发展道路。综合起来看,这时中日两国之间存在的不同之处主要有以下几点。

其一,两国政府主体的性质不同。也就是说,承担组织和导演洋务运动和明治维新的清政府与日本明治政府本身,存在很大的不同。

1868年日本明治政府成立之前,日本有名义上的最高统治者天皇,但实权掌握在幕府首领征夷大将军手中。幕府之下全国有260多个藩,各藩的直接统治者"大名"虽在不同程度上受"大将军"控制,负担幕府规定的各种政治、经济和军事的义务,但在自己的领地上,却拥有财政、军事、司法和行政的权力。"大将军"和"大名"手下分别豢养着大批"武士",这些名为"武士"的世袭职业军人分别听命于"将军"和"大名"。在日本社会中,实行严格的等级身份制度。居民被划分为"士(武士)、农(农民)、工(手工业者)、商(商人)"四个等级。此外还有被称为"秽多""非人"的所谓贱民,与四民之间存在严格的界限。由将军到贱民,构成日本封建社会世代相传不能改变的等级身份制度。显然,在幕藩体制下,日本实际上处于一种封建的割据状态中。

1868年,一批下级武士发动政变推翻了幕府统治,重新拥立天皇为国家元首,由此开始了著名的明治维新。新政府通过"奉还版籍""废藩置县",实行土地制度、兵制和地税制度改革等一系列措施,破除了过去存在的封建割据状态,形成了中央集权的统一国家。通过废除等级身份制度,取消从业限制和行会组织等一系列措施,为学习西方强国、实现经济近代化奠定了基础。1873 年,赴欧美考察学习西方列强发展经验的"岩仓使节团"出访归来后,政府内部经过一场有关国策的辩论,主张先治理国内、发展产业、增强国力再向外扩张的"内治优先"论者(主要为岩仓使节团成员)控制了政府的实权,形成了以内务卿大久保利通为首、大隈重信和伊藤博文为左膀右臂的领导核心。这个领导核心在全国范围内开始制定、颁布和实施一系列向西方学习的制度规章,同时利用国家权力,从上而下地强力推行经济现代化运动。尽管中日学术界至今对日本 1868 年开始的明治维新运动的性质有不同评价,但无论持何种观点的学者都很难否定这一点:这次运动实际是代表日本反封建割据、反封建等级制和要求向西方强国学习、推行经济近代化的势力取得了胜利。这个胜利为日本经济近代化的顺利发展奠定了相当扎实的基础。

相反,同期中国推进的洋务运动却始终未能形成一个全国性的从中央到地方的自上而下的运动。既没有像日本那样把学习西方强国、走西方式经济发展道路、兴办新式企业、推进一系列改革作为"国策"来实行;更没有像他们那样围绕这个目的,制定和推行一系列法律规章和制度。这种局面,首先是由当时中国统治阶级的状况决定的。当时的统治者清政府,是以原处东北一隅的满族地方势力入关后建立的以满族为中心的政权。长期以来,为防范人数众多的汉族力量的反叛,实行了一系列特有的以满族为中心的控制政权的措施。太平天国农民起义的过程中,崛起了一批汉族新兴地方督抚势力,这批新兴起的汉族地方督抚势力,又成为以后兴办洋务运动企业的主角。

这种因汉族地方督抚势力崛起导致的中央集权向地方分权的状况,对以后洋务运动的兴办和推进,产生了不可忽视的影响。譬如,防止出现地方督抚权力过大的历史传统和对汉族势力崛起的戒备及防范心理,加上其他种种原因,使学习西方强国兴办的洋务事业,始终没有形成一个统一的从中央开始向地方推广普及的全局运动。清政府最高统治者虽迫于内外形势的压力和稳固统治的需要不得不同意兴办一些洋务事业,但却利用传统的政治平衡术在朝廷中任用一批顽固派对洋务派形成掣肘,加上社会上顽固的封建传统势力的强大和阻碍作用,使得中国推进的经济近代化运动不能不具有这样一些特点:第一,洋务新政中兴办的新式机器厂矿企业都是地方级的。其兴办和兴衰往往与某一个地方督抚大员的名字和命运紧紧相连。如曾国藩与江南制造局、左宗棠与马尾船政局、李鸿章与轮船招商局等等。最典型的一例莫过于张之洞创办钢铁厂,因其调动职务而使工厂随之迁移兴办的事例。这些状况,必然造成兴办的洋务企业之间缺乏应有的协调和联系,成为各自为政的孤立事例。第二,督抚无权决定重大的洋务建设措施。19世纪80年代对铁路的争议就很典型。第三,洋务企业的兴办常常与地方利益而不是国家利益相联系,洋务企业的兴办对增大地方督抚的权力和地位具有潜在价值,以致洋务企业在兴办过程中产生种种矛盾冲突和利益纠葛,进而影响洋务运动的顺利进行。

其二,中国洋务运动与日本明治维新的目标不同。

日本明治政府在推翻幕府夺取政权时宣布的《五条誓文》中,明确表示要"破旧有之陋习""求知识于世界"①。为此,1871年12月,刚刚安定国内的日本新政权,就决定向外派遣大型的学习考察团即"岩仓使节团",为日本学习西方强国求取经验。

岩仓使节团的出访是日本近代历史上一件空前的大事。岩仓使节团以右大臣岩仓具视为正使,内阁顾问兼参议木户孝允,参议兼大藏卿大久保利通和参议兼工部大辅伊藤博文,外务少辅山口尚芳为副使,下属成员中包括大藏、工部、外交、文部、司法和

---

① 大久保利谦编:《近代史史料》,吉川弘文馆1969年版,第51页。

宫内省的新政府骨干成员共51人。其中包括被誉为"维新三杰"中的木户孝允和大久保利通两人,相当于"日本行政部门的全体出动"。①

1871年12月,代表团离开横滨前往美国,半年以后转向欧洲,中经英国、法国、比利时、荷兰、德国、俄国、丹麦、瑞典、意大利、奥地利、瑞士等国家,历时一年零九个月,到1873年9月,才分批回国。

在历时一年多的考察中,使节团成员亲身生活在西方各国资本主义生产方式产生的近代文明和完全不同的社会环境中,受到强烈的刺激并留下了极为深刻的印象。正像与代表团同行到法国留学,后来成为日本杰出民主主义者的中江兆民回忆所说:"目睹彼邦集数百年来收获蓄积之文明成果,灿烂夺目,始惊、次醉、终狂。"② 代表团副使大久保利通在目睹欧美文明和日本的差距悬殊时,痛感日本文明开化太晚,以至于发出"亲到西洋一看,深感我等确实不适应如此进步之世界"③ 的感叹,因而更加周密细致地考察和研究西方国家达致富强的原因和手段。

通过对这些国家的调查了解,他们认识到发达的近代工业和繁荣的国际贸易,欧美式的学校教育和工商业的协调发展彼此促进,是导致西方国家富强的根本原因。其中,以煤铁为基础的工业生产乃是各国"雄飞的物质基础"。尤其是对英国这个"世界工厂"进行的4个月考察中,他们所到之处,"但无有地上所产之一物,唯是煤炭与铁而已,制造品也皆自他国输入,又输出他国者。其制作所之盛,比前所传闻更多,每到一地,黑烟冲天,无不没有大小制造所,由此足以知晓英国富强之所以也"。④

大久保利通回国后,就向日本政府提出了向英国学习的《关于

---

① 上引均见《派遣欧美使节事由书》,大久保利谦《岩仓使节之研究》,宗高书房1976年版,第120页。
② 转引自汤重南《岩仓使团出使欧美》,《世界历史》1985年第8期。
③ 土屋乔雄:《日本资本主义史上的指导者们》,岩波书店1941年版,第25页。
④ 日本史籍协会编:《大久保利通文书》第四册,东京大学出版会1983年版,第468页。

殖产兴业的建议书》,建议书中说:"大凡国家之强弱,系于人民之贫富,人民之贫富,系于物产之多寡,而物产之多寡,又起因于是否勉励人民之工业,但追根溯源,又无不依赖政府官员诱导奖励之力。"为此,担当政府领导职务的人责任重大,需要深察熟虑"从工业物产之利到水陆运输之便"的一切事情,要根据日本的风土习俗和人民的性情知识,制定方策,"以为今日行政上之根本"。他要求确定政府发展的谋略:"测量我国天然之利,可增殖之物产有几许,可劝奖之工业以何为主"等等,以便"劝业殖产,使一夫不怠其业,一民不忧其所"。如此实行,人民能够"殷富充足","国家也必然随之富强",达到"与西方各个强国并驾齐驱"的目标,"亦不难矣"。他建议以英国为榜样,认为英国"是我国当为规范者"。①

于此,可以看出,岩仓使节团的出访不仅使日本找到了发展经济现代化的"模特儿",认识到了政府奖励诱导的重要作用,为以后利用国家权力,充分发挥国家干预经济,促进和推动资本主义近代企业的产生和发展奠定了基础,而且树立了"与各个强国并驾齐驱",最终也使自己成为世界强国的发展目标。

与日本相比,中国此时的国情却有很大的不同。此时的中国,不可能具有像日本那样的对欧美的认识,并进而决定走西方那样的资本主义道路。明确表示要学习西方强国,走西方式的强国之路,实际等于承认自己落后,承认对自己要从根本上进行改造,承认对过去上千年形成的体制、观念、价值系统等都需重新审视评价,而这一切在当时的中国特别是对于清政府来说,是不可想象的。

几千年以来一直保持的大一统帝国的发展格局,在这个基础上发展出来的灿烂华夏文明,长期延续下来的以华夷秩序为基础的朝贡贸易体制,以及建立在这三者之上的"天朝上国"和"万方来

---

① 以上所引均见日本史籍协会编《大久保利通文书》第五册,东京大学出版会1983年版,第561—566页。

朝"的至尊观念，西方强国两次鸦片战争的炮火力量还远远不足以将其摧毁。中国这时还不可能像日本那样派出庞大的考察取经团，主动向西方学习"取经"；不可能像日本那样准备从政治、经济、社会、文化、教育等各个方面学习和移植西方的制度进行改革；更不可能像日本那样把学习西方、从根本上改变国体走西方式道路作为基本国策来推行。

中国清政府这时所能认识到的、能允许和实行的，只限于引进西方强国的生产技艺，也就是"机、船、路、矿"等器物层次上的东西。从林则徐、魏源等人提出的"师夷长技以制夷"，到晚清洋务派代表人物张之洞所说的"中学为体，西学为用"，不管是"求强"兴办的军事工业，还是"求富"兴办的民用工业，都没有突破"器物"这个层次。"中学为体，西学为用"之说，表面上反映了中国传统社会经济文化结构的坚固和此时对西方认识的不足，可是更深层次地看，实际是过去高度成熟的农业文明在自身活力尚未完全释放净尽时即被外力强行打断的惯性表现。这一点，是日本不能比的，也可以说是中国开创洋务事业和转轨变型难度远较日本为大的根本原因。

主观的状况和客观的条件决定了中国此时只达到这一认识水平，因此，失去主动选择转变国体的机会也就成了历史的必然。中国洋务派的富国强兵、自强、求富等努力和措施，都成了维护、修补和巩固清朝统治这一目的进行的活动也就不足为奇了。19世纪八九十年代也有一些洋务派人士认识到仅仅停留在器物层次的变革上实际不可能使中国真正强大，但制度层面和更深一层的思想文化层次上的变革，真正试行却是在中日战争中国被日本打败后的1898年戊戌维新时期和以后。

既然没有体制和道路上变革的要求，中国洋务事业兴办的着眼点便很自然地集中到"利""强"上。正如王韬所说："呜呼，处今之世，两言足以蔽之，一曰利，一曰强。"求富的民用工业和求强的军用工业实际上便是适应这种情况开办的。针对当时中国利权大量外泄的状况,以及认识到无利而不强,举办军用工业和民用工业都需要大量经费支持的事实,洋务派在兴办洋务企业特别是民用企业时,首要的着眼点和着手点都围绕着与外国人"争利"而展开,希望通过兴办企业与洋人争利,以达到"保利权"的目的。这在当时洋务派兴办洋务企业的议论中屡见不鲜。

在这里,需要注意的还有两点,一是中国这些近代企业的兴办,除为了"保利权""塞漏卮""利国",和洋人争利权以保清朝统治外,没有更进一步的打算。二是要求不高,起点很低,设立机器织布局,只是"冀稍分洋商之利";兴办轮船招商局,也只为"略分洋商之利","庶使我内江外海之利,不致为洋人占尽"。① 这种"稍为""略分""不致为洋人占尽"的考虑,一方面固然反映出当时洋人在中国势力强大,顽固派掣肘,洋务派在内外环境交困下不敢作过高期待的心态;另一方面,也反映出主持兴办洋务企业的中国洋务派从一开始就没有通过兴办现代大机器工业,使之在全国逐步推广,进而完全收回利权,走西方式强国道路的长远目标。

其三,两国政府干预的措施和手段不同。

因为推行洋务运动和明治维新的中日两国政府主体性质不同;两国政府兴办洋务运动和明治维新欲达到的目的不同;因而在中日两国近代化的进程中,两国政府的干预手段也必然会不同。

日本政府在明治维新的过程中,充分体现了利用国家权力干预经济,促使资本主义发展的职能,这与清政府的作用形成了鲜明的对照。这种差异,集中体现在对发展民间资本主义采取什么样的态度和措施上。日本政府围绕扶持、倡导和鼓励民间资本主义发展,采取了一系列措施和干预手段。例如,明治政府成立时,首先就在法律上废除了人身等级差别和择业的限制,颁布鼓励兴办工商业的法规,发行巨额俸禄公债,帮助和促使封建领主及武士等向经营资

---

① 《李鸿章全集》奏稿卷四三、卷二五、卷二〇。

本主义工商业转化，并提供各种特权和大量资金，扶持部分"政商"成长，使之在日本资本主义发展中起到带头作用。同时，政府还设立专门的机构工部省（1870年）和内务省（1873年）掌管这方面工作。工部省和内务省主要的中心工作都在于"劝奖百工"。①"劝奖"二字，集中体现了日本政府此时政策的特征。

与此同时，日本政府还采取了一系列有力的手段鼓励近代经济近代化的推进。例如，1873年，为改变资金匮乏的局面，日本政府对地税进行了改革，依靠农业改革为兴办和发展现代大机器企业提供了稳定而有保证的资金来源。在社会风气未开、民间对兴办现代实业缺乏积极性时，明治政府利用国家权力，通过财政拨款，由政府首先兴办了一批"官营示范工厂"。这些官营示范工厂的"直接着眼处，不在获得利益，而在于依赖技术上的成功来移植欧美的产业"，② 目的是"示以实例，以诱导人民"。③ 另外，还设立"工业试验所"，举办"劝业博览会"，④ 在民间介绍和推广新生产方法，以鼓励和激发民间投资办厂的热情。

当民间兴办实业达到一定基础后，19世纪80年代初，日本政府又把官办的工厂（除部分军用工厂以外）以极低的价格出售给私人经营。通过这种措施，直接扶持和推动民间财团和骨干企业的兴起。为防止这些企业对政府产生过多的依赖性，又由农商务省代表政府向全国府县发布谕告，明确宣布当前的重点是"要使人民脱离依赖思想而增强和扩大其自勉力"，政府将加强制定各种法律规章，"依赖法规公平不偏地作为管理上的重要手段"。⑤ 实际上是把干预手段从过去的以国家直接干预为主改为现在依靠制定政策制度等间接的

---

① 守屋典郎：《日本经济史》，周锡卿译，生活·读书·新知三联书店1963年版，第62页。
② 高桥龟吉：《日本资本主义发达史》，日本评论社1939年版，第79页。
③ 守屋典郎：《日本经济史》，周锡卿译，生活·读书·新知三联书店1963年版，第64页。
④ 到日俄战争前为止，日本一共举办过全国规模的劝业博览会5次，另有地方办的各种博览会不计在内。参见守屋典郎上引书，第64页。
⑤ 高桥龟吉：《日本资本主义发达史》，日本评论社1939年版，第80页。

干预为主。

此外，在对国家发展有重大关系的领域如海运业中，则实行国家扶持民间经营的办法，创立"命令书"等特有的方式进行管理，达到国家通过干预，保证企业按政府要求发展的前提下，又能保持企业相对独立性，从而具有活力。在资本积累、人才培养、国民教育等方面同样制定了相应的一系列配套措施，逐步积累和奠定了经济迅速发展的基础。十分明显，日本政府的一系列政策和措施，有力地推动和改变了日本的国体，使日本经济现代化前进的步伐十分有力和迅速。

中国由于兴办洋务企业的重点仅仅局限于把西方"机、船、路、矿"等器物技艺层次上的东西引进和移植到中国社会的机体上，以使中国封建主义的清朝政权得以维持和延续，没有像日本那样改变国体，从根本上实行变革。因此，中国洋务运动实行的政策和措施，便不可避免地带有如下特点：第一，引进和兴办的洋务企业缺乏总体规划和统筹布局，没有相应的主管部门和与之配套的法规政策，没有积极地从上往下强有力推行的措施，而是各自为政。第二，洋务企业的引进和兴办不能危及清政府，必须限制和纳入朝廷控制，不能自由发展。第三，没有制定和采取鼓励、保护民间自由兴办现代大机器企业的措施和政策，更谈不上利用国家的权力进行诱导和示范。在这种状况下，19世纪90年代中期以前，除军用工业是官办，民用工业中居于统治地位的是"官督商办"企业外，民间自由兴办起来的现代企业数量极其有限，更没有形成气候，与日本同期的状况相比差距十分明显。

三　更深层次的影响：中日历史文化传统的区别

应该说，使得中日两国早期现代化出现"大分流"的原因，绝不限于上述所举的中日两国差异，还有更复杂和更深层的原因——历史文化传统的不同。按照马克思主义的观点，人们不能够随心所欲地创造历史,也不是在他们自己选定的条件下创造历史,而是在"直接碰到的、既定的、从过去承继下来的条件下创造"历史。①

我们知道,历史上中华文明曾经历过多次外族入侵和外来文化的冲击,但作为一种文明体系,却始终没有中断过自己的发展,成为世界几大古文明中唯一能延续不断的例外。产生和维系这个文明体系的生产方式和经济理论,反过来也必然使中国历代统治者越加确信,这是维护王朝中央统治的基石。这种信念还因以下几种因素而得到强化。第一是长期性。西欧诸国的封建社会历史,如果以西罗马帝国的灭亡(476年)算起,到英国资产阶级革命的爆发(1640年)为止,总计存在了1164年。而中国的封建社会历史,如果从春秋战国之交(前475年)算起,到鸦片战争爆发(1840年)为止,延续了2315年,差不多比西欧封建社会历史长一倍。尽管这种时间上的比较有局限性,但中国封建社会的延续时段远比西欧社会长却是可以肯定的。第二是坚韧性。中国小农生产方式的坚韧性不仅表现在它的历史时期之长和高度发达,还表现为农民具有强大的调节社会关系的力量。几千年中一次次周期性爆发的农民大起义,冲击和调整着生产关系中难以适应生产力的部分,使中国的这种小生产方式变得十分坚韧,富于弹性。第三是相对封闭性。在整个漫长的封建时期,由于中国周围地理条件的限制和周围国家的生产力、文化水平相对低下,加上与世界其他地区交通的困难,使得在中国这种生产方式上创造出来的灿烂文明长期一枝独秀。

在这种生产方式的主导下,历朝封建统治者还辅以种种相应的政策,使它更富于活力。如统治者动员国家力量,发展农业气象观测和大规模兴修水利灌溉事业;远在战国时期就允许土地买卖,使商业资本可以转化为土地资本,不至于成为小生产方式的"腐蚀剂";政治上强调农业重要性,保障地主阶级成为国家统治力量的基础和支柱;文化和制度上以"重义理轻艺事""重义贱利"的儒家

---

① 《马克思恩格斯文集》第2卷,人民出版社2009年版,第470—471页。

学说为正统；长期实行并逐步完善的科举制度，又使社会中最有知识的人才尽行纳入封建官僚的体制之中，保证了封建社会具有相当程度的活力，甚至包容和同化了各个时期外来的民族和外来的文化；等等。如此种种，在一个相对封闭的社会环境和长期对外闭塞的历史条件下，整个社会无论在经济基础还是上层建筑方面都形成了一套自成系统和行之有效的模式。无疑，这种模式由于上述种种特点，自然在历代封建统治者心目中占有天经地义的至高无上地位。

处于这种生产方式中，中国一家一户的小农经济本身虽不能做到完全的自给自足，但是对于整个国民经济体系来说，却具有高度的自给自足性。因此，当西方资本主义列强叩开中国的大门时，面对的是历经几千年时间、自成系统和行之有效的、以农为本的小生产方式。这种生产方式，连同在这基础上形成的统治秩序、社会制度等，都早已被一代代中国统治者作为传统和治国之要而视为不易的信念了。也因此，晚清中国封建统治者不可能主动放弃祖宗成法，并追随"洋夷"以"工商"立国，不可能承认这种与自己传统完全不一样的生产方式的优越和先进，并进而对其接受和倡导。

与中国相比，日本对待西方的态度就大不一样了。日本民族善于学习和模仿其他文明的这种民族传统，正如许多学者论述过的那样，是与日本作为岛国、身处亚美两大洲之间、民族单一、不容易遭受外族侵略等分不开的。但更重要的是，"日本人对外国所持的这种态度，是从历史上形成的。日本没有使它受到威胁的临近大国，只有一个给它输入文明的相隔较远的中国"，而"古代的中国拥有非常先进的文明，对日本来说，学习中国，是一个莫大的恩惠"。[①] 这一点，直到今天还在日本的文字、建筑、服饰、饮食和工业科技等各个方面表现出来。

日本形成的是与中国不一样的历史传统，当突然面对西洋文明的冲击时，自然会产生不同的反应。日本近代重要的启蒙家福泽谕

[①] 吉田茂：《激荡的百年史：我们的果断措施和奇迹般的转变》，孔凡、张文译，世界知识出版社1980年版，第12—14页。

吉在他的著作《文明论概略》的序言中，对西方文明传到日本的初期情况如此描写："自从嘉永年间美国人来到日本，此后日本又与西洋各国缔结了通邮、贸易等条约，我国人民才知道有西洋，互相比较，才知道彼此的文明情况有很大的差异，人们的视听一时为之震动，人心仿佛发生了一场骚乱。"福泽谕吉进而认为，"人心的骚乱至今仍然在日甚一日地发展着，这种骚乱是全国人民向文明进军的奋发精神，是人民不满足于我国的固有文明而要求吸取西洋文明的热情。因此，人民的理想是要使我国的文明赶上或超过西洋文明的水平，而且不达目的誓不罢休。"①

总之，中日早期现代化发展出现的"大分流"，既有外因的不同作用，也有内因的种种差异。可就是这种种不同因素导致的政府干预之不同，使得中日两国在19世纪后半叶开始的现代化努力出现了不同的局面。也就是说，后发政府对本国的经济干预，相当于改变或重建一国经济演变的舞台，不同的干预措施和目的，必然给一国发展带来根本性的影响。对这一点，我们今天的现代化建设事业仍然要格外给予重视和关注。

（原载《中国社会科学》2016年第9期）

---

① 福泽谕吉：《文明论概略》，北京编译社译，商务印书馆2011年版，"序言"第1—2页。

论国家政权在中日近代化过程中的作用

——十九世纪中日两国海技①自立的比较研究

关于19世纪下半期中日两国近代化结局大相径庭的原因,学术界已有不少的研究成果问世。本文通过对中日两国近代典型企业——中国轮船招商局和日本邮船会社(下文简称"日邮会社")在培养本国海技人才以改变外国高级船员垄断把持局面的具体研究,探讨两国政府在近代化过程中的地位和作用。进而说明,在一定的历史时期内,特别是在自身社会经济发展尚不具备或不完全具备发动工业化条件的国家,国家政权在其中扮演的角色和发挥的作用,在很大程度上将决定其以工业化为中心的近代化的发展方向和成败。这一点,也正是中日两国近代化出现不同结局的重要原因之一。

一 日本政府培养本国海技人才的政策措施和日邮会社取代排除外国船员的过程及特点

(一)明治初年日本海技人才的缺乏和日本政府的措施

自明治2年(1869)10月和明治3年(1870)1月日本政府相继发表公告,宣布准许普通百姓、商人拥有、制造和购买西式帆船和轮船,鼓励以西式船舶取代日本式帆船后,②日本的蒸汽轮船和西式帆船的数量便出现了快速增长的势头(见表1)。③但是,西式船舶快

---

① 海技即航海技术,以下均简称海技。
② 即1869年10月日本政府太政官公布的布告和1870年公布的《商船规则》,参见富永祐治《交通领域中资本主义的发展》,岩波书店1953年版,第111页。
③ 为保持著者行文原貌,文中涉及的图表样式、数据除有考证外均不作修改。全书下同。

速增长带来的一个急迫而又直接的问题,就是掌握西式船舶操纵技术的人才十分缺乏。当时掌握西方造船技术和航海技术的日本人仅限于幕府末期长崎海军教习所、江户军舰教习所和神户海员操练所由外国教习培养的少量海军人才。但是,这些人因成为明治政府海军的创建者而难以转为民用轮运企业的技术人才。因此,明治初年在西方式船舶快速增加的同时,日本的航海技术人才实际处于空白的状态。为解决此困难,明治3年(1870)1月27日日本政府在公布商船规则时,不得不同时明确表示"得到许可的外国人可以担当船上职务"。① 实际上,明治初年的轮船和西式帆船的高级船员职位几乎全部被外国人占据。1875年,最大的轮船公司三菱会社以东京丸为首的17只轮船中,所有的轮船船长和轮机长等高级船员职位,就全由外国人担任。② 这种高级职位全部被外国人把持垄断的局面,又使得外国雇员对日本普通船员的态度十分傲慢无礼,③ 加

表1　　　　　　　　明治年间西洋式船舶增加情况

年份	轮船		西式帆船		合计	
	只数	吨数	只数	吨数	只数	吨数
明治3年(1870)	35	15498	11	2454	46	17952
明治5年(1872)	96	23364	53	8320	131	31684
明治7年(1874)	118	26120	41	9655	159	35775
明治10年(1877)	183	49105	75	13648	258	62753
明治15年(1882)	344	42107	432	49094	776	91201
明治20年(1887)	486	72322	798	60975	1266	133297
明治25年(1892)	643	102322	780	46084	1423	148406

注:1. 吨数为登簿吨数。2. 表中数字为当年数字。
资料来源:转引自加地照义《关于明治年代的取代外国人船员》,《商大论集》第22卷第2、3、4号,1971年1月。

---

① 转引自加地照义《关于明治年代的取代外国人船员》,《商大论集》第22卷,第2、3、4号,1971年1月。
② 《三菱会社社志》第2卷第3号,第521—526页,第3卷第4号,第621—628页。
③ 据日本学者的研究,当时外国雇员呼唤日本普通船员时,不是呼其职务或是人名,而是用招呼动物的方式以口哨或手势进行。见上述加地照义《关于明治年代的取代外国人船员》。

剧了幕府以来社会上对海员职位的歧视，形成一种似乎只有谋生无着的无赖汉才充任海员的理念①。当时日本普通海员素质低下的状况正如亩川镇夫在《海运兴国史》一书中描述的，"……色、酒、赌博是其唯一嗜好，无籍浮浪之徒聚集一起，甲船干了坏事转移到乙船，船主也好，船员也好，穷于应付"，"依靠此辈运输贵重人命货物，社会上目为极其危险之事"。②而雇用的外国高级船员，除了"单纯的操纵船只和行使技术职务"以外，对于"船上的风气纪律特别是下级船员的陋习，一切不闻不问"。③显然，对于当时决心大力发展海运业，把发展海运业作为"殖产兴业""富国强兵"重要组成部分的日本明治政府来说，海运业中这种高级船员依赖外国人、低级船员素质极为低下的状况，是一个必须下大力气解决的重要问题。

1875年，掌管明治政府实权的内务卿大久保利通向日本政府提出了奠定日本海技自立和培养本国高级航海人才基础的纲领性文件——《商船掌管着手方法意见书》。④这份意见书可以说是贯穿此后日本整个明治和大正年间海运政策基本路线的一份文件。在这份意见书中，大久保利通对当时海运业的状况描绘为："现在政府所有的船只都必须依赖外国人才能运用，（不单单是船长、轮机长，连重要水手也如此）这种现状同政府掌管商船的主旨实不相容，教育培养好的海员（包括船长及其他水手）是当前十分紧要之事。"⑤在这种思想指导下，明治初年日本政府制定达成海技自立和逐步取代外国海员的政策措施，大体有以下数端：其一，建立商船学校并提供经费，建立培养本国航海专门人才的基地。具体情况如下：

---

① 递信省编：《递信事业史》第6卷，龙吟社1944年版，第1117页。
② 亩川镇夫：《海运兴国史》，第1082页。
③ 转引自加地照义《关于明治年代的取代外国人船员》，《商大论集》第22卷，第2、3、4号，1971年1月。
④ 此意见书全文载日本史籍协会编《大久保利通文书》第六册，东京大学出版会1983年版，第381—390页。
⑤ 此意见书全文载日本史籍协会编《大久保利通文书》第六册，东京大学出版会1983年版，第386页。

1875年9月，日本政府在把岩崎弥太郎为首的三菱会社确定为政府重点扶持保护的海运企业时，在向其发布的第一命令书中，就对三菱会社提出了建立商船学校教育培养本国海员的要求。命令书第11条规定："应设立商船私学和水火夫教习所培养海员，从批准其设立并同意其实施方法之日起，一年给付1.5万日元的助成金。"① 基于此命令书，三菱会社于1875年12月设立了三菱商船学校，以轮船"成妙号"在东京永代桥设立本校，在灵岸岛设立陆上事务所，首先设置运用科（后改航海科）。明治9年（1876）1月开始招募学生，从180名报名者中挑选了44名合格者组成第一期学员开始授课。第二年（1877）10月又进一步设置了轮机科，② 完善了商船学校的建制。

根据日本政府的命令建立起来的三菱商船学校，是整个日本商船学校的嚆矢，也是日本本国海技迈向近代化的第一步。从此，日本有了培养本国海技人才的基础，意义十分重大。1882年，三菱商船学校改为国立东京商船学校，并继续发展成以后的东京商船大学。从三菱商船学校成立以来，这里始终是培养日本本国海技人才的主要场所。在日本政府政策的鼓励下，尽管以后又陆续出现了一些官立和私立的商船学校，但直到明治后期，由三菱商船学校开其端的东京商船学校和东京商船大学，始终是日本高级船员的主要诞生地，③ 其毕业生不仅成为取代排除外国高级船员，达成本国海技自立的基础，也构成日本高级航海人才的中坚。

其二，建立高级船员资格认证考试制度和船员规则。以建立健全法律规则的方法，把训练培养本国海技人才和提高船员素质的工作纳入法制化规范化的轨道上来。明治政府针对普通船员素质低下，西式船舶迅速增加后海难事故日益增多的状况，制定的海技法律章程，着眼点主要置于"精选熟练优秀的海员"④ 和提高海员的素质上。

---

① 日本邮船株式会社编：《日本邮船株式会社五十年史》，1935年，第10页。
② 上引均见递信省编《递信事业史》第6卷，龙吟社1944年版，第1119页。
③ 转引自加地照义《关于明治年代的取代外国人船员》，《商大论集》第22卷，第2、3、4号，1971年1月。
④ 递信省编：《递信事业史》第6卷，龙吟社1944年版，第1119、1120页。

1876年6月，日本政府正式公布了以英国《商船法》为范本制定的《西式商船船长、驾驶手及轮机长执照考试规则》。名称虽然称为执照考试规则，实际内容却包括现在的《船员法》、《船舶职员法》和《海员惩戒法》的相当部分内容，是日本有史以来的第一部针对船员的法规。日本政府的意图是通过严密的资格审查，精选优秀的国内外船员操纵控制轮船，确立轮船应有的严格纪律。《西式商船船长、驾驶手及轮机长执照考试规则》分为约定总则和考试规则两大部分。约定总则部分第一条即规定："从明治10年（1877）1月1日后，（海军军舰除外）登簿吨数100吨以上，马力500匹以上的西式轮船的船长、驾驶手和轮机手，无论何人，如不遵守此规则并持有相应执照，不得担任相应的职务。"① 从而从制度上保证了以后的高级船员必须具有相应的资格和素质。总则和规则中详细制定了执照的种类、资格的认定和惩罚处分的种种规定。需要特别指出的是，日本政府制定的这些规定，同样包括了在日本供职的外国船员。也就是说，如果考试不合格，即使是外国人也同样不承认其资格。一向被西方人视为"未开化之民"的日本政府要强制西方雇员接受这种资格考试，一时激起了外国船员的强烈反对和向日本政府提出抗议，但经过一番努力和较量，日本政府终于迫使外国船员接受了这一现实。而且，这个考试并非有名无实，1876年接受考试的外国人中，参加第一、第二两种执照考试的有98人，合格者仅72人，不合格者就有26人。截至1892年的17年间，外国船员考试合格者总数385名，而不合格者总数则达到288名。②

　　1882年前，日本政府根据本国的实际情况在规则中把执照分为正执照（本免状）和副执照（副免状）二类。正执照中又分为第一则和第二则两种。第一则执照的执有人必须是在正规的商船学校接受过教育又通过国家考试的人。第二则执照的执有人是指在幕府和

---

① 递信省编：《递信事业史》第6卷，龙吟社1944年版，第1119、1120页。
② 转引自加地照义《关于明治年代的取代外国人船员》，《商大论集》第22卷，第2、3、4号，1971年1月。

诸藩时有过在西式船舶上的工作经历，此后又通过国家考试的人。这两种人获正执照，可在各种类别的船上任职。副执照（第三则执照）则授予有海上经验、经过海运界权威人士考试的人。但获这种执照的人只能驾驶 500 吨以下的登簿吨数船舶，不能在海外航路的轮船上供职。从 1882 年起，日本政府改进了执照授予的方法，仅把海技执照分成甲、乙两种，甲种执照主要授予在外国航路上行船的船员，乙种执照授予在国内航路上行船的船员。实际上，甲种执照即为过去的正执照（第一、第二则执照），乙种执照即为过去的副执照（第三则执照）。表 2 统计了明治 9 年（1876）到明治 26 年（1893）日本获得海技执照的本国人和外国人的变动情况。从统计表看，不管是获国外航路甲种资格执照的日本人，还是获国内航路资格乙种执照的日本人，数量都呈一种持续稳定增长的趋势。尤其是在获乙种执照的高级船员中，日本人的比例更是占绝对压倒的多数。在更能体现航海水平的甲种执照获得者中，明治 9 年（1876）日本船长只有 3 人，另有 1 等驾驶手 1 人，合计 4 人；到 17 年后的明治 26 年（1893）获得船长执照的日本已从 3 人增加到 191 人，而包括船长在内的获得甲种执照的日本高级船员，则总数已从 4 人增加到 846 人，增加了 211 倍。从明治 9 年（1876）到明治 22 年（1889）仅经过 13 年，获得甲种执照的日本高级船员总数就超过了外国高级船员总数。毫无疑问，这种成绩的取得，如无日本政府的努力与支持，是不可能取得的。另外，从 1880 年开始，在驿递长官前岛密、管船课长塚原周造和三菱会社岩崎弥之助等人的发起下，成立了一家名为"日本海员掖济会"的团体，专门培养普通海员。1885 年日邮会社成立后，学员可以到日邮会社的船上实习，还能得到各方面的补助。[①] 如此，到 1894 年中日甲午战争前，经过日本政府的不断努力，日本轮船航运业中本国海技人才的培养，已奠定了自立自主的人才基础和初步完成了取代外国高级船员技术人才的准备。

---

① 递信省编：《递信事业史》第 6 卷，龙吟社 1944 年版，第 1210—1212 页。

表2　　　　　明治9—26年日本海技执照获得者一览表　　　　　单位：人

年份	类别	甲种执照						乙种执照					
		船长	驾驶手		轮机手		合计	船长	驾驶手		轮机手		合计
			1等	2等	1等	2等			1等	2等	1等	2等	
明治9年(1876)	日本人	3	1	—	—	—	4	7	8	7	11	14	47
	外国人	36	3	2	25	4	70	1	1	—	1	1	4
明治10年(1877)	日本人	7	1	5	3	1	17	22	10	9	12	21	74
	外国人	54	10	1	37	6	108	5	4	—	2	2	13
明治11年(1878)	日本人	12	1	5	4	5	27	29	11	7	13	21	81
	外国人	57	13	3	42	6	121	4	6	—	4	2	16
明治12年(1879)	日本人	17	8	31	7	19	82	142	92	18	17	38	307
	外国人	72	20	9	57	15	173	3	10	17	6	5	41
明治13年(1880)	日本人	21	12	70	8	26	137	205	149	26	28	50	458
	外国人	81	23	13	61	19	197	3	8	20	7	6	44
明治14年(1881)	日本人	32	23	95	11	44	205	326	167	26	39	59	617
	外国人	92	33	23	70	27	245	3	12	14	6	4	39
明治15年(1882)	日本人	33	29	108	11	51	232	323	182	73	39	136	753
	外国人	107	44	33	72	35	291	2	10	12	6	4	34
明治16年(1883)	日本人	39	47	120	14	65	285	321	224	277	36	184	1042
	外国人	117	47	33	85	42	324	2	11	12	6	4	35
明治17年(1884)	日本人	46	63	126	15	71	321	328	269	370	38	201	1206
	外国人	140	56	35	112	51	394	2	11	10	5	4	32
明治18年(1885)	日本人	55	72	133	16	75	351	333	294	412	37	223	1299
	外国人	160	54	36	121	59	430	2	11	10	5	4	32
明治19年(1886)	日本人	63	77	143	22	81	386	340	301	447	36	236	1360
	外国人	172	60	35	123	61	451	2	11	10	5	4	32
明治20年(1887)	日本人	74	86	157	29	95	441	359	320	470	33	258	1440
	外国人	189	69	41	135	66	500	2	11	10	5	4	32
明治21年(1888)	日本人	94	92	179	48	123	530	371	341	524	27	261	1524
	外国人	206	77	46	147	74	550	2	11	10	5	4	32
明治22年(1889)	日本人	127	109	179	52	159	626	388	353	574	27	271	1613
	外国人	224	80	51	161	88	604	2	11	10	5	4	32

续表

年份	类别	甲种执照						乙种执照					
		船长	驾驶手		轮机手		合计	船长	驾驶手		轮机手		合计
			1等	2等	1等	2等			1等	2等	1等	2等	
明治23年（1890）	日本人	148	108	194	65	182	697	399	386	609	27	291	1712
	外国人	229	79	53	163	101	625	2	11	10	5	4	32
明治24年（1891）	日本人	164	115	197	72	204	752	408	395	643	27	329	1802
	外国人	239	84	53	169	107	652	2	11	10	5	4	32
明治25年（1892）	日本人	176	136	203	74	236	825	415	404	688	26	364	1897
	外国人	256	85	58	172	115	686	2	11	10	5	4	32
明治26年（1893）	日本人	191	150	195	83	227	846	433	405	700			
	外国人	259	84	59	173	116	691	2	9	10			

注：1881年前甲种执照不称为甲种执照，称为第一则、第二则正执照，乙种执照称为第三则副执照，自明治15年后改为甲、乙两种执照。

资料来源：转引自加地තම义《关于明治年代的取代外国人船员》，《商大论集》第22卷第2、3、4号，1971年1月。

其三，实行分阶段逐步取代外国船员的措施，持续努力地实现海技自立自主。在日本政府的指导思想中，以本国人才取代外国高级船员，实现本国海技的自立自主这一点，始终是明确而坚定的。但是在具体的实施步骤上，却十分明智而现实。1875年日本政府向三菱会社颁发第一命令书，要求三菱会社开设商船学校时，鉴于培养熟练的航海技术人才特别是远洋航线上的高级航海人才不可能短期成功，因此在同一份命令书的第三条中即对三菱会社的航海人才组成明确规定为："各船的船长及其他海员直至水火夫，均可精选熟练优秀的人才组成航务组。"① 这种被外国人垄断把持日本航海界的状况此后一直持续到19世纪90年代。之所以未能迅速改变这种状况，一是因为日本本国航海商船学校培养出来的学生数量太少，远不能满足飞速增加的西式船舶对技术人才的需求。例如培养高级航海人才的三菱商船学校和取而代之的东京商船学校，从1878年首批

---

① 日本邮船株式会社编：《日本邮船株式会社五十年史》，1935年，第9页。

学生毕业到1893年年底止,总共航海科只有156名、轮机科36名,合计192名学生毕业（一年平均16名）。① 二是社会上普遍存在着迷信外国航海技术的心理。例如三菱会社开设横滨至中国上海航线时所发表的"航务组由熟练的西洋人组成,可以安心航海,不必耽心行李出事,饮食和清洁状况也十分良好"② 的广告,就是这种"因为是外国人做船员,所以可以安心"的心理状态的表露。而这种迷信外国海技的心理状态在短期内是难以迅速消除的。三为最根本的一点,即当时日本的对外贸易80%以上被外国商人所垄断,这些外国商人"非外国人任船长的轮船不乘",加上英国伦敦有名的路易保险公司不承认日本的海技执照,"航务组日本高级船员占大多数的轮船拒绝给予保险"。③ 凡此种种,客观上都使得外国人垄断把持日本航海界高级职位的状况难以很快改变,也显示出这种局面如无政府强有力的手段和措施干预,是很难在短期内打破和得到改变的。此后,我们可以看到,正是日本政府利用了政权的力量,采用了自上而下的行政命令方式,才逐步有效地改变了这种状况。1882年7月26日当日本本国的海技人才刚开始培养出来时,日本政府就在向刚成立的航运公司"共同运输会社"颁发命令书时,开始实施替换外国船员的措施了。命令书第12条规定:"一般情况下,船长、驾驶手和轮机手都要采用日本人,这是不言而喻的。但根据现在的具体情况,仅限于船长及其他高级船员,可以雇用外国人"。④ 三年后三菱会社与共同运输会社合并成立日邮会社,日本政府于1885年9月29日向日邮会社发布的命令书中,又再一次重申此条规定。⑤ 可见,日本政府实际上是在通过政府的权力下达限制雇用外国船员、鼓励

---

① 转引自加地照义《关于明治年代的取代外国人船员》,《商大论集》第22卷第2、3、4号,1971年1月。
② 转引自加地照义《关于明治年代的取代外国人船员》,《商大论集》第22卷第2、3、4号,1971年1月。
③ 转引自加地照义《关于明治年代的取代外国人船员》,《商大论集》第22卷第2、3、4号,1971年1月。
④ 日本邮船株式会社编:《日本邮船株式会社五十年史》,1935年,第27页。
⑤ 日本邮船株式会社编:《日本邮船株式会社五十年史》,1935年,第67页。

采用日本人担任高级职位的命令，并力图通过这种方式，逐步取代外国船员，实现本国海技的独立。在日本政府的努力下，首先在日本沿岸和近海航线上日本人担任高级船员职位的情况迅速增加（表2中获乙种执照的日本船员迅速占据压倒性优势就是这种情况的典型反映）。在沿岸近海航线上取得进展后，日本政府的下一步目标，就是要在远洋航线上逐步取代和排除外国船员。

（二）日邮会社取代排除外国船员的过程和特点

很明显，日本政府要达到本国海技的真正自立自主，关键是必须在远洋航线上以日本人取代外国船员，改变远洋航线上高级船员职位全被外国人垄断把持的局面。中日甲午战争是促使日本政府下决心实现这一目标的契机。日本政府在这次战争中，深感作为军舰的补助舰艇，承担补给、运输和情报活动的本国商船队的高级人员，垄断于外国人之手十分不妥。因此，战争刚结束的1896年3月，日本政府在颁布本国海运发展史上有重要地位的《航海奖励法》时，第9条中就第一次明确规定："凡接受航海奖励金的船舶的所有者，如未得到递信大臣的许可，不得雇用外国人担任总社分社的事务员和轮船的职员"。[①]

以奖励金的授予与否作为控制手段，日本政府轻易地掌握了雇用外国船员的决定大权。与此同时，日本政府在船员的待遇方面也进行了改革。过去在船长、驾驶手和轮机手的收入方面，日本人同外国人相差好几倍，1895年3月27日由政府宣布改变为同等待遇，使281名日本高级船员因此获得了增薪。[②]

在进行了一系列准备后，日本政府首先从日邮会社的海外航路上，开始实施取代外国高级船员的计划，1896年8月26日，日本政府把日邮会社的孟买和澳洲两条远洋航线指定为特定补助航线，同时下达的命令书第21条规定，两条航路所使用的轮船中，"船长、驾驶手、轮机手以及事务员，如未得到递信大臣的许可，不得雇用

---

① 递信省编：《递信事业史》第6卷，龙吟社1944年版，第814页。
② 日本经营史研究所编：《日本邮船株式会社百年史》，1988年，第80页。

外国人"。① 这是之前颁布的《航海奖励法》的规定第一次具体地运用于远洋航线。对于日邮会社来说，远洋航线还处于高级职位完全被外国人垄断的局面下，立即执行这条命令自然有很大困难。因此，日邮会社向政府上书，要求准许日本船员和外籍船员共同组成航务组，以作为过渡。但是，日本递信大臣要求日邮会社订出期限来才同意批准。在政府的这种压力下，日邮会社只好迅速采取两项步骤以尽快实现政府意图，一是在近海航线上全部任用日本人担任高级船员，以积累独立开行远洋航线的经验；二是把孟买航线上的广岛丸轮船（3726 总吨）的高级船员全部换成日本人，即拿出一只远洋航线船全部换成日本人组成航务组以作试点。② 这件事在当时产生的反响和日邮会社的态度，在当时日邮会社董事会议事录里有如下记载："如今（远洋航线航务组）换成日本人这件事，使孟买香港的货主和保险公司十分担忧和不安。为此保险公司增加了保险费，这又使得货主不肯发送货物，以至于无法获得平时的货运量。这种情况虽然一时不至于使本会社丢面子，但如使这种担忧状况持续下去，那么期望本国人船员组成外国航线航务组以求得海运事业的发达，就是十分困难的事情。因此，在保险公司增加保险费用使货主不愿发货时，应由本会社代替货主承担多增的保险费，哪怕多少受些损失也是值得的，即使没有政府的命令，也应用这种方法来激励本国船员。"③ 从这段日邮会社董事会的记录来看，在日本政府的努力和推动下，日邮会社是准备即使承受损失，也要积极主动配合实施日本政府的战略意图了。在这种共同的努力下，广岛丸的试航是相当成功的，以至第二年（1897 年 9 月）递信大臣命令孟买航线上所有的新航船航务组全部换成日本人，到 1898 年 3 月孟买航线即实现了全部换成日本人的目标。澳洲航路方面，由于有东澳汽船会社的有力竞争，为吸引旅客和货物保险方面的关系，完全排除外国船员暂

---

① 日本邮船株式会社编：《日本邮船株式会社五十年史》，1935 年，第 165 页。
② 日本邮船株式会社编：《日本邮船株式会社五十年史》，1935 年，第 165 页。
③ 转引自日本经营史研究所编《日本邮船株式会社百年史》，1988 年，第 146 页。

时有一定的困难,但是外国高级船员的数量在日本政府的努力下同样相应减少。1898年5月,澳洲航线山城丸、近江丸、东京丸这三艘轮船航务组的高级船员24名中,日本人占13名,外国人占11名,第二年当新造的春日丸、二见丸和八幡丸替换这三条船时,航务组高级船员的总数增为33名,其中外国人数量不变,依然为11人,而日本人却增加了9人,达到22人。① 这种情况同样表现在欧洲航路和美国航路方面,1895年5月以后约一年时间,欧洲航路上外国高级船员减少了17名,同时日本高级船员增加了16名。② 美国航路方面,1899年9月起航的三只船里,有两只船的轮机部门高级船员全部换成了日本人。③ 从总体上看,在欧、美、澳三大远洋航路开航前的1895年9月底,日邮会社所有船的吨数为111300总吨,雇用外国高级船员211名,到1900年9月底止,日邮会社的轮船吨数增为204700总吨,与1895年时相比,几乎增加了一倍,但雇用的外籍高级船员数却急遽减少至98名。④

下面,我们再把1896年中日甲午战争后至1904年日俄战争前的9年间,日邮会社中日本高级船员与外国高级船员的变动情况做成统计表(见表3),通过这张统计表可以更清楚地反映出日本人替换外国人的趋势。

从统计表看,航海和轮机两部门的总趋势都是外国船员迅速减少、日本船员迅速增加。其中,在船长和轮机长这一栏中变动不太显著,外国船长和轮机长的数量在呈逐步减少的趋势时,到日俄战前的1903年、1904年又有所回升。这种情况,实际是日本为了备战而大量扩充轮运力量的一种反映,日本船长和轮机长受毕业学生总人数不足的限制,这几年间增加的数量始终在40—50名。显著的变化发生在驾驶士和轮机士这一层次,伴随着外国船员的持续减少,日

---

① 日本邮船株式会社编:《日本邮船株式会社五十年史》,1935年,第166—167页。
② 日本邮船株式会社编:《日本邮船株式会社五十年史》,1935年,第166—167页。
③ 日本邮船株式会社编:《日本邮船株式会社五十年史》,1935年,第166—167页。
④ 日本邮船株式会社编:《日本邮船株式会社五十年史》,1935年,第167页。

表3　1896—1904年日邮会社中日本和外籍高级船员变动情况一览

单位：人

类别 时间	船长			驾驶士			轮机长			轮机士			包括其他合计		
	日本人	外国人	合计	日本人	外国人	合计	日本人	外国人	合计	日本人	外国人	合计	日本人	外国人	合计
1896年3月末 至9月末	41 45	26 24	67 69	120 108	86 86	206 194	— —	— —	— —	173 172	111 99	284 271	533 526	224 210	757 736
1897年3月末 至9月末	45 43	24 27	69 70	111 104	87 76	198 180	— 36	— 25	— 61	170 146	86 50	256 196	510 509	197 178	707 687
1898年3月末 至9月末	39 39	26 22	65 61	105 105	68 59	173 164	39 39	27 24	66 63	147 162	43 38	190 200	508 524	164 143	672 667
1899年3月末 至9月末	39 37	23 21	62 58	117 129	48 43	165 172	37 39	23 22	60 61	176 178	36 33	212 211	537 559	130 119	667 678
1900年3月末 至9月末	39 42	20 18	59 60	141 147	39 36	180 183	42 45	21 20	63 65	178 176	32 34	210 200	566 580	112 98	678 678
1901年3月末 至9月末	43 45	21 21	64 66	168 180	28 27	196 207	46 46	21 25	67 71	191 205	21 21	212 226	613 649	91 94	704 743
1902年3月末 至9月末	47 45	22 22	69 67	214 219	22 22	236 241	47 50	24 24	71 74	228 225	18 19	246 244	709 706	86 87	795 793
1903年3月末 至9月末	46 48	27 27	73 75	224 220	22 27	246 247	51 54	27 26	78 80	272 286	17 13	289 299	761 782	93 93	854 875
1904年3月末	46	30	76	252	26	278	56	26	82	303	14	317	870	96	966

注：至1897年3月为止，轮机长包含在轮机士之中。
资料来源：日本经营史研究所编：《日本邮船株式会社百年史》，1988年，第146页。

本船员的数量急剧增加,9年间驾驶士和轮机士的总数增加了几乎一倍。由于驾驶士和轮机士日本人急剧增加的缘故,1896年3月时,外国高级船员从占总比例的42%,下降到1904年3月时的11%。船长和轮机长的变动不显著,驾驶士和轮机士的变动却十分显著的情况说明,这个时期,在远洋航线的最高层船员中,还不得不在一定程度上依赖外国人,但在轮船的实际技术操作方面,大权已移转到日本船员的手中了。

1904年、1905年日俄战争期间,又有相当一批日本人取代外国人而被任命为远洋航线上的船长。1906年8月,欧洲航线上行驶的博德丸(6161总吨)的船长,也由日邮会社的日本人村井保担任。这件事,是日本海运史上的大事,它说明,在日本政府的努力下,由日本人担任6000吨级以上大型轮船船长的愿望终于实现了。[①] 同时标志着日本国海技自立的努力已在质的方面实现突破。这件事不仅使整个海运界,同时使得海军界和保险业界也对日本航运力量的发展刮目相看。同年,伦敦的露易保险协会不再向日本人担任船长的轮船提出增加保险金的要求,实际上等于承认了日本海技的进步和颁发的海技执照。[②]

再从表4中看,1904年9月末,日本高级船员的总数已上升到959人,虽然以后数年间有所波动,但从1911年开始即持续增长。而外国高级船员的总数则持续减少。1904年至1915年的11年间,外国高级船员在高级船员总数中所占的比例,从1904年9月末的9%减少到1915年的1%。1914年时,外国人在船长中仅占8人,在轮机长中仅占3人,合起来不过11人,可以说已无足轻重。而整个航海大权,已毫无疑义地完全落到了日本人的掌握之中。

---

① 转引自加地照义《关于明治年代的取代外国人船员》,《商大论集》第22卷,第2、3、4号,1971年1月。

② 转引自加地照义《关于明治年代的取代外国人船员》,《商大论集》第22卷,第2、3、4号,1971年1月。

表4　1904—1915年日邮会社高级船员中日本人和外国人变动一览

单位：人

年份	高级船员总数 日本人	高级船员总数 外国人	船长 日本人	船长 外国人	驾驶士 日本人	驾驶士 外国人	轮机长 日本人	轮机长 外国人	轮机士 日本人	轮机士 外国人	事务长 日本人	事务长 外国人	事务员 日本人	事务员 外国人
1904	959	95	—	—	—	—	—	—	—	—	—	—	—	—
1905	893	90	84	29	227	31	80	22	292	8	33	—	177	—
1906	906	92	—	—	—	—	—	—	—	—	—	—	—	—
1907	955	83	—	—	—	—	—	—	—	—	—	—	—	—
1908	959	72	—	—	—	—	—	—	—	—	—	—	—	—
1909	940	63	—	—	—	—	—	—	—	—	—	—	—	—
1910	871	43	86	23	286	7	84	13	278	—	15	—	122	—
1911	855	30	—	—	—	—	—	—	—	—	—	—	—	—
1912	913	19	—	—	—	—	—	—	—	—	—	—	—	—
1913	1000	16	—	—	—	—	—	—	—	—	—	—	—	—
1914	1104	11	99	8	355	—	98	3	345	—	17	—	190	—
1915	1125	11	—	—	—	—	—	—	—	—	—	—	—	—

注：年份为各年9月末。
资料来源：日本经营史研究所编：《日本邮船株式会社百年史》，1988年，第183页。

从以上的叙述和史实来看，如果从 1876 年日本政府命令三菱会社建立商船学校，开始培养本国海技人才，走上海技自立自主的道路算起，前后用了不到 40 年的时间，日本的本国海技人才就从沿岸、近海再到远洋，逐步取代和排除了外国船员，实现了本国海技的自立和自主。在这个过程中，成功的因素可能非止一端，但我们可以很清楚地看出，如果没有日本政府明确的经济政策，没有日本政府的强力支持、资助和推动，以及在某些关键时刻的强力引导和命令，日本海技的发展过程不会如此顺利和成功，也不可能如此迅速。利用国家权力为新事物催生——日本海技自立自主的过程，实际上给我们提供了一个典型事例。

二 高级船员职位始终被外国人垄断的中国轮船招商局

中国轮船招商局 1872 年在创办时，"各船皆购自外洋，驾驶管轮全属西人"，[①] "各船主、大副、二副、大车、二车皆洋人"[②] 处于当时的中国社会环境中，不仅正常，而且难以避免。然而，轮船招商局这种高级船员全被外国人把持的局面并没有随着时代的发展像日本那样一步步改变，逐步由本国培养起来的技术人才取而代之，最终达到本国海技的自立自主。相反，同样经过几十年的时间，这种局面，并没有什么改变。表 5 统计了 1908 年轮船招商局各条轮船中高级船员本国人和外国人的构成情况对比。一望可知，同样经过将近四十年的时间，到 1908 年在轮船招商局 31 只轮船中（包括趸船）31 名船长仍然全是外国人，大副、二副、三副、大车、四车也完全是外国人。只有二车和三车职位中各有两名中国人。在从船长到四车的 179 个高级船员职位中，外国船员竟达 175 人。也就是说，

---

① 转引自聂宝璋编《中国近代航运史资料：1840—1895》第一辑下册，上海人民出版社 1983 年版，第 1226 页。

② 转引自聂宝璋编《中国近代航运史资料：1840—1895》第一辑下册，上海人民出版社 1983 年版，第 1226 页。

与日本一样，同样经过将近40年的经营，到20世纪初，轮船招商局的高级船员职位仍然处于一种"为外人占据，不唯雀巢鸠占，且久已太阿倒持"① 的局面，与日邮会社相比，形成鲜明的对照。

表5　　　　1908年轮船招商局各船高级船员中外构成一览　　　单位：人

类别 船别	船长	大副	二副	三副	大车	二车		三车		四车
	外国人	外国人	外国人	外国人	外国人	中国人	外国人	中国人	外国人	外国人
江裕轮船	1	1	—	1	1	—	1	—	1	1
江新轮船	1	1	—	1	1	—	1	—	1	1
江宽轮船	1	1	—	1	1	—	1	—	1	—
江孚轮船	1	1	—	1	1	—	1	—	1	—
快利轮船	1	1	—	1	1	—	1	—	1	—
江天轮船	1	1	1	1	1	—	1	—	1	—
广利轮船	1	1	1	1	1	—	1	—	1	—
广大轮船	1	1	1	1	1	—	1	—	1	—
新济轮船	1	1	1	1	1	—	1	—	1	—
新丰轮船	1	1	1	1	1	—	1	—	1	—
新裕轮船	1	1	1	1	1	—	1	—	1	—
新铭轮船	1	1	1	1	1	—	1	—	1	1
江永轮船	1	1	—	1	1	—	1	—	1	—
海晏轮船	1	1	1	1	1	—	1	—	1	—
安平轮船	1	1	1	1	1	—	1	—	1	—
泰顺轮船	1	1	1	1	1	—	1	—	1	—
丰顺轮船	1	1	1	1	1	—	1	—	—	—
图南轮船	1	1	1	1	1	—	1	—	1	—
致远轮船	1	1	1	1	1	—	1	—	1	—
美富轮船	1	1	1	1	1	—	1	—	1	—
飞鲸轮船	1	1	1	—	1	—	1	—	1	—

---

① 《国民政府清查整理招商局委员会报告书》上册，1928年，第38页（以下简称《报告书》）。

续表

船别 \ 类别	船长	大副	二副	三副	大车	二车		三车		四车
	外国人	外国人	外国人	外国人	外国人	中国人	外国人	中国人	外国人	外国人
公平轮船	1	1	1	—	1	—	1	—	1	1
爱仁轮船	1	1	1	—	1	—	1	—	1	—
遇顺轮船	1	1	1	—	1	—	1	—	1	—
新昌轮船	1	1	1	—	1	—	1	—	1	—
新康轮船	1	1	1	—	1	—	1	—	1	—
普济轮船	1	1	1	—	1	—	1	—	1	—
江通轮船	1									
广济轮船	1	1	1	—	1	1	—	1	—	—
固陵轮船	1	1			1	1	—	1	—	—
汉口趸船	1	—								
合计	31	29	22	6	30	2	27	2	27	4

资料来源："轮船招商局船员人数表"（1908 年），《邮船部第二次统计表》船政（上）。

晚清轮船招商局除各船的高级船员职位始终被外国人把持外，轮船招商局的总船长和总大车等高级局员职位，也全被外国人占据。轮船招商局最早的两名总船长是英国人保尔登与罗贝。担任总船长时间最长的是英国人蔚霞。此人于 1876 年受聘入局，1885 年补总船长之缺，1887 年起正式任总船长之职达数十年。轮船招商局还聘有外籍工程师，1878 年唐廷枢聘用 3 位英国工程师，1879 年外国雇员增至 9 人，1883 年增至 18 人。[①] 麦克埃勒从 1880 年起担任轮船招商局总工程师，一直到 1897 年 10 月，已在"该局（招商局）干了 17 年"[②]。魏尔则担任了轮船招商局机务监督。[③] 哈理斯在轮船招商局

---

① 转引自聂宝璋编《中国近代航运史资料：1840—1895》第一辑下册，上海人民出版社 1983 年版，第 1226、1228、1229、1230 页。

② 转引自聂宝璋编《中国近代航运史资料：1840—1895》第一辑下册，上海人民出版社 1983 年版，第 1226、1228、1229、1230 页。

③ 转引自聂宝璋编《中国近代航运史资料：1840—1895》第一辑下册，上海人民出版社 1983 年版，第 1226、1228、1229、1230 页。

当了12年会计,据说"当总经理出缺时,他曾代理过三四次。"[1]这些洋人到轮船招商局工作大多是为了发财,连在华的外国报纸也承认,"大多数外国人一心垂涎于招商局的产业"[2]。在晚清的社会环境下,盘踞要津的洋人把持招商局大权的情况,必然给其发展带来种种弊病。其中最严重的有以下数端:

其一,擅权。招商局早期即规定,船主、大伙、大铁等各种重要技术职务一律由洋人担任,而各船船长等重要职务的人选又由总船主任用黜陟,因此使得总船主的权力极大。但是担任总船长职务长达几十年的英国人蔚霞,却是一个"机器司出身,不晓驾驶诸法,不知各船主优劣"的人,"用为总船主,不独各船主不服,亦为各国人所笑"[3]。这个蔚霞,凡其"经手代局装船、修船、买料均有用(佣)钱。"[4] 在担任总船长职务后,招商局定造之船,"无论在英、在沪,非总船主蔚霞经手不成。盖因所购船中用物、材料均有好用(佣)钱故也。"[5] 由此捞了不少好处。"闻蔚霞富当百万。"[6] 其在招商局跋扈擅权,肆无忌惮,就连在轮船招商局多年,又是盛宣怀心腹的郑观应与其发生争论时,也愤而产生"奈人微言轻,不我惧也"[7] 的感叹,别人就更不用说了。蔚霞还设法把姻亲纪列文任为总管车,使其可"互相庇护"[8]。蔚霞利用权力,在任用高级船员时,

---

[1] 转引自聂宝璋编《中国近代航运史资料:1840—1895》第一辑下册,上海人民出版社1983年版,第1226、1228、1229、1230页。

[2] 转引自聂宝璋编《中国近代航运史资料:1840—1895》第一辑下册,上海人民出版社1983年版,第1226、1228、1229、1230页。

[3] 夏东元编:《郑观应集》下册,上海人民出版社1988年版,第860、827、862、828、816页。

[4] 夏东元编:《郑观应集》下册,上海人民出版社1988年版,第860、827、862、828、816页。

[5] 夏东元编:《郑观应集》下册,上海人民出版社1988年版,第860、827、862、828、816页。

[6] 夏东元编:《郑观应集》下册,上海人民出版社1988年版,第860、827、862、828、816页。

[7] 夏东元编:《郑观应集》下册,上海人民出版社1988年版,第860、827、862、828、816页。

[8] 夏东元编:《郑观应集》下册,上海人民出版社1988年版,第860、827、862、828、816页。

排斥异己,"所升船主,不专重其人才,要先视其人之能受我箝制否耳"。① 蔚霞的胞兄在英国开办造船厂,轮船招商局新造轮船及购买船用材料、机器锅炉等物,蔚霞都利用职务之便向其兄之厂订购,即使该厂没有的材料,也由"其兄转购",所开价格虽昂,但"从无一驳"。② 招商局托别厂造船,蔚霞"事事留难,别家寄来出售之船图,多方挑剔",以致洋商"视蔚霞如招商局督办"。③ 轮船招商局曾试图采取一些措施对总船主和总大车的权力进行限制,如1885年盛宣怀制定的用人十条中曾规定:"总船长拟在各船调用,或一年一换,或二年三年一换。"④ 并委派陈猷担任修船股股长,遇事"与总船主总大车会商办理"。还拟出轮船大修小修章程,以便对这些洋员"妥为驾驭,相机操纵"。⑤ 但由于缺乏有力的措施,又从未能认真执行,实际上都成了一纸空文。与日邮会社主权在握,能采取有力措施操纵控制所雇洋员的情况相比简直不可同日而语。洋人擅权又缺乏制约措施,使轮船招商局吃亏甚大,郑观应在《盛世危言后编》卷十《船务篇》里有许多记载。例如在造船方面,"总船主为本局所造之新船多系老样,即如前将'固陵'船机器更换,糜费多金,不独弄巧反拙,反使船厂得'固陵'之机器,为怡和装一往来汉口宜昌之船,较'固陵'快而装货多,能与本公司争利"。⑥ 总管车纪列文监工修船讲交情,"凡有交情者,均可粉饰了事"。⑦ 修船时,原应三个礼拜方可完工的活,"今只两个礼拜苟且了事,舱里铁板概不刮锈、去垢、加漆,以致'新裕'、'海琛'、'永清'等船之

---

① 夏东元编:《郑观应集》下册,上海人民出版社1988年版,第860、827、862、828、816页。
② 夏东元编:《郑观应集》下册,上海人民出版社1988年版,第860、827、862、828、816页。
③ 夏东元编:《郑观应集》下册,上海人民出版社1988年版,第860、827、862、828、816页。
④ 《交通史航政编》第一册,1935年刊印,第156页。
⑤ 招商局档《招商局禀李鸿章文稿》,转引自张后铨主编《招商局史》(近代部分),人民交通出版社1988年版,第191页。
⑥ 夏东元编:《郑观应集》下册,上海人民出版社1988年版,第860、862页。
⑦ 夏东元编:《郑观应集》下册,上海人民出版社1988年版,第860、862页。

机器朽锈而不知,于是浪大管穿,货物被湿"。① 结果吃亏的还是轮船招商局。

其二,误事。问题不在于轮船招商局开创之初雇用一些外国高级船员和技术专家本身有什么不妥,而在于清政府缺乏像日本政府那样明确的以行政立法的方式把雇用的外籍船员纳入管理的机制中,也没有相应的日本那样的技术考试和相应有效的监督方法。因此,轮船招商局任用的这些洋人,就难免有不学无术和生活腐化的人混迹其间,从而给轮船招商局的经营和发展造成相当大的损失。如1877年年底轮船招商局在五天之内连续沉没两船。其中,厚生轮船长是英国人,江长轮船长是美国人,都有渎职现象。江长轮失事时,"带水人(哥罗乎,亦美国人)尚在醉乡"。②

在1875—1884年的10年间,轮船招商局发生恶性海难事件9起,一般性事故更是层出不穷。蔚霞接任总船主后,仅根据他的报告,就有不少外国高级船员酗酒失职的记载。如1887年"美富(轮)大副格洛克沉湎于酒,戒而再犯,且资质愚钝"。③ 江裕轮搁浅时,"带水洋人架力已被酒所迷,不知所云……后查验其卧室,内有威士忌八瓶及啤酒许多"。④ 1889年富有轮因船主"自不小心",而触礁沉没。⑤ 1892年,"海定船副管轮在船,饮酒过度,发生闹事"。⑥ 当时即有人指出,轮船招商局雇用的洋人,"非赌博宿娼,即酗酒躲懒,行船则掉以轻心"。⑦ 而且这些洋人中还有不少人贪污舞弊,如"总船主及揽载洋人白拉,作弊很大,俱各发财而去"⑧"各船搭客坐舱与大伙通同作弊,以多报少"。⑨ "船主大伙暨查船洋

---

① 夏东元编:《郑观应集》下册,上海人民出版社1988年版,第860、862页。
② 《报告书》下册,第26页。
③ 盛宣怀档案,转引自汪熙《论晚清的官督商办》,《历史学》1979年第1期。
④ 盛宣怀档案,转引自汪熙《论晚清的官督商办》,《历史学》1979年第1期。
⑤ 盛宣怀档案,转引自汪熙《论晚清的官督商办》,《历史学》1979年第1期。
⑥ 盛宣怀档案,转引自汪熙《论晚清的官督商办》,《历史学》1979年第1期。
⑦ 盛宣怀档案,转引自汪熙《论晚清的官督商办》,《历史学》1979年第1期。
⑧ 《交通史航政编》第一册,1935年刊印,第156页。
⑨ 夏东元编:《郑观应集》下册,上海人民出版社1988年版,第830、834页。

人皆有贿赂"① 等等。这种种弊端,必然给轮船招商局的发展带来种种不利和消极的影响。

其三,耗资。轮船招商局在经营过程中,资金不足始终是一个严重困扰并影响其发展的问题。可是轮船招商局任用的洋人每年都要花费巨额资金,成为轮船招商局最大的支出项目之一。"招商局用途最巨者,莫如用洋人与煤两宗。"② 洋人的平均工资要比中国人高出8倍以上。③ 使得雇用洋人的费用,成为轮船招商局的一个沉重负担。仅以1898年为例,轮船招商局水脚收入共达300.1万余两,是轮船招商局"历届所未有"的高收入。开销总数为224.5万余两,其中"洋人辛工"就达51万余两。也就是说,轮船招商局在获得历届所未有的高收入时,其付洋人的费用就占到总收入的六分之一,总支出的四分之一。④ 而且,洋人的工资大多还按英镑计算,镑价上涨又得吃亏。1898年之所以洋人辛工达51万余两,"镑贵而递增"⑤就是一个重要的原因。1908年因同样的原因,致使"洋人辛工贴水银5万两"。⑥

另外,不少被雇的外国船长和船员还特别热衷于收集中国的情报,"所绘者皆中国各省兵备要隘,宝藏优劣,各图重迭,图成寄回外国"。⑦

在外国人长期把持垄断轮船招商局高级职务,擅权、误事又耗资的情况下,轮船招商局为什么不能像日本那样逐步取代替换外国人?为什么不能达成本国的海技自立自主呢?是没有人看到并考虑到这一点吗?非也。还在1873年唐廷枢、徐润入主轮船招商局时,

---

① 夏东元编:《郑观应集》下册,上海人民出版社1988年版,第830、834页。
② 聂宝璋:《中国近代航运史资料:1840—1895》第一辑下册,上海人民出版社1983年版,第1227页。
③ 据《邮传部第二次统计表》(1908年)船政(上)"轮船招商局船员人数表"和"轮船招商船员薪资表"与"洋人的薪费表"估算。
④ 《报告书》下册,第48、49、62页。
⑤ 《报告书》下册,第48、49、62页。
⑥ 《报告书》下册,第48、49、62页。
⑦ 盛宣怀档案,转引自汪熙《论晚清的官督商办》,《历史学》1979年第1期。

在其所订的《轮船招商章程》中就订有如下条款："夫不精于针盘线风潮水性者，不足以当船主大伙。不识机器水器者，不能管机器。此辈中土不多，即中土有可用之人，洋行亦不保险。开办之初，似应向保险洋行用外洋人船主大伙等项三五人，将来学有成功，商局保险资本又积有巨款，则可全用华人驾驶矣。"① 唐廷枢、徐润不仅在这项条款中树立了一个培养人才免受外人掣肘，最终达到全用华人驾驶人的目标，而且对高级船员的技术要求、中国当时人才缺乏的状况和逐步达成海技自主的具体步骤也都有认真的考虑。此后也有不止一人提过这方面的建议。特别是几进轮船招商局的郑观应，更是多次呼吁培养自己的人才取代外国船员。如郑观应在向李鸿章上"禀陈招商局情形并整顿条陈"时建议说："各船主、大副、二副、大车、二车皆洋人，薪水日增。宜招华人或驾驶学堂毕业生，或曾在轮船学习有年者到总局挂号。凡可试用者，按级升迁，不宜躐等。"② 在给轮船招商局督办盛宣怀的信中，他针对培养人才与外人竞争的重要性而建议道："与外人竞争者，不论商界、政界，必须讲究人材。我工商之失败，非但国家无保护维持之力，不足以鼓舞工商，亦由于无人材。拟请政府速开商船、驾驶、铁路、机器、电学、工艺、技师、商务、银行、理财各学堂，仿照日本政府办法，以备应用，不为外人挟制也。若无人材，与人争利必十举九败。虽可借材异域，薪水极昂。如与用人之国交战，彼须告退也。"③

除了提议外，郑观应还曾拟设轮船招商局驾驶管轮练船章程及厘定学堂教习合同式样，④ 希望训练华人学习船务技艺，使中国能廉价而大量地吸收先进的西方科技，达到海技自立，"不为外人挟制"的目的。他并把英国商部用以考验学生欲领船主执照者章程三十条

---

① 《交通史航政编》第一册，1935 年刊印，第 146 页。
② 夏东元编：《郑观应集》下册，上海人民出版社 1988 年版，第 808 页。
③ 夏东元编：《郑观应集》下册，上海人民出版社 1988 年版，第 818 页。
④ 夏东元编：《郑观应集》下册，上海人民出版社 1988 年版，第 836—843 页。

译出呈送盛宣怀，建议把前购之泰安兵船改为练船，"先招学生若干名学习驾驶诸法"。① 他在给盛宣怀的信里强调："今中国尚无工艺、商务、船政各学堂，本局轮船日增，驾驶皆用西人，吃亏极大，亦为我国之羞……"② 他还进一步拟定"泰安练船规条大略"，从学堂功课到生活膳宿，都做了具体计划。③

到了晚年，他依然为此事耿耿于怀，一有机会就疾呼以求改善，"查我局各船由船主以至大伙、大车等职多用洋员，借材异域，实非久计。弟屡经建议，设商船驾驶学校，选择中学毕业已通中西文之少年入校学习，毕业后派往局船，并属该船主教授，实地练习，如日后有人当船主者，给予奖励。由三副以至船主以次递升，机司亦然。所有驾驶学校章程早经拟就呈交会长，惜听洋总船主之言，未克照行。"④

呼吁尽管呼吁，终至清朝灭亡，这种状况并没有什么改变。

三　中日两国海技自立差异的根本原因

从上述史实看，虽然轮船招商局从创办开始，一直到晚清末年，几十年间一直有唐廷枢、徐润、郑观应等人多次建议培养本国海技人才，改变洋人擅权局面的呼吁，郑观应甚至拟有具体的实施章程和条款，但正如前述，直到清朝终结，中国的商船学校始终未能出现，洋人把持占据轮船招商局高级职位，"太阿倒持"的局面也始终没有改变，与日本的情况相比，差异何止千里？那么，原因到底何在呢？笔者认为，原因固属多端，但究其根源，还是与清政府的根本政策分不开。拿中日两国的情况进行一下对比就可清楚看出，在日本培养本国海技人才，进而取代外国船员的过程中，日本政府的作用极为明显和突出，如前面所述，日本第一所商船学校——三菱

---

① 夏东元编：《郑观应集》下册，上海人民出版社 1988 年版，第 846—849 页。
② 夏东元编：《郑观应集》下册，上海人民出版社 1988 年版，第 846—849 页。
③ 夏东元编：《郑观应集》下册，上海人民出版社 1988 年版，第 846—849 页。
④ 夏东元编：《郑观应集》下册，上海人民出版社 1988 年版，第 935 页。

商船学校，是日本政府命令建立的，每年所需的经费由政府专款拨出，在本国商船学校的毕业生培养出来后，又是由日本政府以立法命令的方式，让企业优先雇用本国的人才。在从沿岸到近海再到远洋的逐步替换排除外国人的每一个环节和阶段，都可以看到日本政府根据当时当事具体情况所制定发布的规则和命令，催促引导甚至逼迫企业按日本政府的要求去做，以达到一步步替换排除外国人，逐步掌握海技大权的目的。反观中国，从1872年轮船招商局创办到1911年清朝灭亡，在这整个过程中，像日本政府那样实行积极促进本国海技自立自主的政策法令，清政府一条也没有，更没有逐步限制外国人并取而代之的措施。唐廷枢、徐润和郑观应等人的计划和呼吁，并没有得到清政府上层的支持和响应。这种下层积极上层消极的状况与日本的情况相比形成强烈反差。但是，培养造就人才是一个长期的过程，没有政府的支持和促进，没有可靠的资金资助是很难兴办和维持下去的。并且，毕业的学生，囿于当时普遍存在的迷信外国的社会心理，如没有像日本政府那样的行政命令，要通过洋人总船主和总大车这一关在航业公司找到工作，也绝非易事。直到民国以后，轮船招商局所有船上重要职员，仍然"大部分皆属洋人，职员进退，亦权操诸洋总船主总大车之手"。① 即使有华人技术人才，也很难过这一关。吴淞商船学校的事例就很能说明这个问题："民国初元，北京交通部固有吴淞商船学校之设立"，"唯以招商局受外人之威胁及离间"，使吴淞商船学校"未能得其充分之援助"，② 从而陷于"经费奇绌"，"毕业生难筹出路"的困境，终于维持不下去而于1915年2月停办。③ 导致吴淞商船学校办不下去的原因主要是两条：经费缺乏和毕业生无出路。而这两条尤其是后一条，如果没有政府的帮助，通盘筹划解决，学校本身是无能为力的。在民国政府时期这所商船学校尚且还办不下去的事例说明，如果没有政府

---

① 《报告书》下册，第38页。
② 《报告书》下册，第61页。
③ 张心澄：《中国现代交通史》，上海书店出版社1991年版，第220—221页。

的支持，并采取有力的手段排除障碍，营构一种像日本政府那样总体的长远规划，要成功地达到改变外国人垄断把持轮船招商局的局面是不可能的。而这一切，在晚清时期的中国更是不可能做到。因此，出现这样的怪现象也就不奇怪了：在长达几十年的时间里，招商局每年都以好几十万两白银供养一批外国高级船员（尽管这批洋员无论从素质到技术都不能让人满意），但却不能拿出一部分来逐步培养自己的技术人才。这是轮船招商局腐朽的表现，但这种腐朽的根源，却在晚清政府这里。

（原载《中国经济史研究》1994年第2期）

"官督商办"与"命令书"

——中日近代工商企业经营管理形态的比较研究

19世纪下半叶中日两国兴起的洋务运动和明治维新,都是以兴办一系列从西方引进的近代新式工商交通企业为中心的活动。学术界对洋务运动和明治维新的研究至今已有不少成果问世。但是,从政府经营管理形态的角度进行比较研究——观察两国政府与这些近代企业之间关系的特点和不同,进而分析中日两国近代化出现不同结局的深层次原因,还是一个甚少涉及的领域,本文将对此进行初步的尝试。

这时期,中日两国政府对近代新式工商企业实行的经营管理方式中,"官督商办"和"命令书"具有典型和代表意义。[①] 这两种方式都产生于19世纪70年代中日兴起的轮船航运业,随后又推广运用于两国兴起的其他近代企业,并延续到20世纪以后。在中日两国近代企业的发展历程中,这两种管理方式都产生过很大影响,是居于统治地位的官方管理方式。因此,我们的分析,就从这里开始。

一 "命令书"的产生和特点

我们先来看日本"命令书"的产生及其特点。

[①] 对于中国的"官督商办",学术界已有不少的文章涉及和探讨,代表性的如汪熙《论晚清的官督商办》,《历史学》1979年第1期;胡滨《从开平矿务局看官督商办企业的历史作用》,《近代史研究》1985年第5期等。但对日本的"命令书",则无论中国和日本的学术界,似乎都还没有引起注意,没有见到研究成果,也没有将这两种经营管理方式进行比较研究的文章。

日本政府对近代新式工商企业实行"命令书"这种经营管理方式，最早是从轮船航运业开始的。我们知道，推动轮船航运业发展，是日本明治政府"殖产兴业""富国强兵"政策的重要组成部分。日本四面环海的地理条件，是日本政府积极推动轮船航运业发展，进而扩展海外贸易，带动其他产业发展的重要原因。因此，从明治政府开始，轮船航运业就得到日本政府的大力支持和扶助。但是，明治初期日本政府的海运政策，有一个从支持官营轮船公司转向支持民营公司的过程。这个转折，以1875年完全民营的轮船公司三菱会社接受日本政府的"命令书"，成为政府重点扶持保护对象而开始。导致日本政府政策转换和"命令书"这种方式创立的原因，又与以下的因素密不可分：1875年前，日本政府曾先后资助扶持过两家由政府出面组织成立的轮船公司，即1870年成立的迴漕会社以及这家公司经营失败后重新组建的迴漕取汲所（成立几个月后改名为日本国邮便蒸汽船会社）。这两家官办公司的共同特点在于：轮船由日本政府和原诸侯藩镇处接收来的船舶组成，主要经管人员由政府委派，享受政府给予的官物、贡米、邮件运输和补助等特权。日本政府是想以这种方式抗衡日渐发达的外国在日轮船公司，促进本国轮船航运业的发展。结果却是迴漕会社仅经营了一年即亏损12万日元而不得不解散。迴漕取汲所在改成日本国邮便蒸汽船会社后，也只经营了四年即以失败告终。① 导致这两家公司很快失败的原因，虽然与明治初期日本对西方公司经营方式不熟悉、老朽船多修理费浩大、人员素质低劣以及外国轮船公司和民营三菱会社的激烈竞争等因素有关，但根本的一点还在于"政府对其事物干涉过多，会社的经营方法没有明确规定，会社同政府之间的关系不明确，商业上的事务由武士指导，处理事务失当之处甚多"② 有关。也就是说，根源还在于"像海运业这样充满激烈竞

---

① 这两家公司经营失败的情况可参见山口和雄《明治初期的外国海运和三菱会社》，载《世界经济分析》，岩波书店1962年版；宫本又次《迴漕会社的兴废》，载《鱼澄先生古稀纪念国史学论丛》，1959年；加地照义《摇篮期的我国海运企业》，《商大论集》第23卷第3号，等等。

② 宫本又次：《迴漕会社的兴废》，载《鱼澄先生古稀纪念国史学论丛》，1959年。

争而尊崇灵敏便捷商机的事业，用官僚的方式进行经营，自然无法成功"。①

与此同时，一家发起于土佐商社，完全民营的小轮船公司却崭露头角，这就是岩崎弥太郎创办的三菱会社。在岩崎弥太郎的全力经营下，这家公司以经营灵活、讲究服务态度逐渐取得优势地位，在轮船公司的竞争中壮大并压倒了官营的日本邮便蒸汽船会社。但是，确立日后三菱会社海上霸权地位和财阀基础的契机，是1874年日本政府发动的侵略台湾之战。这次侵台之战同时也是日本政府海运政策从支持保护官办的日本邮便蒸汽船会社转向支持民营三菱会社的转折。在日本政府寻求英美轮船公司帮助军运的计划失败后，日本政府的军队和军需品的运输只好转而求助于国内，可此时受到日本政府资助保护的日本邮便蒸汽船会社态度却十分消极，② 使日本政府大失所望。相反，完全民营的三菱会社这时却向政府上书表白"敢以敝社所有的蒸汽船数只，以报国恩于万一"，③ 于是日本政府便把从国外购置的13只轮船全部托付给三菱会社经营，承担军运任务。三菱会社也不负日本政府所望，在"使用上大尽其力"，④ 圆满完成了日本政府的军运任务。三菱会社的表现深受日本政府的赏识。日本邮便蒸汽船会社后来虽也承担了部分运输任务，却无什么功劳可举。

正是在这种对三菱会社和迴漕会社、日本邮便蒸汽船会社的经营比较中，明治政府认识到，"以前靠政府劝谕诱导建立之公司，皆过分倚赖政府，无自力更生之志，终未见其成果"。相反，三菱会社虽"未特别依据政府劝谕诱导，未曾依赖政府，全然独立经营"，但却经营得法，充满活力，事业已呈"效验"。⑤ 在这种比较中，民营企业有活力，官营企业依赖性重，已是明白不过的事。因此，日本政府

---

① 富永佑治：《交通领域中资本主义的发展》，岩波书店1953年版，第102、103页。
② 参见加地照义《摇篮期的我国海运企业》，《商大论集》第23卷第3号。
③ 亩川镇夫：《海运兴国史》，第216页。
④ 日本史籍协会编：《大久保利通文书》第六册，东京大学出版会1983年版，第384页。
⑤ 大久保利通：《商船掌管着手方法意见书》，见日本史籍协会编《大久保利通文书》第六册，东京大学出版会1983年版，第383、384页。

决定不再对海运企业实行直接经办，而改变为对民有民营的海运企业进行实力支援的政策。但是，采取什么方式才能够达到既发挥政府的扶持保护作用，又能控制企业，使企业能为政府的长远目标服务，同时还能减少对政府的依赖和达到自立，并能保持企业的活力，就成为日本明治政府必须首先解决的一个难题。

正是在这样的背景下，"命令书"作为解决政府和企业间关系难题的方案得以酝酿出现。

"命令书"是如何具体酝酿出现以及为何采用"命令书"这个名称，限于史料，目前尚无法作出明确回答，但日本政府采用这种方式来解决上述难题的指导思想，我们却可从当时掌管政府实权的内务卿大久保利通向政府的上书中窥见一二。

1875年5月，大久保利通向日本政府递交了《关于商船掌管之议》的建议书，[①] 在建议书中，大久保利通针对今后发展轮船航运业的方案举出了完全民营、政府保护督导下民有民营和政府直接官营三种方案供政府选择。他同时就这三种方案的难易程度和利害关系进行了说明，在说明中表明了他不赞成完全民营和政府直接官营两种方案，而赞成实行第二种即政府保护督导下民有民营的方案。在如何着手进行的方法上他提出了具体的设想，正是在他的这种设想中我们看到了"命令书"的雏形。他认为，在日本应设立一个专门掌管商船的机构，统一管理全国的商船事务。应当"以政府之恩威晓谕各船主，使其联合结成一体，以政府所有之船舶下拨，并以其他方法予以资助，促其成立"。具体实施方案是：把大藏省所属和此前下放给日本邮便蒸汽船会社的船舶全部收回，然后无代价下放给这家新设会社。同时把日本邮便蒸汽船会社和三菱会社也编入新设会社。在无代价把船舶下放给这家新设会社的同时，由政府每年再给予巨额的补助金和提供别的补助以扶持其发展。他认为在外国轮船公司占优势的情况下，"如无此补助金则此新设会社决不能保全"。

---

① 日本史籍协会编：《大久保利通文书》第六册，东京大学出版会1983年版，第353—360页。

作为政府提供资金和扶助措施的回报,新设会社应当承担以下义务:一是运送政府的邮递物,二是订立无论政府何时需要都可以自由使用其船舶的协议,订立维修保养政府下放船舶的协议和政府督促检查的方法。大久保利通认为,实行这些措施后,虽然政府不直接经营航运企业,但其效果却"恰如政府专门执掌的一样",而且"此举还能避免前此通商司掌管迴漕会社时的覆辙和困难"。[①] 也就是说,大久保利通在这里提出了解决的方法,即政府和企业订立具有法律效力的协议,通过确立双方权利、义务和责任的办法来解决政府与企业间关系的难题。在这里,根本的一点是把过去政府直接出面经营会社改变为通过法律条规的方法来管理会社。大久保利通提出这种方式,很可能是与他1872年参加岩仓使节团考察欧美十二国归来后,参考欧美经验和结合日本的实际情况有关,他提出的这些基本原则,以后也就是"命令书"的基本原则。

1875年7月,日本明治政府接受了大久保利通的建议,采用了他的第二方案,但不同的一点是,把他成立新的大公司的设想改变为确立岩崎弥太郎创立的,在侵台之战时为日本政府立下过汗马功劳的民营的三菱会社,作为日本政府全力扶持资助的对象。

1875年9月15日,在三菱会社按日本政府的要求修改了社则,确立了定款和制定了会计法等一系列准备后,日本明治政府正式向三菱会社颁发了第一道命令书。此事标志着三菱会社正式成为日本政府的保护会社。

在三菱会社的历史上,日本政府分别于1875年9月15日、1876年9月15日和1882年2月28日向其颁发过三次命令书。[②] 下面我们就通过这三次命令书,以及日本政府1885年9月29日颁发的命令书,[③] 具体考察一下命令书的内容与特点。由于第一、第二命令书

---

① 以上所引均见大久保利通《关于商船掌管之议》,日本史籍协会编《大久保利通文书》第六册,东京大学出版会1983年版,第353—360页。
② 三菱会社三次命令书的全文见《海事史料丛书》第20卷,成山堂书店1969年版,第274—288页,下引三菱会社的命令书内容均引于此。
③ 见日本邮船株式会社编《日本邮船株式会社五十年史》,1935年,第63—70页。

相隔仅一年，第二命令书又是作为第一命令书的补充形式出现的，所以首先将这两次命令书结合起来进行考察。日本政府颁发的第一命令书，共17条条款，第二命令书因是第一命令书的补充，故只包括4条条款。从整体上观察第一、第二命令书，可以说是日本政府向特意选定的企业下达的一个包括责、权、利等方面内容的具有法律效力的协议或者契约。以后出现的命令书虽在这些方面有一定的变化或侧重不同，但却没有改变第一、第二命令书的这种基本性质和框架，故我们在此对第一、第二命令书的内容有必要作详细一点的介绍：

日本政府发布命令书的目的：第一命令书开篇即强调，是"为扩张本邦的海运事业及以此为目的"，故此向三菱会社颁发命令书。授予三菱会社的权利有二：一是"将东京丸为首的13艘轮船以及所属各种器械，无代价下放给该社"。① 二是"作为航运费补助金，一年给予25万日元"。航运费补助金的年限确定为15年。至于三菱会社所需承担的义务，主要包括以下几方面内容：

（一）关于下放轮船的使用和管理

事先未申明理由和得到政府许可，这些轮船不许转卖、典当和拆毁（第一命令书第一条），维修保养船只及保持清洁不得疏忽，并需接受政府主管部门的检查和指令（第一命令书第四条），不论平时或非常时期，只要政府需要，须无条件以所属船只应征为政府服务（但政府付给使用费）（第一命令书第十三条），平时需免费为政府运送邮递物（第一命令书第八条），如政府认为三菱会社对命令书中规定的条款无理由但却不遵守，或者公司业务混乱导致国家利益受损时，不论何时政府均可收回下放的轮船和停发补助金（第一命令书第十四条）。

---

① 这次下放的轮船13只共11170吨。此后日本政府又收购日本邮便蒸汽船会社的轮船17只共7776吨，同样无代价下放给三菱会社，见日本邮船株式会社编《日本邮船株式会社五十年史》，1935年，第7、12—13页。

(二）关于补助金的使用及财务

不能以补助金及下放的船只作为抵押品向别处借钱（第一命令书第一条），补助金要专款专用。第二命令书进一步将各条航线的补助额作了具体规定，其中上海线最多，为年20万日元（第二命令书第三条）。要整理财务，节省费用，每月做出报表，交政府主管部门检查（第一命令书第七条）。

（三）关于会社业务范围

从接受命令书之日起，该公司即不得经营海运以外的事业。（第一命令书第十二条）

（四）关于社长的职权

不论是下放的轮船或原有的轮船，其经营管理、运营以及总社及各地分社事务的管理，均为社长的权利，政府不予过问。仅在其管理使用不当而使政府利益受损时，方才得以命其改正。（第一命令书第九、第十条）

（五）关于命令航线

每年25万日元的补助金，按下列各航线分配数额，接受补助金的航线成为命令航线，不能随意改变或撤销。（第二命令书第三条）

上海航线　20万日元

东京横滨大阪及神户航线　2万日元

东京横滨及函馆间航线　1万日元

东京横滨及新潟沿海各港间航线　1万日元

东京横滨及势州四日市间航线　5千日元

长崎五岛对州及朝鲜釜山浦间航线　5千日元

为培养海员及水手火夫，应设立商船学校和水手火夫经办所，政府每年另给1.5万日元的补助金。（第一命令书第十一条）

从上述条款来看，政府的各项要求、欲达到的目的及三菱会社接受命令书后应承担的责任和义务都做了明确的规定。显然，日本政府创立命令书这种管理方式,就是要以命令书中明确规定的各项条款的接受和实施为条件,来决定是否给企业以特权、优惠和各种支持。可以看出,日本政府通过命令书这种方式,可以达到掌控会社而又不陷入会社内部事务的目的。通过这种方式,可以保证企业的经营方向和发展目标为政府服务,起到"恰与政府专门执掌的一样"的作用。从企业方面来看,一旦接受命令书,就成了国家扶持保护的对象,成为为政府既定政策服务的"国策会社",从而可以得到政府给予的各种特权和优惠,大大改善经营条件,甚至可以保证盈利。

很明显,这种方式是日本政府为促成扶助本国海运业自主发展,对抗外国海运势力,逐步收回商权、航权而创立的一种特有方式。从以后历史的实践检验来看,这种方式在收回商权航权方面不仅卓有成效①,而且从政府对企业的监督管理方面来看,也相当有成效。例如,当三菱会社在日本政府的扶持资助下,迫使美国太平洋邮船会社横滨—上海线上的船只设备卖给三菱会社,又迫使大英火轮公司退出日本航线,逐步收回日本沿岸和近海航行权后,由于势力大大膨胀和成为独家垄断,开始变得骄横,不仅垄断运价,随意提价,出卖和拆毁政府下放的船只,还经营海运以外的业务,明显违背日本政府在命令书中规定的宗旨并遭到朝野一致斥责时,日本政府一方面扶持创办另一家大型轮船公司(共同运输会社),同样向其颁发命令书给予各种资助,目的是使共同运输会社与三菱会社"互相牵制和激励"②外,另一方面于1882年2月28日向三菱会社颁发第三命令书,③实施政府监督管理之权。在第三命令书中除向三菱会社重申:"该社的事业专为海上运输,决不能经营商品买卖的业务"(第

---

① 三菱会社在政府下放船舶、给予雄厚资金和其他资助而一举收购称雄于日本的美国太平洋邮船会社及击败大英火轮公司收回日本沿岸近海航权的事实,可参见加地照义《日本资本主义的成立和海运》(六),《海运》杂志(日本海运集会所发行)第280号,1952年,另可见日本历史学会编《日本历史》1990年4月号及日本邮船株式会社编《日本邮船株式会社五十年史》(1935年)有关章节。

② 日本农商务省大辅品川弥次郎语,见寺岛成信《帝国海运政策论》,严松堂书店1924年版,第129页。

③ 第三命令书全文见《海事史料丛书》第20卷,成山堂书店1969年版,第284—288页。

一条)、"从前下放给该社使用的各船,不得抵押和出卖"(第二条)外,还规定"该社的轮船登簿吨数最低不得少于2.2万吨,在此基础上,此后增加的船舶首先用于改良旧船、建造或买入新船以替换旧船"(第四条),指定补助金的各航线的使用船舶,必须使用最坚固、安全和迅速的船。上海航线使用的船舶不得少于时速11海里,除极端灾害外,不得减少或变更规定的航行次数(第八条)。内外各航线的运费额不适当的要进行相应的改革(第十条)。并且重申,除第三命令书修改变动的部分外,第一、第二命令书都继续有效,同时进一步强调:"对本命令书的命令如有违背,将根据情节的轻重予以相应的处分"(第十二条)。总之,第三命令书的基调是建立在禁止向其他产业投资、保全本业、增加和改良船舶、禁止过高的运费以及严守定期命令航线的基础上。第三命令书颁发后,三菱会社不得不有所改变,按照日本政府的意旨办事。

如果说第三命令书的重点在于对三菱会社进行监督,整顿的色彩较浓的话,那么当三菱会社在日本政府的干预下与共同运输会社合并,于1885年9月25日成立日本邮船会社(以下简称日邮会社)后,同年9月27日接受的日本政府颁发的命令书,① 与此前三菱会社接受的三次命令书相比,在范围和内容方面,又大大前进了一步。

日本政府向日邮会社颁发的命令书共37条,两年后的1887年日本政府曾对少数命令条款有所改动,涉及改动部分以下予以说明。

与此前给三菱会社的命令书不同的地方在于,日本政府在给日邮会社命令书中,对日邮会社的性质作了明确规定,命令书第一条即声明,日邮会社为股份有限公司,如有负债需赔偿时,"仅限以股金为止"。第二条接着说明,其会社的资本金为1100万元,分为22万股,"但因其会社的要求或政府的意愿,资本额得以增减"。第三条强调,"属于股份的权利义务,均以股票为准"。第四条说明,"其会社的营业年限从开业之日起至三十年为止,但因会社请求或政

---

① 日邮会社接受的命令书的全文见日本邮船株式会社编《日本邮船株式会社五十年史》(1935年),第63—70页。

府意愿，得以继续营业"。

在权利和义务方面，日邮会社的命令书与过去相比，内容更广泛，规定也更具体明确了。在补助金方面，日本政府规定，从日邮会社开业之日起，15年之内每年按其资本总额计，补足利润达8%（第七条）（1887年11月30日将此条改为"不论其资本增减或收入多少，在第七条中规定的年限内，每年授予补助金88万日元"）。第五条规定"其会社以经营中外海运为专业，不得经营其他的事业，但为了修缮船舶，可以经营铁工厂"。第六条规定，其会社虽在东京设立总社，在中外各重要港口设立分社、代理店等，但"农商务卿认为必要时，可以命令在指定的地方设立分社和代理店"。对日邮会社应当开行的命令航路，日本政府同样作了明确规定，与过去相比进一步对命令航路每月每周需开航的次数进行了具体的规定。而且声明"如没有取得农商务卿的许可，规定的命令航线和航行次数不得增减和变更"（第九条）。当接受农商务卿的命令需另外再开辟新的航线时，政府"再付予相当的补助金"（第十条）。对于日邮会社的船只，"政府不论平时或非常时期，也不问日邮会社的情况，得以随时调用，特殊情况时，其会社所有的船只需附属于海军部门"（第十一条）。但日本政府并不是无偿调用日邮会社的船只，因此命令书中对征用船只时的费用标准按轮船吨位数和征用时间分别作了具体规定，并对政府调用轮船时，因军事损失、意外事故以及政府需改动船舶结构等造成的损失，同样作了赔偿的规定（第十二、第十三、第十四条）。

日邮会社对日本政府承担的职责和义务还包括，政府的海军学校和商船学校在预先商定后，可利用该会社的船只作为实习场所（第十五条）。在授予日邮会社补助金期间，政府的邮件及附属器具需无偿运送（第十六条）。关于船舶，命令书规定，该会社的轮船登记簿吨数不得低于35000吨，船舶不足时农商务卿得以命其制造或添购，但预定的轮船结构及明细表需送说明书经农商务卿认可（第十七、第十八、第十九条）。其会社的船舶不经农商务卿许可不得出卖（第二十条）。对于运价，日本政府也作了有关规定，如第二十一条规定，"其会社的运费以及与批发商的手续费标准需经农商务卿认可并在报纸上刊登广告，政府有权根据商业状况命其低减价格"。在灾荒年及特殊变故时，政府有权在指定的时间和地点命其降低谷物运价（第二十二条）。

在关于会社领导班子的条文上，给日邮会社的命令书也比过去规定得更详细，控制得更严格。如第二十三条规定，"其会社由社长一人副社长一人理事若干统理事务"，同时声明，"正副社长以及理事在享受补助金的保证期15年内，由农商务卿特别指定，保证期满后由股东大会选举。但也需经农商务卿认可"①（第二十四条），"正副社长及理事的薪金由农商务卿规定数额后，由其会社支出"（第二十五条），"正副社长及理事在任职期间不得兼任其他职务"（第二十六条），等等。与给三菱会社命令书时相比，日本政府通过命令书控制领导班子进而把握日邮会社发展方向和状况的色彩无疑更加明显。在经营管理方面，日本政府利用命令书对某些领域也作了具体规定，如第二十七条规定"其会社任用的海员，无论船长、大副或机械师等，在尽量采用日本人的时候，根据目前情况在船长以下也不妨采用外国人"。第二十八条对利润分配，各种公积金和折旧的留存比例及数额也作了具体规定。

在日本政府向日邮会社颁发的命令书中，还有一条很有特色的规定，日本政府给日邮会社下达了一个收集各条航路尤其是外国航路各种情报的任务，以便为日本政府了解各国情况和向外扩张提供情报，"其会社需调查与营业有关的各种情况，分为月报、年报两种报送农商务卿"（第三十条）②。

除了对各领域、各部门提出具体要求和规定外，在命令书的最

---

① 此部分内容为1893年商法、民法实施的原因，由政府命其修改，取消政府指定正副社长的做法，改为由股东会选举决定，并将会社从日邮会社改为日本邮船株式会社，见日本经营史研究所编《日本邮船株式会社百年史》，1988年，第45—47页。
② 在日本神户市中央图书馆松元海事文库中，收藏有日邮会社收集汇总上报给政府的各种情报，一年达二三寸厚的大本文集。

后几条中,日本政府重申了从总体上对会社控制和督促引导的权力。如第三十一条规定:"其会社总分社的事务以及决定与其他会社事务的权利虽在社长,但如其在执行中使政府产生损失时,农商务卿得以命其改正。"对股东大会的权利也进行限制:"其会社虽经股东会决定的事情如未征得农商务卿的认可不得执行"(第三十二条)。财务会计更在监督之列,"政府得以派会计监察会社的一切会计事务,并得命其改正不符政府要求之处"(第三十四条)。总之,"政府得以监督该会社的一切事务,如有违背本命令书和对公益造成损害,或被政府认为不利时,政府得以对其制止直至禁止其营业"(第三十六条)。

从日本政府下达给日邮会社的这份命令书来看,虽然范围和内容都比三菱会社接受的命令书要广泛和复杂,但在基本的责、权、利等方面却并无实质性的改变,只不过比过去规定得更明确、更具体,也更严厉了,也可以这样理解,在三菱会社的发展过程以及与共同运输会社的竞争中,日本政府进一步总结了经验并通过制定更完备的命令书条款来达到改进经营管理的目的。从这份命令书制定的条款和内容来分析,日本政府干预控制会社的指导思想和措施无疑更加明显。这一点,体现在命令书中具体条款的增加和完备方面。因为日本政府的目的,就是要运用政府的力量,扶持、保护、引导、督促企业更快地向近代欧美国家的发展道路转化,通过政权的力量,以命令书的方式,强力引导和推动日本经济的发展。从三菱会社的三次命令书到日邮会社命令书的演进和完善,反映了日本政府引导督促企业向资本主义道路前进的步步轨迹,是日本政府实现既定国策的一个重要体现。

再从性质上看,日本政府创立的命令书这种方式,体现的是政府和企业的关系,实际上也就是官和商的关系。毫无疑问,在这两者关系中官占据主导地位,但由于政府和企业、官与商这两者之间的关系通过命令书的形式明确划分责、权、利界限,并赋予法律的地位,故达到了比较和谐统一的目的。在这里,日本政府利用官的权威和力量，使用"恩""威"两种手段督促推动企业向资本主义性质方面转化和发展，因此这种干预和控制，只会加速日本资本主义的发展而不是相反。

很明显，日本明治政府通过命令书的方式控制了企业发展的方向，确保企业发展为政府的目标服务。同时，企业在得到政府的大力保护和各种特权的支持时，也得以保持自身经营管理和内部运行机制的相对自主权。在这种"宏观控制，微观搞活"的方式下，日本近代企业在政府的扶持保护和督促下迅速发展起来，三菱会社先后战胜美英航运公司，收回日本沿岸以及近海航行权，日邮会社进一步向远洋扩张，终于扭转日本在海外贸易中被动的局面，实现"与列强并驾齐驱"的事实，展示了这种政策和管理方式的威力。这种管理方式给正在蹒跚学步的日本近代企业送去了强健的扶持拐杖，使这些企业在执行和推动日本政府的既定政策中真正发挥了"国策会社"的作用。

在日本资本主义发展史上占有重要地位的海运业中，通过命令书，日本明治政府较好地解决和确立了对近代新式企业既扶持又监督诱导的双重职能，有力地促进了海运业的发展。

不可否认的是，19世纪后半期的亚洲各国，在西方资本主义列强"炮舰加商品"的进攻下，先后沦为殖民地和半殖民地，只有偏居一隅的日本，在短短的几十年时间里迅速走完了其他西方列强国家要一二百年才能走完的路程，一跃成为"年轻的进步非常快的资本主义国家"。[①] 在日本的资本主义进程中，应该说"命令书"是一种很有日本特色的措施和方式。这种仅仅出现于日本的管理方式，在充分运用国家政权扶持保护职能的同时，还牢牢地控制了企业的发展方向，确保对国家总体发展战略有重要作用的企业能按政府设定的方式步步前进，最终实现政府的总体战略目标。日本资本主义之所以得以迅速发展，命令书这种经营管理方式的作用应得到充分

---

① 《列宁选集》第二卷，人民出版社1995年版，第644页。

的重视。

此后，日本政府在运用这种方式使海运业获得大发展的同时，又推广运用于其他企业：1895年中日甲午战争后，命令书又被日本政府运用于海外的殖民企业中，在中国十分活跃的大阪商船会社、日清汽船会社和南满洲铁道株式会社等日本"国策会社"的发展过程中，都可以看到日本政府运用"命令书"这种经营管理方式的效果。这种方式也不可避免地成为日本帝国主义对外经济侵略的重要工具。

二 "官督商办"的特点、性质及与"命令书"的比较

与日本政府对近代企业实行"命令书"这种经营管理方式相对应，中国晚清政府在近代企业中实行和居于统治地位的经管方式，是"官督商办"。这种方式的特点，一般是在官府的监督之下，先由官方提供某些优惠条件或部分官款作为垫支资本，同时指定与官方有一定联系的人物出面，向社会招募资金，兴办近代企业，政府对这种企业实行种种扶持资助以及监督控制。这种方式与日本一样，首先出现于轮船航运业，此后进一步运用于开平矿务局、上海机器织布局、电报局、汉阳铁厂等重要洋务企业，是晚清时期政府对新式近代企业最重要和占统治地位的经营管理方式。这种方式之所以首先诞生和出现于轮船航运业，与日本"命令书"首先出现于航运业一样，同样不是偶然的。

两次鸦片战争以后，外国轮船在中国水域迅猛扩张，掠取高额利润以及对中国经济和社会造成强大冲击的事实，引起了中国社会各阶层的强烈反响。面对新式轮船运输具有的安全、迅速、价格相对低廉和利润优厚的特点，以及本国木船运输业遭到严重摧残，直接对京师漕粮运输构成威胁的严重局面，加上晚清统治阶层中有识之士求强求富和与洋商争利的动机，等等，都预示着航运领域中必然首先酝酿改变和突破。

但是，这种新式企业"一呼即出"的状况如得不到清政府官方的同意与支持，得不到其他条件的配合，中国自己的轮船航运企业仍然难以诞生。这一点，大体又是由以下两方面因素所决定的：第一，当时的中国，朝野间还弥漫着强大的封建守旧势力，这些顽固势力死抱着祖宗成法不肯改变。兴办新式企业的困难不仅在于清政府的中央实权相当部分掌握在顽固派手中，还在于社会上存在广泛的根深蒂固的封建传统偏见。在这种状况下，如无"官为之倡"，就不可能得到清政府的批准和支持，也就根本不可能出现新式企业。征诸此后的史实，如果没有总署中奕䜣、文祥、曾国藩及李鸿章等人的推动，尤其是李鸿章把兴办轮船招商局看成是"毅然必行之事""破群议而为之"① 的话，轮船招商局是不可能在1873年1月挂牌营业的。第二，在当时外商轮船公司已经垄断了中国江海航线，又依仗不平等条约撑腰享有种种特权的情况下，如没有清政府的支持和扶助，中国自己的轮船公司即使诞生了，要想生存下来也是困难重重。这一点，正如李鸿章在向总署的奏折中所述："且各口岸轮船生意，已被洋商占尽，华商领官船另树一帜，洋人势必挟重资以倾夺。则须华商自立公司，自建行栈，自筹保险，本巨用繁，初办恐无利可图。若行之既久，添造与租领稍多，乃有利益。然非有熟悉商情，公廉明干，为众商所深信之员，为之领袖担当，则商人必多顾虑。自有此议，闻华商愿领者，必准其兼运漕粮，方有专门生意，不至为洋商排挤。"② 李鸿章的这段议论，不仅清楚地说出了洋商侵占中国江海航线的情形和华商自办公司的困难，而且考虑了政府应起的支持作用及具体的解决办法。实际上，这里已透露了对成立新式轮船航运企业实行"官督"制度的必然性。

另外，在当时的中国，新式企业的出现和发展，除了要得到清政府官方的同意和支持扶助外，还必须得到当时社会中商人尤其是具有洋务经验、熟悉西方新式企业经营管理方式，而且广有资

---

① 《李文忠公全书》朋僚函稿卷12 "复张振轩制军"。
② 《李文忠公全书》奏稿卷19 "筹议制造轮船未可裁撤折"。

财的买办商人的支持。这是因为对于清政府中的洋务派或顽固派，西方新式企业都是不熟悉的陌生东西，兴办近代企业所需要的技术知识、组织管理能力和商业联系、信用网络等条件，都不是短期内可以一蹴而就的。这就需要那些"熟悉中外语言文字""熟悉生意，殷实明干"的商人尤其是买办商人参加。再加上经过两次鸦片战争和太平天国的长期战争，清政府国库空虚、财政竭蹶，已经很难筹集经办新式民用企业的巨额资金，这就需要招徕社会上的私人资金，"以商力佐官力之不足"。[①] 由此二端，"商办"新式企业也可说是历史的必然。这一点，在买办商人唐廷枢、徐润入主轮船招商局前后得到了充分的证明，鉴于过去已有不少文章论述，此处不再赘言。

可见，在19世纪70年代初洋务运动从"求强"转向"求富"，重点从军用工业向民用企业转向而创办的近代新式企业中，采用"官督商办"这种方式有其历史的必然性。在当时中国社会存在强大顽固保守势力及洋商垄断江海航线的条件下，创办前所未有的新式企业，一方面需要权势显赫的官僚为之倡导，给予扶持，排除传统阻力，以示政府的态度和支持之意。另一方面，更需要通晓洋务、具有经营管理近代企业才干和具有募集资金的实力以及号召作用的人来主持企业活动。正是在这样的前提和基础上，"官"和"商"才得以结合，"官督商办"这种方式才应运而生。可以说，在当时的社会条件下，也只有这种方式，才能被清政府、洋务派和顽固派接受，同时也被当时的买办商人所接受。这种情形正如郑观应所总结的，"全恃官力则巨费难筹，兼集商赀则众擎易举。然全归商办则土棍或至阻挠，兼依官威，则吏役又多需索，必官督商办，各有责成：商招股以兴工，不得有心隐漏；官稽查以征税，亦不得分外诛求，则上下相维，二弊俱去"。[②]

下面，再以轮船招商局为例探讨"官督商办"的具体特点及其

[①] 《海防档》甲，购买船炮（三），第866页。
[②] 转引自夏东元编《郑观应集》上册，上海人民出版社1982年版，第704页。

所包含的内容。

1872年年末，李鸿章在向总理各国事务衙门（简称"总理衙门"）函送朱其昂等人拟订的轮船招商局条规时说："目下既无官造商船在内，自毋庸官商合办，应仍官督商办。"① 这是中国近代新式企业中第一次正式明确宣布实行"官督商办"这种方式。此后1881年李鸿章要郑观应进入轮船招商局任帮办时，郑观应说"招商局乃官督商办"② 之局，可知轮船招商局在1873年7月改由唐廷枢任总办后，实行的仍然是这种方式。1885年轮船招商局再次改组，盛宣怀代替唐廷枢任督办后，盛宣怀在向李鸿章禀陈的用人理财二十条中亦说："非商办不能谋其利，非官督不能防其弊。"③ 可见这种方式是持续实行的。

至于"官督商办"的特点，按照李鸿章的多次阐述及征诸史实，"官督"包含两层意思，其一为官对企业保护扶持，其二是官对企业进行监督稽查。"商办"同样也有两层含义：一是商务由商人经理，官不过问；二是商人要向国家尽义务（包括官运、军运、报效等）。为便于与日本实行的"命令书"作比较，有必要将官督商办的具体内容作一介绍。

先看清政府对招商局的扶持和资助，它包括资金借贷、免税缓息、漕粮包运三部分。轮船招商局创立伊始，李鸿章等人认为"收回中国利权起见，事体重大，有裨国计民生，故须官为扶持，并酌借官帑以助商力之不足"。④ 又说轮船招商局的创办"赖商为承办，尤赖官为维持"。⑤ 所以轮船招商局创办时，即由李鸿章奏准领借直隶练饷制钱20万串，实收约合银12.3万两。当时轮船招商局招收股金仅6万两，因此这笔借款对轮船招商局的开办实际具有决定性作用。1875年招商局自设江轮，又得清政府从两江木厘及浙江塘工

---

① 《海防档》甲，购买船炮（三），第920页。
② 郑观应：《盛世危言后编》卷十，船务，第2页。
③ 《国民政府清查整理招商局委员会报告书》下册，第36页，以下简称《报告书》。
④ 《李文忠公全书》奏稿卷36，第35页。
⑤ 《李文忠公全书》奏稿卷30，第31页。

项下,各借拨银 10 万两。① 官款由此增至 32.3 万两。1876 年轮船招商局因所欠钱庄重息借款过多,负担太重,"李鸿章虑其势将不支,故于烟台定约后督同各司道台局赶紧筹拨官款 50 万作为局中存项,以免重出庄息",由此,轮船招商局得以"气力为之一舒"。同年,轮船招商局买并美商旗昌轮船公司,复由两江总督沈葆桢"许奏拨公款 100 万两"。② 使轮船招商局所获官方贷款增至 192.8 万两。③ 是当年实收股本 73.02 万两的两倍以上。1877 年后因轮船招商局负担太重,又由李鸿章奏准"缓息"三年,1880 年一度分期归还,旋因轮船招商局资金周转困难,又经李鸿章、盛宣怀 1885 年请求,暂时缓还本息,嗣后又以缴本免息的办法至 1891 年还清。这些官款的利息,也比当时上海钱庄的利息为低,除开办时所借直隶练饷 20 万串是按年提取七厘利息外,其他借款基本是按八厘取息。也就是说,在长达十余年的时间里,轮船招商局从清政府处获得过数十万至一二百万两的低息贷款,这些贷款,差不多都是在轮船招商局发生重大经济困难和重大发展关头时所获,如无这些贷款和缓息、免息的优待,在洋商的竞争压迫下,轮船招商局是难以站稳脚跟并得到发展的。

清政府对轮船招商局的另一扶助措施,是拨给漕米装运的垄断性特权,同时给予回空免税和减税的优惠条件。漕米不是市场上流通的商品,轮船招商局获得漕米运输和优惠运价的特权,保证了货源,稳定了收入,在与经营商品货运和客运为主的外商轮船的竞争中,处于有利的地位。仅 1873—1884 年唐廷枢主持轮船招商局期间,其承运的漕米总额即达 4822415 石,净收入 260 余万两,漕米收入平均约占轮船招商局每年总收入的 18%④(轮船招商局承运漕米收入的情况可见表 1 所示)。揽载一般客货,易受外商倾挤,高价

---

① 《李文忠公全书》译署函稿卷 7,第 26 页附录。
② 《报告书》下册,第 23、24 页。
③ 张国辉:《洋务运动与中国近代企业》,中国社会科学出版社 1979 年版,第 171 页统计表。
④ 张后铨主编:《招商局史》(近代部分),人民交通出版社 1988 年版,第 71—72 页。

承运漕粮，便成为轮船招商局一项比较稳定的收入来源。正因为这样，漕运被视为"商局命脉所系"。①

表1　　　　轮船招商局漕运水脚收入（1873—1884年）

时间	水脚收入总额（两）	运漕水脚收入		运漕水脚收入占水脚收入总额的比重（%）
		运漕粮数（石）	水脚收入（两）	
1873年6月前		170000	102000	
1873—1874年	419661	250000	150000	35.74
1874—1875年	582758	300000	180000	30.89
1875—1876年	695279	450000	270000	38.83
1876—1877年	1542091	290000	174000	11.28
1877—1878年	2322335	523000	313800	13.51
1878—1879年	2203312	520000	312000	14.16
1879—1880年	1893394	570000	342000	18.06
1880—1881年	2026374	475415	252365	12.45
1881—1882年	1884655	557000	295767	15.69
1882—1883年	1643536	580000	307980	18.74
1883—1884年	1923700	390000	207090	10.77

注：年度系每年7月起至次年6月底止的会计年度。
资料来源：转引自黎志刚《轮船招商局国有问题（1878—1881）》，"中研院"《近代史研究所集刊》第17期上册，1988年6月。

但是，需要提请注意的是，轮船招商局获得的官方贷款和漕粮运输这两项最主要的特权和优惠，前者1884年后即告停止，此后再也没有获得官款的援助。后者则从19世纪90年代后随着漕粮运价的降低，反而越来越成为轮船招商局摆脱不了的重负，②成为轮船招商局被迫向清政府报效的一种方式。我们以轮船招商局从清政府获得的扶持资助与日本三菱会社及日邮会社获得的日本政府扶持资助相比较，差异可说相当大。首先，轮船招商局从未像三菱会社那样

---

① 《李文忠公全书》奏稿卷30，第33页。
② 参见朱荫贵《论清季轮船招商局的资金外流》，《中国经济史研究》1993年第2期。

从政府处获得几十只无代价下放的船只，也从未像三菱会社和日邮会社那样不管经营状况如何，每年都能从政府处获得巨额补助资金，确保利润不低于8％。同时，利息与偿还期限方面获得的优惠也不如三菱会社。所以，尽管轮船招商局从清政府处获得的资助能够使其在同外商竞争中奠定基础，从而与英商怡和及太古轮船公司签订"齐价合同"，分取一定的海运份额，但仅凭这些有限的资助，要想像日本三菱会社和日邮会社那样从外国航运势力手中收回航权并进一步向远洋扩张，这种资助力度明显是不够的。

政府对企业的监督和稽查是官督商办体制中"官督"的另一主要内容。但是，官督商办与日本政府实行的命令书有所不同，它没有明确的条款，没有政府和企业之间将责、权、利明确划分清楚的具体规定，其"官督"的内容是模糊的。我们只能从史实以及李鸿章发表的一些言论中进行探寻。1872年轮船招商局筹办时，李鸿章向总署复陈开办事宜时，对轮船招商局的经办方式明确表明"应仍官督商办"，并将其内容表述为"由官总其大纲，察其利病，而听该商等自立条议，悦服众商"。① 李鸿章在此提出了官督（总其大纲，察其利病）、商办（自立条议，悦服众商）的原则，但是并无实质上的具体内容。

1881年两江总督刘坤一奉旨查办轮船招商局时，根据轮船招商局实际情况，对官督商办的状况有比李鸿章进一步的说明，他禀复说："该局本系奏办，在局员董由官派委。只以揽载贸易，未便由官出场，与商争利，且揽载必与华洋商人交涉，一作官局，诸多掣肘。兼之招股则众商必不踊跃，揽载则市面亦不乐从，不得不以商局出名。其实员董由官用舍，帐目由官稽查，仍属商为承办，而官为维持也"。② 刘坤一的论述，既说明了官督商办这种方式在当时出现的必然性，又对"官督"的操作方式进行了概括。

当时总理衙门的说法是，"招商局由李鸿章奏设，局务应由李鸿

---

① 《海防档》甲，"购买船炮"（三），第920页。
② 中国史学会主编：《洋务运动》第6册，上海人民出版社2000年版，第44页。

章主政……凡有关利弊各事，自应随时实力整顿"。[①] 可见也没有增加新的内容。作为买办商人，曾经担任轮船招商局帮办、会办的郑观应，除清楚地点明官督商办之局是"权操在上"[②] 之外，也未能更多地说明官督的实际内容。而且他的主要顾虑是李鸿章万一今后不在北洋，"而后任听信谗言，视创办者如鹰犬"，遭到"为人排挤"的下场。

综观以上史例，我们可以将官督商办中"官督"的内容作一概括，它主要集中在清政府有用人决定权这一点上，即"员董由官用舍"。这是"由官总其大纲"的主要内容及保证手段。而此条也正是以往学术界对官督商办持批评态度的根本所在。一些学者认为官督商办的企业难以成功，很大程度就是从这里开始出现问题的，这种说法不无道理。但若把官督商办和日本政府实行的命令书相比较，我们会发现两国在新式企业的人事决定权和干预权这一点上是基本一致的。就拿前述日本政府给三菱会社的命令书来看，日本政府对三菱会社的干预不仅十分强烈，而且直到日邮会社时正副社长还要由日本政府指定。从命令书中日本政府对企业的干预条款来看，日本政府对企业的干预监督与清政府对招商局的干预监督相比，不仅毫不逊色，反而更加强烈。可见，人事决定权和监督干预的有无并不是决定企业发展与否的根本因素，三菱会社和日邮会社在日本政府的强烈干预下发展迅速就是明证。问题的实质在于，政府实行什么政策，以什么指导思想和政策去实行"官督"并进行干预，这才是根本和决定性的因素。是否把发展资本主义作为目标，把这一点作为制定政策的依据和出发点，进而实行"官督"，其结果必然具有相当大的差异。而恰好在这一点上，中日两国之间存在根本的不同。日本明治政府明确了是要学习西方，发展资本主义，因而"官督"的力量越强，资本主义的发展越快。中国则相反，学习西方发展企业，是要纳入封建政府控制的轨道中进行，是要力图维持原有的封

---

① 中国史学会主编：《洋务运动》第6册，上海人民出版社2000年版，第68页。
② 夏东元编：《郑观应集》下册，上海人民出版社1988年版，第779页。

建统治秩序,因此"官督"的力量越强,资本主义反而越难自由发展。并且,"官督"的力量越强,"商办"的色彩也必然受到限制和压抑而越弱。

在"官督商办"这种方式中,"商办"的基本点即李鸿章所说"听该商等自立条议,悦服众商"的原则。1880年5月5日李鸿章在奏折中对此有进一步的说明。他说,"遵查轮船招商局之设,系由各商集股作本,按照贸易规程,自行经理……盈亏全归商认,与官无涉。诚以商务应由商任之,不能由官任之。轮船商务,牵扯洋务,更不便由官任之也。与他项设立官局开支公款者,迥不相同。惟因此举为收回中国利权起见,事体重大,有裨国计民生,故须官为扶持,并酌借官帑,以助商力之不足……其揽载客货,以及出入款目,因会办各员多有服官他省,不能驻局,仍责成素习商业之道员唐廷枢、徐润总理其事,局中股本亦系该二员经手招募,每年结帐后,分晰开列清册,悉听入本各商阅看稽查"。① 由李鸿章奏设、局务应由李鸿章主政的招商局,因李鸿章对商办有如此看法,因此在局务的经营管理方面,早期大体上能够让买办商人唐廷枢、徐润按照资本主义的一套方式来经营。1873年唐廷枢、徐润主持轮船招商局后重定的局规14条和章程8条,实际上"沿袭了旗昌洋行的大部分制度",因此也才能"收到其前任中国地方当局梦想不到的经济效果"。② 但其在局规中对商股的地位、商董的权利所做的规定,特别是强调商总"为商局主政",规定轮船招商局"议交唐丞廷枢专管,作为商总,以专责成,再将股份较大之人公举入局,作为商董,协同办理",不论局规还是章程,都十分强调轮船招商局"应照买卖常规办理"③ 的做法,却不断受到顽固保守势力的非难和攻击,并要求将轮船招商局收归官办。如1878年叶廷眷向李鸿章上禀建议将招商局所借官款改为官股,1881年刘坤一上奏重提此建议,实际目的是

---

① 《李文忠公全书》奏稿卷36,第35页。
② 《北华捷报》1886年5月17日。
③ 《交通史航政编》第一册,1935年刊印,第143—146页。

要把轮船招商局收归官办等就是典型的例子。这时，从唐廷枢、徐润等人写给李鸿章的信中透露的"诚以体制攸关，官似未便与民争利，经营之术，商亦未便由官勾稽，是夹杂官商，实难全美。官帑依期分还，帑息陆续交官，嗣后商务归商任之，盈亏商认，与官无涉。并乞请免派查帐之议，不致市风摇惑，外侮乘以相倾，则商情感戴奋兴，招徕新股亦可踊跃"①之语来看，官督商办的"商办"地位不仅不稳固，而且十分脆弱，仅开办几年即已岌岌可危了。

此后唐、徐被排挤出轮船招商局，盛宣怀主政时的《用人章程》和《理财章程》双十条，虽然还强调"非商办不能谋其利、非官督不能防其弊"，但其"专派大员一人认真督办，用人理财悉听调度"，会办三四人应由督办察度商情，秉公保荐②的做法，已经废弃了唐廷枢、徐润1873年制定的局规中关于由股东推举商董和总董主持业务的原则，在"官督"色彩大大加强的同时商办的色彩已经急剧减弱。

轮船招商局商办色彩的减弱不仅反映了官督商办方式中商办地位的脆弱，与命令书相比较，还反映了两国政府对待商办利益的不同态度。我们可以看到，在三菱会社、日邮会社的命令书中，日本政府在对该会社应开设的航线、各航线应开行的轮船次数、轮船吨位数、速度，总、分社的设立，购置新船的规定和运价，不论平时或非常时期，只要政府需要就必须无条件为政府服务等方面制定出了种种规定，但同时，同样从"商办"的角度出发制定出相应的补偿措施。一方面提供大量无偿资金补助，另一方面对轮船被政府调用服务时应付的租金、意外损失时的赔偿等作出明确而具体的规定，其目的就是为保证三菱会社和日邮会社能够有所发展，进而为日本政府"扩张本邦的海运事业"、达到"与列强并驾齐驱"的目的而

---

① 叶廷眷的建议参见聂宝璋编《中国近代航运史资料：1840—1895》第一辑下册，上海人民出版社1983年版，第855页，刘坤一的奏稿和唐、徐给李鸿章的信转引自黎志刚《轮船招商局国有问题（1878—1881）》，"中研院"《近代史研究所集刊》第17期上册，1988年6月。

② 《交通史航政编》第一册，1935年刊印，第156—157页。

服务。命令书中制定的这些措施，都是日本政府引导和保证三菱会社、日邮会社一步步向资本主义发展的手段。

与日本相比，官督商办的轮船招商局在这些方面同样差别明显，对"商办"的保护和支持，不仅没有像命令书那样有见之于条文的明确规定，随意性很强，而且除19世纪80年代前有所支持外，80年代后不但没有大量无偿资金的援助，而且在承担军运、官物运输时，所获运价反比正常客运时低减很多，有时还要免费运输。更不用说轮船招商局所遭受的被清政府大量挪用资金，强调巨额"报效"的种种事例了。① 这其中的原因，说到底也是因为两国政府实行的是不同的政策的缘故。

三 "官督商办"与"命令书"的实质差异

从以上的叙述中可见，晚清政府实行的官督商办和日本政府实行的命令书这两种经营管理方式，19世纪80年代中期后官方监管的力度都有明显的加强，但其结果却很不一样，中国轮船招商局的情况是商办色彩越来越弱，私人资本自由发展的余地大大缩小，轮船招商局在内外交相压迫下呈现出一种缺乏活力和停滞不前的状态。与此相应，官督商办这种方式也越来越受到各方面尤其是商人的反对。曾对官督商办这种方式寄予厚望并大加赞扬的郑观应，在目睹官督商办从扶持保护新式企业转向成为新式企业发展的桎梏，其合理性逐渐消失后也发出愤懑的感叹："轮船、电报、开平矿，创自商人尽商股，国家维持报效多，试看日本何所取。办有成效倏变更，官夺商权难自主……名为保商实剥商，官督商办势如虎"。② 这种感叹实际上是中国民间广大商人要求自由发展资本主义，对晚清政府

---

① 参见朱荫贵《论晚清新式工商企业对政府的报效》，《中国经济史研究》1997年第4期。
② 郑观应：《商务叹》，转引自夏东元《郑观应集》下册，上海人民出版社1988年版，第1369—1370页。

把新式企业束缚限制在一定范围内，不使其"漫无钤制"[①]地发展和剥夺商权、掠取报效的心态反映。而日邮会社通过命令书这种方式，在日本政府的引导推动下，却呈现出一种迅速扩张的趋势：企业规模不断扩大，实力不断增强，从沿岸近海进而开始向远洋进军。命令书在此过程中显示出旺盛的生命力，与中国的"官督商办"作用形成鲜明的对比。

很明显，中日两国政府对近代新式企业实行的官督商办和命令书这两种经营管理方式，都是在社会激烈变革时期应付内外危机、力求本国自主和争取富强目标时实行的一种手段，也是中日两国当时主客观环境条件下的产物。因此，在两国政府对本国兴办的新式企业中实行扶持诱导、监督保护，企业从政府处享受特权优惠，同时承担责任和义务等方面都具有一定程度的共同性。它所反映出来的，是后进国家在本身不具备或不完全具备自发产生资本主义近代企业的环境条件下，又面临外来势力占据优势地位的不利局面时，为实现自己的目标，为扶持保护本国新式企业得以生存发展而难以避免的一个阶段。它要求政府运用政权的力量，排除内外的阻力，扶持保护本国的新式近代企业成长壮大。因此可以说，这两种经营管理方式在当时中日两国的社会环境条件下出现，都有其必然性和合理性。但是，中日两国政府的政策，必然直接决定着这两种经营管理方式下近代企业的发展命运。因为在官督商办和命令书中，都存在政府与企业即官与商这一对利益主体，它们有利益一致的一面，同时也存在利益矛盾的一面。这种状况决定了如果两国政府对兴办近代企业的认识不同、要达到的目标不同、所采取的措施手段不同，这两种看似大体相似的管理方式产生的效果就必然会有所不同。

日本政府是要督促保护企业向资本主义方向发展，通过责、权、利和义务职责的明确界定，政府与企业、官与商这一对矛盾得以比

[①] 中国史学会主编：《洋务运动》第6册，上海人民出版社2000年版，第61页。

较融洽地统一在命令书这种形式中。政府发挥了督促保护的职能，企业在获得特权授予和政府的保护下，业务规模也迅速得到了扩展。中国政府因为要把新式企业的发展纳入维持封建晚清政权的轨道之内，不仅不允许资本主义因素自由发展，反而对私人资本主义的积极性采取限制压抑的措施，因此，在官督商办这种方式中存在的官与商的矛盾，必然产生冲突并逐步激化，最终导致官督压服商办。19世纪80年代以后，当中国近代企业已奠定一定基础，民间也存在广泛要求兴办近代企业的积极性时，清政府不能顺应形势潮流，反而加重了"官督"中官对企业的控制，导致轮船招商局成为一个停滞的企业就是这种状况的反映。当官督商办这种形式中的活力逐渐消失，这种方式也就逐渐走向了它的反面。从这个角度看，官督商办与命令书都只不过是一种形式、一种工具，其本身并不能决定两国新式企业的发展命运，决定的因素是实行这种方式和工具的政府制定的是什么政策，给这种方式注入的是什么内容，这才是关键因素。也正因如此，中日两国社会和政府的性质差别，决定了在诸多表面相似的情况下，这两种经营管理方式存在实质性的差异。

（原载《中日文化与政治经济论：纪念依田憙家教授70周年诞辰论文集》，复旦大学出版社2003年版）

轮船航运业篇

清代木船业的衰落和中国轮船航运业的兴起

中国近代轮船航运业的兴起，是在本国木船业衰落和外国在华轮船势力不断扩展的情况下得以出现和发展的。

长期在中国江海航线上承担客货运交流和人员往来的帆船业，鸦片战争后无法抵抗外来列强轮船的侵逼，很快出现了衰落。木船业的衰落需要替代物，这成为中国轮船航运业兴起的一个要因。而另一个要因，则是外国在华轮船势力的不断扩张。外国在华轮船航运业的扩张，赚取中国利润是重要动机，以之作为载体扩展在中国的势力范围，是更加重要的动机。光绪三十二年日本驻汉口总领事水野幸吉"轮船航路，表示商权伸张，一国利权之植立，而为开始"①的说法，《马关条约》后在日本开拓长江航路中发挥过重要作用的白岩龙平"贸易和殖民必然有待于交通运输线扩展伸张"②的说法，均可视为典型反映。

在木船业衰落和外国轮船航运业兴起的冲击和压迫下，中国自己的轮船航运业在历经种种磨难后终于问世。

本文是对近代中国轮船航运业诞生脉络进行的大致梳理。

一 木船业的衰落

1. 技术与权利处于劣势下的中国木船业

晚清时期，外国轮船进入中国后，相对于中国木船而言，速度

---

① ［日］水野幸吉：《汉口》，湖北樱求学社译，1908年，第55页。
② ［日］白岩龙平：《关于上海苏州杭州间航运实况及扩张改良的请愿书》，见《近卫笃麿日记》第2部（关系文书类），日本鹿岛研究所出版会，1969年，第194页。

快，载货量大，受气候水流影响小，技术上占有很大优势。此外，外国轮船进入中国水域，还享有中国帆船难以获得的权利。外国轮船运货进入中国，只需在首次进关时缴纳货值百分之五的关税，如再运往中国其他港口，只需再交货值百分之二点五的子口税，即可自由航行中国其他港口，而中国帆船则需处处缴纳厘金。

技术和权利均处于完全劣势的后果，是中国传统木船运输业受到严重冲击。再加上咸丰八年《中英通商章程善后条约》中，解除了外国轮船转运中国东北大豆和豆饼的禁令，中国帆船此前赖以维持生存的最后一点空间即货运专利也受到冲击。该条约还订明外轮具有吨税核减和出口优惠权利，这项规定，进一步扩大了中外船舶间生存竞争的差距，其后果是"中国大部分的沿海贸易从本地船转移到外国船的手里"，"外国船由于行驶迅捷，防范盗匪周备，可以保险和取费低廉等等原因，已经为人们所偏爱了"。①

此后，中国木船业漕粮北上、豆石南下的传统运输业务也被外船侵蚀呈逐年衰落之势。

> 咸丰八年七月，两江总督何桂清奏称，今在天津所议条款，任外国轮船周游天下，无论何货，互相贸易，则我内地货物，听其在内地兴贩。垄断罔利，莫此为甚。譬如江苏一省，精华全在上海，而上海之素称富庶者，因有沙船南北贩运，逐十一之利。今听该夷将上海货物运至牛庄，各处货物运至上海，资本既大，又不患风波盗贼，货客无不乐从。而上海之商船船户，尽行失业，无需数月，凋敝立见。以此类推，胥见天下之利柄，尽归于该夷。②

事实确也如此，同治二年上海输入外国制品进口货物总值，达到白银 8200 万两之多，破了咸丰十年华北及长江各口开辟后的最高

---

① [美]泰勒·丹涅特:《美国人在东亚》，姚曾廙译，商务印书馆 1959 年版，第 274 页。
② 《续修四库全书 史部·纪事本末类》，上海古籍出版社 2002 年影印本，第 29—30 页。

纪录，为咸丰十年上海进口货物总值4100万两的两倍。考其缘由，不外两点：一是从印度输入的鸦片较巨，占进口货值的四分之一；二为受《天津条约》影响，沿海及长江各埠转口贸易继续进展，尤其是洋式船只速度较快，新关行政亦渐划一，商旅称便，趋之若鹜，"故土货多改由洋船，以期运输敏捷，苛税免除"。①

同治三年上海输入洋货，仅有小部分在当地销售，其余皆转运别处。四年情形虽复相同，然复出口之额，则增加更巨。其根本原因是中国沿海及内河输送货物之工具，渐由本国帆船改为洋式轮船。再加上此前帆船运货不受海关节制，故其所载货量，难以统计。而归并轮船运输后，所有经运货额，一概列入海关统计，因而数量明显增多。再加同治三年洋船所运复出口货物，较诸往年尤多。②

同治三年九月初十，江苏巡抚李鸿章上奏称，上海一隅之地，沿海居民多借船业为生。自西洋各国议准通商，上海一口最为繁盛，尤以沙卫各船群聚贸易，始得交易流通，商贾辐辏。若令内地商人均已乏本停歇，洋商亦岂能独获通商之利？惟沙船运销货物，向以豆饼、豆石为大宗，舍此无可贩运，是以和约内有外国船不准装运牛庄等处豆石一条，虽为沙船留一养命之源，实欲保全上海市面，为各国通商经久之计。可自从同治元年暂开豆禁，夹板洋船直赴牛庄等处装运豆石。北地货价因之昂贵，南省销路为其侵占。两载以来，沙船赀本亏折殆尽，富者变为赤贫，贫者绝无生理。现在停泊在港船只，不计其数，无力转运。若不及早挽回，则沙船停泊日久，船身朽坏，行驶维艰，业船者无可谋生，其在船水手十余万人，不能存活，必致散而为匪，肆行抢掠，商贾难安。

故而李鸿章在奏折中请求将登州、牛庄两处豆货查照前约，专

---

① 转引自聂宝璋编《中国近代航运史资料：1840—1895》第一辑下册，上海人民出版社1983年版，第1266页。
② 转引自聂宝璋编《中国近代航运史资料：1840—1895》第一辑下册，上海人民出版社1983年版，第1266页。

归内地商船转运。他认为,似此量为变通之后,于华商生计可以稍留余地,而洋商互市也可永远相安。① 同折中他又附片密奏,称江海关道丁日昌有看法,认为上海的沙船壅塞尚有十分值得忧虑的地方:江浙两省漕米如果改归海运,依例应由沙船装载赴北,现在军务虽有头绪而河运一时难复旧章,东南漕粮必然依赖上海沙船起运。可现今沙船无货贩卖,停泊在港者以千百号计。内地船只以运动为灵,如果半年停泊不行,将由朽而烂,一年不行即化有为无。将来无力重修,全归废弃,海运从何而办?此事非特上海商民市面以及捐税攸关,且于天庚正供大有窒碍,因而他担忧此事"长贻后患,何可胜言"。②

为此,同治四年四月十四日,李鸿章上奏请将奉天粮谷准内地商船贩运,折中说,上海沙卫等船资本亏折,停泊黄埔港者甚多,日久朽坏,生计竭蹶,于大局殊有关碍。本届苏省新漕及采买米石不及四十万,沙船已不敷装兑,若将来江浙所有漕粮同时海运,沙船日少,从何办理?他称上海商情困敝,萧条日甚一日,据沙船商王永盛等上禀称,其原因一是由于北口之油豆饼被外商夹板船抢装运出,货少价昂,导致近年商船亏本停泊;二是由于商船本钱小者,没有整宗贩运之货。因此李鸿章奏请准许中国帆船商以杂粮米谷与油豆饼并行贩运,希望使得沙船商资本无论轻重均可营生,沙船不致全停,民食得以接济。李鸿章认为,奉天等处杂粮米谷向不准华商贩运,而洋商转得装运往来,独占其利,对华商不公,故而请求给予"米谷杂粮,既准外国商船装运,中国商船似可援照准办,亦系此口运至彼口,与例相符"的权利。③

同治五年,闽浙总督左宗棠亦奏称,自洋船准载北货营销各口,北地货价腾贵。江浙大商以海船为业者,往北置货,价本愈增,比及回南,费重行迟,不能减价以敌洋商。日久消耗愈甚,不惟亏折

---

① 李鸿章:《北洋豆货上海一口请归华商转运折》,《李鸿章全集》奏稿卷七。
② 李鸿章:《收回北洋豆利保卫沙船片》,《李鸿章全集》奏稿卷七。
③ 李鸿章:《请将奉天粮谷准内地商船贩运折》,《李鸿章全集》奏稿卷八。

货本,浸至歇其旧业。左宗棠认为,东南沿海之区,民众中普遍经商,能够占到十之六七,而如今却阛阓萧条,税厘减色。其后果不仅是富商将变为穷人,游手成为人役,更重要的是恐怕海船搁朽,"目前江浙海运即有无船之虑,而漕政益难措手"。①

同治四年,由外国人掌握的海关贸易报告则公开宣称:"我们有各种理由认为帆船货运的黄金时代已成为历史。在中国各个港口从事这种行业的人,今年已不像往年那样获得优厚的报酬"。首先,稻米贸易萧条,不能再像原先那样雇用那么多往来于香港、新加坡和上海之间的船只;其次,出口到欧洲的棉花业已停止出口;最后,来往于各港口间的无数艘轮船,运费一律低廉,毫无例外,低到中国商人甚至可以利用轮船来运酱菜了。这种情况下,帆船根本没办法与轮船竞争。"成千上万的帆船闲置在黄浦江上,闲置得快要烂掉了"。②

自《天津条约》关于中外贸易厘定之新章订立后,沿海所开通商口岸已衔接一气,有如环形。陆续设立的海关,则将大权集于一手,昔日省自为政之情形得以改变。进出洋土货物,则借子口税单得以往来内地而享不再重征之待遇。"所有国内陆路贸易以及内河沿海之中国帆船运输事业,则逐渐转入洋船之手。外商与洋船之地位,则得条约之保障而愈趋优越。"③

2. 沿海木船生意被轮船所夺,数量大为减少

同治五年六月十三日,福州将军兼管闽海关税务英桂奏称,兵燹之后,商业既属萧条,而运货民船又为洋船侵占。自福州、厦门二口办理通商,轮船常川来往,商贾贸迁,维期妥速,内地商货每多附搭轮船运销,既免节节厘金,又无遭风被盗之患,进出口岸系

---

① 左宗棠:《拟购机器雇洋匠试造轮船先陈大概情形折》,《左文襄公全集》奏稿卷十三,第1页。
② 转引自聂宝璋编《中国近代航运史资料:1840—1895》第一辑下册,上海人民出版社1983年版,第1266—1267页。
③ 转引自聂宝璋编《中国近代航运史资料:1840—1895》第一辑下册,上海人民出版社1983年版,第1268页。

报完洋税。咸丰十一年间,福州口本地商船尚有五十九号,逐年报销,至今仅存二十五号。厦门口商船四十号,亦仅存十七号。泉州口商船一百七号,今存六十五号。涵江口商船十六号,今存五号。宁德口只有商船二号,铜山口只有商船三号。福州、厦门等处从前北省各项商船进出口者,每年计有一千余只,今则减去不止一半,是洋船日多而民船日少。[①]

福州口的商务报告则称,可以肯定地说,外国轮船,尤其是英国轮船,正在逐渐而稳步地垄断沿海航运,由福州口运往中国其他口岸用帆船装载的货物,已经有三分之一改由外国轮船载运。可能在不多的几年之后,沿海航线就只会剩下寥寥几只无足轻重的帆船。

报告认为,中国人已经充分感觉到把他们的货物交由外国轮船运输能有迅速和安全的优点,他们知道外国轮船可以在任何季节和季候风里航行,同时他们也很精明,他们重视用外国轮船运货可以保险的方便。

中国人或是按月包船,或在货物很多时按航程包程。如果按月包船,一艘350吨的轮船须1500圆至1800圆,同样吨位的轮船,从福州到上海往返须3500圆至3600圆,如果到烟台和更北的港口天津,往返所需费用更要多些。

中国人还需要较小的轮船从宁波载运少量杂项货物到上海,这对易于腐败的货物最适合,例如橘子、鲜果等,这类货物需要运输迅速。他们从香港以及汕头和厦门等中间港口所运来的货物大批装在英国轮船上。定期航行在香港与福州之间的英国轮船共有6只。这些轮船为外国商人载运鸦片和铅,这是外国商人进口的主要货物。[②]

[①] 中国社会科学院经济研究所抄档,转引自聂宝璋编《中国近代航运史资料:1840—1895》第一辑下册,上海人民出版社1983年版,第1271页。

[②] 转引自聂宝璋编《中国近代航运史资料:1840—1895》第一辑下册,上海人民出版社1983年版,第1272页。

沿海这种帆船的衰落范围相当大并持续进行。光绪十三年《申报》载文称,该年营口装载粮米之沙船,共有130余艘,由营口南返时,只有92艘载货而回,其余回南者皆是空船。向来粮船回空,载货准予免税,以故回时,未有不装货物者。今乃仅以空船返回,实为向来所未有。其生意萧条,于此可见一斑。①

光绪十九年八月十五日,福州将军兼管闽海海关税务希元奏称,自洋船通行以来,民船生理渐减。商民以洋船行驶迅速,无风涛之险,且洋税较常税轻重悬殊,遂皆趋之若鹜。向以民船为业者,自知挽回无术,率多弃业改图,每遇民船行驶外洋,遭风损坏,概不修理添补,以故民船日益短少。②

3. 列强侵夺长江航运权和内河木船业的衰落

在沿海的中国帆船遭到冲击不断走向衰落之时,中国内河同样成为外国轮船扩张势力的目标,列强轮船势力进入和不断扩大内河航运势力的同时,伴随的是中国木船业的衰落命运。此处以中国最重要的内河长江流域中的木船业为例进行观察。

咸丰八年七月何桂清奏称,李泰国等抄呈天津所议条约,经薛焕督同候补知府吴煦详加查复。就字面观之,其中以外国人驻京和轮船入江二条最堪发指。其处心积虑,则在垄断专利,多方误我,竟欲将我内地货物,由此口运往彼口销售,侵夺内地商贩之利。如果坠入其术,则数年之后,我将民穷财尽,彼则富强更甚,事会不可为矣。其欲多添码头,意殆在于此,于国计民生大有关系。何桂清称自己会商抚臣赵德辙、藩司王有龄后,已秘嘱薛焕、吴煦,赶紧密为筹办,力争在我方范围内,只准将外夷货物贩至各口,各口货物贩往外夷,不准将内地货物在内地各口间往来运销,如此则小民衣食尚有依靠,"大局尚可维持"。③

---

① 《申报》1887年6月16日。
② 中国社会科学院经济研究所抄档,转引自聂宝璋编《中国近代航运史资料:1840—1895》第一辑下册,上海人民出版社1983年版,第1268—1269页。
③ "咸丰八年七月何桂清奏",《筹办夷务始末》,咸丰朝,卷三〇,第11页。

但是西方列强侵入长江的目标却无法阻挡。他们通过强迫清政府签订不平等条约，达到在长江扩展轮船航运势力的目的。通过道光二十二年《南京条约》，列强攫取到沿海航行权和长江出海口上海的航行权。咸丰八年签订的《天津条约》则规定开放长江沿岸的镇江、南京、九江及长江中游的汉口作为通商口岸城市，列强轮船的航行权随之实现了从上海延伸到长江中游汉口的目的。光绪二年的《烟台条约》，又规定增开芜湖、宜昌为通商口岸城市，列强的长江航行权又进一步延伸到宜昌。光绪二十一年的《马关条约》进一步规定开放沙市、重庆、苏州、岳州为开埠通商城市。这样，除长江干流的航行权被列强强行延伸到四川的重庆外，还使外国轮船打破了过去不得驶入内河的禁令，使其得以沿吴淞江经运河驶入苏州和杭州，从而使长江干支流航行权丧尽无余。与此同时，列强还取得土货贩运权和内地通商权等一系列特权，打开并取得了通向广大中国内地市场的通道。

西方列强攫取长江航行权的首要原因，是长江流域在商业上具有的巨大价值和广阔前景。19世纪60年代，在长江轮船航运发展中起过重要作用的美国旗昌轮船公司的主要人物金能亨，曾对长江客货运业务进行过估计。他经过调查后认为，长江的营业额几乎难以估量，他以原棉一项为例称，估计长江流域的产量便大大超过美国全国的产量，中国国内贸易的运输量姑且不论，单以外国人经手的货运而言，数量便十分可观。他说，湖南、湖北的茶叶有500多种规格，在供应市场时，需顺长江而下。以两湖茶叶而论，总量估计便有7万吨。继7万吨货物之后，还有更多的生意可做。在贩运土货的回程方面，金能亨估计：回程货运量同样巨大。在汉口出售的外国棉织品，估计一开始就会达到2.5万吨，而这些棉织品只占上海总进口量的一小部分。客运方面，金能亨称可从广州至香港间的客运量来推算，他认为两地船只的每天客运量通常为二三百人，有时甚至达到500人，很少低于50人或100人的，那么，中国主要航道上的客运，又该是怎样的一番情景呢？在中国人看来，香港只不过是一块海外属地罢了。①

事实上，咸丰三年，在列强尚未取得长江内河轮船航行权时，西方的工业制品就已通过上海与武昌间的木船大量运入内地，与深入长江上游、远离通商口岸的武昌进行贸易的千百条木船所满载的货物中，就不仅包括从美国和英国运去的所有产品，还包括英美两国船只运进的鸦片。② 取得长江轮船航行权后，外国轮船商在所从事的轮船航运业中都赚到了高额利润。金能亨的美国旗昌轮船公司在同治六年的纯利润就高达806011两，其中单以往长江上游装运棉花而论，便为该公司挣得毛利约24万两。③"大英轮船公司的董事们同中国的交易全是史无前例的最赚钱的买卖，单就上海丝这一项来看，今年（咸丰十年）完全有可能达到5万件。丝的运费是每件白银10两，总数就是50万两，合英镑162500镑！"④

长江流域腹地深广的内地市场是列强极力攫取长江轮船航行权的又一重要原因。同治十年，英国普利茅斯召开的商会联合会上，就有不少商人提议，为了促进对华贸易，要说服英国政府在下次修订条约时，为英国商人取得通过长江进入中国腹地的权利，指出中国市场对英国纺织品开放的巨大重要性，"否则我们的许多织布机和生产能力不久一定要闲置起来"⑤。实际上，英国轮船商在中国的轮船航运业中，始终占有很大的比重，中国沿海航运及内河航运中，英国占有明显优势。自19世纪70年代美国在华航运业衰落起，至光绪二十六年后日本在华航运业兴起止，"在华外商各大轮船公司都

---

① 参见刘广京《英美航运势力在华的竞争（1862—1874）》，中译本，上海社会科学院出版社1988年版，第6—7页。
② 聂宝璋编：《中国近代航运史资料：1840—1895》第一辑上册，上海人民出版社1983年版，上海人民出版社1983年版，第140、96页。
③ 聂宝璋编：《中国近代航运史资料：1840—1895》第一辑上册，上海人民出版社1983年版，上海人民出版社1983年版，第465页。
④ 转引自聂宝璋编《中国近代航运史资料：1840—1895》第一辑上册，上海人民出版社1983年版，第301—302页。
⑤ 转引自聂宝璋编《中国近代航运史资料：1840—1895》第一辑上册，上海人民出版社1983年版，第373页。

是英人设立的"。① 直到光绪二十三年,"英船所载货物,占外船所载总数的82%,英船所纳关税,占外船所纳总数的76%"。②

列强极力攫取长江轮船航运权的第三个原因,是外商轮船深入内地取得土货贩运权和内地通商权后,能与列强在通商各口岸城市设立的分支机构、建立的码头仓栈和保险系统等形成外商轮船运输体系,加上和官办商人连接形成的网络,构成列强在华政治权益和势力范围的重要内容之一。因此,西方列强都把在长江行轮看成是势所必争之事。

长江刚开放时的同治元年至二年,上海拥有一二艘轮船的外国商行为数不下20家,这些商行都愿将它们的船只放在长江行驶。同治三年,打算专营长江航运业务,被视作长江航运"正规"的外国轮船公司,达到7家共16艘轮船。③ 这些在长江航运中占据重要地位的外国轮船公司,主要分属英、美两家,其中又以英国占优势地位。这是长江流域一直被英国视为自己"势力范围"的重要原因。

西方列强把大量轮船强行引进长江,必然会对长江原有的运输格局造成强大冲击。据统计,长江在出现轮船以前,干流、支流上原有的大中型(七八百石,即约50吨以上)帆船有16000只左右,载重量共80万吨,④ 承担着长江客货运业务。由于中国帆船行程迟缓,不但有欠安稳,而且航无定期,上行时尤感困难。⑤ 因此,从咸丰十年开放长江轮船通航后,不过数年光景,"数千艘帆船便被逐入支流"。⑥ 到同治年间,已是"长江轮舶横行,价贱行速,民船生意

---

① [美]雷麦:《外人在华投资》,蒋学楷、赵康节译,商务印书馆1959年版,第254页。
② [美]雷麦:《外人在华投资》,蒋学楷、赵康节译,商务印书馆1959年版,第255页。
③ 参见刘广京《英美航运势力在华的竞争(1862—1874)》,中译本,上海社会科学院出版社1988年版,第36—37页。
④ 樊百川:《中国轮船航运业的兴起》,四川人民出版社1985年版,第182页。
⑤ 姚贤镐:《中国近代对外贸易史资料(1840—1895)》第三册,中华书局1962年版,第1414—1415页。
⑥ 转引自姚贤镐《中国近代对外贸易史资料(1840—1895)》第三册,中华书局1962年版,第1415页。

日稀，凋零日甚"。①

而且，列强轮船进入长江主流水域后，数千艘帆船被逐入长江支流。被逐入支流的这些帆船却又成了当时行驶在支流中的更小的木船的强有力竞争者。结果又在这些支流中引起大批较小木船的停航。在其竞争下，这些小船的船夫因贫困和诱惑而屈服。甚至当时把货物交由轮船装运的中国商人也悲叹这些船家被突然打翻原来生活方式的遭遇，还听说其中有许多人为了吃饭而不得不加入叛军。②

木船业衰落涉及面很广。但对清政府而言，船税流失却为重要的一项。

光绪六年八月初三日，江西巡抚李文敏奏称，即如船料一项，昔年商贾运货，行旅往来，莫不雇佣民船，今悉改就轮船。近年长江又添两口五处，准轮船停泊，上下客货。轮船愈便则附搭愈多，民船日稀则税项日短。近年洋行轮船陆续增添，是以本届过关轮船共有六百数十只，比上年又多数十只，侵占民船税料何止十万。

光绪十四年四月二十日，江西巡抚德馨奏称，长江未通商贾以前，商贾运货，行旅往来，悉雇佣民船，帆樯如织。自有轮船行驶，附载便捷，商贾市民，莫不舍民船而就轮船。光绪二三年前，过九江关之轮船每年尚止四五百只，近来多至七八百只。轮船大逾民船数十倍，侵占船税，何止十数万两。③

对广大船民来说，木船业衰落直接关系他们的生计。光绪二十九年时，长期担任中国海关总税务司的赫德在他的书里说，"五十年前经营牛庄和华南各埠沿海航运的中国帆船已摧毁殆尽，大部分华南的贸易也同样转由外国船只载运。扬子江上不断增长的国内贸易

---

① 李鸿章：《复彭雪琴宫保》，《李鸿章全集》朋僚函稿卷十三。
② 转引自姚贤镐《中国近代对外贸易史资料（1840—1895）》第三册，中华书局1962年版，第1415页。
③ 中国社会科学院经济研究所抄档，转引自聂宝璋编《中国近代航运史数据：1840—1895》第一辑下册，上海人民出版社1983年版，第1274页。

也正在吸引着越来越多的外国轮船。过去中国的船业资本家现在变成了乞丐，而他们所雇的船夫，则痛恨他们的政府允许外国人参与国内贸易和外国人夺取他们的生计"。①

鸦片战争后，在外来列强轮船攫夺中国利权、夺占中国市场的竞争打压下，中国历史悠久的木船业出现了明显衰落，并由此激发诞生了中国的轮船航运业。

二　轮船航运业诞生

轮船航运业在近代中国诞生，是古老中国发生的里程碑式事件。轮船在速度性能方面的优越性，引进轮船解决木船衰落和漕运困窘，兴办轮船与洋商轮船抗衡争利，等等，是华商轮船航运业兴起的根本之因，但其酝酿和兴办过程，却是千回百转，障碍重重。

1. 清朝大员对轮船性能优越的认识

两次鸦片战争与镇压太平天国农民起义的战争中，与西方事物接触较多的督抚曾国藩、李鸿章、左宗棠等人，较早察觉到轮船的优越性并产生购买及制造的想法。

咸丰十一年八月，两江总督曾国藩奏称，轮船之速，洋炮之远，在英法则夸其独有，在中华则罕于所见。若能陆续购买，据为己物，在中华则见惯而不惊，在英法亦渐失其所恃。他认为，若能购成之后，访募覃思之士，智巧之匠，始而演习，继而试造，如此，则"不过一二年，火轮船必为中外官民通行之物"。②

同治二年，李鸿章亦称，俄罗斯、日本从前不知炮法，国日以弱，自其国之君臣卑礼下人，求得英法秘巧，枪炮轮船渐能制用，遂与英法相为雄长。③同年四月他又说，"中国但有开花大炮轮船两

---

① 转引自姚贤镐编《中国近代对外贸易史资料（1840—1895）》第三册，中华书局1962年版，第1417页。
② 《议复购买外洋船炮为今日救时第一要务》，《海防档》甲，购买船炮（一），"中研院"近代史研究所编，1957年，第20页。（以下简称《海防档》）
③ 李鸿章：《上曾相》（同治二年三月十七日），《李鸿章全集》朋僚函稿卷三。

样，西人即可敛手"。① 同治三年八月，李鸿章答复总理衙门查询各口商民雇用洋船情形的信中，采纳苏松太道丁日昌的意见，提出设厂造船与允许华商置买洋船的建议。李鸿章的回复中附丁日昌的密禀，具体说明其建议的目的和施行的原则办法。丁日昌在密禀中认为，船坚炮利，外国之长技在此，其挟制我国亦在此。彼既恃其所长以取我之利，我亦可取其所长以利于我。他称，雇买火轮夹板船只，其弊在于匪徒托名驶出外洋行劫。但若能设法稽查，由地方官编以字号，如沙船之类，置买时有富绅保结，出口时归监督稽查。其船上水手舵工，初用洋人指南，习久则中国人亦可自驶。船货过关，不准丝毫索费，挟以恩而示以信，无事则任彼经商，有事则归我调遣。若使各港口有轮船二三十号，夹板百十号，不仅壮我声势，而且能够夺彼利权。轮船能够朝发夕至，我有船后，洋船能往我亦能往，而市价之高下，物产之精粗，洋商却不及华商之精，则取利必不及华商之易。故此，洋商初以利厚而来者，继将以利薄而去。以矛刺盾，此中大有机权，"又何惮于不弃我之短，以就彼之长乎哉？"故此他建议，"筹储经费，择一妥口，建设制造火轮夹板船厂，令中国巧匠随外国匠人专意学习"，同时准中国富绅收买轮船夹板，"以裕财源而资调遣"。②

同治五年五月，左宗棠在论及与英人的冲突时也说："陆地之战，彼之所长皆我所长，有其过之，无弗及也。若纵横海上，彼有轮船，我尚无之，形无与格，势无与禁，将若之何？"③ 为此，他向清廷密陈他在福州设立船厂的计划。在奏折中，他对轮船的看法与丁日昌颇为一致。他认为，东南大利在水而不在陆。自广东福建而浙江江南山东盛京以迄东北，大海环其三面，江河以外，万水朝宗。无事之时，以之筹转漕，则千里犹在户庭；以之筹懋迁，则百货萃

---

① 李鸿章:《上曾相》（同治二年四月初四日），《李鸿章全集》朋僚函稿卷三。
② 《海防档》（丙），机器局，第4—5页（第一号文）。
③ 左宗棠:《复陈筹议洋务事宜折》，《左文襄公全集》奏稿卷十八，第10页，转引自中国史学会主编《洋务运动》第1册，上海人民出版社2000年版，第18、19页（以下简称《洋务运动》）。

诸廛肆，非独渔盐蒲蛤足以业贫民，舵梢水手足以安游众。有事之时，以之筹调发，则百粤之旅可集三韩，以之筹转输，则七省之储可通一水。他针对外国轮船在中国沿海内河载客运货带来的冲击指出，自洋船准载北货营销各口，北地货价腾贵，江浙大商以海船为业者，往北置货，价本愈增，比及回南，费重行迟，不能减价以敌洋商，日久消耗愈甚，不惟亏折资本，浸至歇其旧业。目前江浙海运即有无船之虑，而漕政益难措手，是非设局急造轮船不为功。他强调此事急迫称："彼此同以大海为利，彼有所挟，我独无之。譬犹渡河，人操舟而我结筏，譬犹使马，人跨骏而我骑驴，可乎？"他进而归结："天下事始有所损者终必有益，轮船成则漕政兴，军政举，商民之困纾，海关之税旺，一时之费，数世之利。"①

同治三年九月，在复李鸿章的信函中，总理衙门对丁日昌的密禀甚为赞赏，称其建议"识议宏远，迥非睹之目前可比，足为洞见症结，实能宣本衙门未宣之隐"。② 即请李鸿章加以全盘筹划。此后左宗棠的奏请，也得到朝廷批准。于是，同治四五年间，江南制造局与福州造船厂得以相继建立。

2. 在兴办轮船的讨论中，漕粮的运输问题成为焦点之一

清代漕务积弊，由来已久。清初陆世仪已有"朝廷岁漕江南四百万石，而江南则岁出一千四百万石。四百万石未必尽归朝廷，而一千万石常供官旗及诸色蠹恶之口腹"③ 的评论。嘉道间包世臣亦有"漕为天下之大政，又为官吏之利薮"④ 的批评。随着太平天国失败，江南收复之地渐多，如何解决漕粮增加而河道停废、沙船凋零的难题，清廷亦颇费踌躇。

同治五年春，李鸿章与苏松太道应宝时讨论解决办法，应宝时提出收买沙船运漕的计划，但购船款需价75万两，修理费用平均每

---

① 《左文襄公全集》奏稿卷十三，第1—5页。
② 《海防档》（丙），机器局，第6页（第二号文）。
③ （清）贺长龄辑：《皇朝经世文编》卷四十六，第3页。
④ （清）贺长龄辑：《皇朝经世文编》卷四十六，第8页。

年又需 26 万两。李鸿章认为费用太巨,骇人听闻,予以否决。五月,应宝时又提出官买夹板船济运方案。李鸿章看后感觉满意,在其给总理衙门的信中认为,上海沙船疲乏,年来所以补救之方,不为不至,但终无起色。本届苏浙海运,漕米共只 70 余万石,以沙宁卫船并用,也仅敷转载。而天津方面来信,以运船回空免税,因为夹板所夺,无利可图,仍思歇业。他对总理衙门解释说,敝处及尊处均虑洋船受雇,不就范围,流弊滋多,置而不论。洎后因禁止夹板装豆,彼族饶舌,议者谓非华商自行造买,不克与之争长,赫德亦屡以为言,然商人无此力量。今应宝时参变于前后两说之间,大抵因雇用而计及买用,由商买而推及官买,且仿照海运初起试办之法,以期自我作主,易发易收,出于完全。他最后称,此固为必不得已之谋,但"实亦舍此莫由之路"。①

总理衙门对此建议十分重视,但因漕运由户部主管,遂将李鸿章等人的意见和办法,饬交户部议复。八月,户部复奏,仍然提出保护沙船与恢复河运两项主题。复奏内强调"漕务以河运为常法",称"所有上海沙船,仍应责成应道设法笼络,勿使竟成废弃"。又称直东淮徐数千里,穷民无业,兼之河道不修,飘溺为患,琐尾流离,不绝于路。正宜力筹河运,以补中原之元气,而济海运之穷。"署江督李,经济冠时,必能力为其难"。②

因户部有如此看法,官买夹板船济运漕粮的方案无疾而终。

同治六年二月初八,总理衙门在致两江总督的信函中,对漕粮运输遭遇的困境和处理的艰难情形有如下说明:"河运一时不能复行,而沙船又凋敝至此。无论其不敷装运,即使敷衍而来,而停废既久,糟朽必多。且经营之孳息毫无,又焉能迫其从命。若竟雇觅洋船,又恐诸多流弊。且洋人日后必以此船为奇货可居,转恐另生

---

① 转引自吕实强《中国早期的轮船经营》,《"中研院"近代史研究所专刊》(四),1976 年,第 165—166 页。
② 转引自吕实强《中国早期的轮船经营》,《"中研院"近代史研究所专刊》(四),1976 年,第 166—167 页。

挟制。若尽恃官买，而购价及修费，亦觉为数不赀"。①

同年五月初七，总理衙门在给曾国藩的信中指称，华商建造购买洋船之议，原因沙船疲乏、不敷济运而起。且中国商船万不敌轮船之便捷，洋通华滞，利权尽失，不得不设法变通。赫德之雇觅夹板、应宝时之购买沙船建议，两者均不能无弊，是以皆作为罢论。然又不能坐视运漕无策，于是始议开华商造买洋船之禁，或火轮或夹板，原不拘定一格。该商等或有力或无力，亦未施以迫责。他针对有华商冒名购买轮船隐匿于洋商名下从事经营一事说，与其让华商等诡寄英商名下，骗捐取利，不如领入明路，俾中国利权，仍归中国商民，既可免隐射之弊，亦可辅转运之穷。② 由此，官方倡导兴办轮船，似露一线转机。

同治六年夏，《华商买用洋商火轮夹板等项船只章程》③ 由李鸿章主持，经过几番周折修改后，由曾国藩以上海通商大臣的名义明令公布，此章程系针对民间华商所颁。曾国藩声称，"以后凡有华商造买洋船，或租或雇，无论火轮夹板，装货出进江海各口，悉听自便"，且"不绳以章程，亦不强令济运"，"以见官不禁阻之意"。④ 与此同时，曾国藩等督抚大臣也在进行官办轮船的酝酿，"所议系由官办或就官厂轮船承领"。⑤ 丁日昌更"面陈朝廷，欲广招华商购船，兼运西皖漕粮"。⑥ 在他看来，"楚皖等省河运难复，恐均不能不酌改海运"，因而他本有轮船分运漕粮之议。⑦ 此时之议论，遵循官商并行兴办轮船之途。

随着曾国藩、李鸿章、丁日昌等要员推动兴办轮船，《华商买用洋商火轮夹板等项船只章程》公布后，容闳、许道身、吴南皋、赵

---

① 《海防档》（甲），购买船炮（三），第862页。
② 《海防档》（甲），购买船炮（三），第870页。
③ 该章程全文见《海防档》（甲），购买船炮（三），第877—881页。
④ 《海防档》（甲），购买船炮（三），第866页。
⑤ 《海防档》（甲），购买船炮（三），第927页。
⑥ 李鸿章：《复何筱宋制军》，《李鸿章全集》朋僚函稿卷一二。
⑦ 丁日昌：《商号拟购轮船试行漕运行司核议》，《洋务运动》第6册，第81页。

立诚等民间人士置办轮船的申请亦随之相继提出。但与此同时，反对兴办轮船、反对采用轮船运漕的声浪亦日趋强烈。

同治六年，曾国藩因漕米数量年增一年，而沙船则日少一日，担忧再过一二年，江浙漕米数量更多时无船可用，故与江苏藩司丁日昌、苏松太道应宝时等会商，拟定于七年春期漕粮海运时雇用部分洋船。为此他奏称，苏松太道应宝时上年曾有议买夹板船之策，嗣恐费重事难，因而中止。该藩司以为改用洋船，其中利大而弊亦多，此时遽议创行，未免群议沸腾，不特无以服众人之心，并且无以箝众人之口。若能试行一二次，果属稳妥，即可渐议改革，不致骇人听闻。因正漕有关天庾正供，未敢轻为尝试而止。因而曾国藩认为，现思宜荆阳等五县现议暂缓开征收捐买米，所有采买之米，与捐输米石，名异实同，但与正漕又有差别，不如即将其交轮船试运，若装运米石不致迟延，他事尚无窒碍，且驶行顺利，又无龃龉，将来即可陆续试行。如果别有掣肘，即可鉴此前车，永作罢论。①

曾国藩之建议，所指并非天庾正供，又是局部试行，户部不便反对。七年春间，雇用洋船试运漕米遂得以实行。但试运的结果，是户部表示不满于先，三口通商大臣继陈种种困难于后，最终结果，是总理衙门与户部会奏，同意按三口通商大臣的建议办理，而三口通商大臣崇厚的建议，则是与其另议试行轮船，"莫若谕令沙船户修整旧船，必不致日见废弃"。②

至此，因漕粮运输困难而采用轮船的建议，因清廷中否定意见占上风而告结束，兴办轮船的动议又遭挫折。

3. 外商轮船在中国水域中出现后拉客载货获取厚利的事实，从另一方面刺激了晚清朝野兴办轮船与洋商争利的意图

道光二十八年，在大英火轮、法兰西火轮、美国太平洋邮船等外

---

① 转引自吕实强《中国早期的轮船经营》，《"中研院"近代史研究所专刊》（四），1976年，第171—172页。
② 转引自吕实强《中国早期的轮船经营》，《"中研院"近代史研究所专刊》（四），1976年，第178页。

国远洋轮船公司直达中国港口航线以外,首次出现专业行驶中国的外国轮船公司——省港小轮公司（Hong Kong & Canton Steam Packet Co.）,此后十数年,旗昌、省港澳、公正、北清、太古、华海等外国专业轮船公司亦相继设立。① 这些外国轮船公司资力雄厚,在各口遍设分支机构,拥有各自的码头、仓栈、保险系统,构成相当完整的外商轮船运输体系。

外国轮船运量大、快速、准时、受气候水流影响小,并受条约保护,不需交纳厘金、不受沿途关卡勒索,商旅乐其利便,"咸趋之若鹜","潮流如斯,势难禁阻",② 以致外轮公司大获其利。如上所述,同治六年至同治十一年六年间,仅行驶中国沿海和长江航线的美商旗昌轮船公司一家获利数即达468万余两,同治六年的利润率高达64.5%。③

外商轮船公司快速扩张并获取丰厚利润的事实,吸引了众多华商投资外轮公司或购置轮船冒挂洋旗隐身于洋商名下"诡寄"经营,且这种事态还呈逐步扩大之势,使清廷深感管理和税收方面留有隐患。

此外,外商轮船公司还以轮船需求燃料、轮船需要维修、外运土货需要加工整理等为由,不断向清廷要求获得开采煤炭,设立修船厂和其他加工厂等设施之权,持续向清廷施加压力,使清廷左支右绌,难以应付。

种种趋势,预示未来将是"变亦变,不变亦变"之局,曾国藩、李鸿章、左宗棠等主张兴办洋务的大臣知道兴办轮船的潮流势所必然,难以阻挡。且便捷的轮船、精巧的机器,以及煤、铁的开采和利用,均彼此依存。故此,如上文介绍,他们提出顺应潮流、兴办

---

① 《外国主要轮船公司设立情况表》,见聂宝璋编《中国近代航运史资料:1840—1895》第一辑上册,上海人民出版社1983年版,第727页。

② [英]班思德:《最近百年中国对外贸易史》,海关总税务司统计科译印,1931年,第144、145页。

③ 据刘广京《英美航运势力在华的竞争（1862—1874）》,中译本,上海社会科学院出版社1988年版,第119页表28和第129页表32计算。

轮船的主张。当然，他们的着眼点，注重国防与民生并重，军备与商用兼顾。但此种看法，仍然难以获得朝野大多数人认同。

反对采用轮船运输漕粮，与威胁到清廷中央及地方漕运官员的利益有关，反对兴办轮船和举办洋务，则与社会上仍然存在着的根深蒂固的排外势力和舆论密不可分。这些势力利用朝野强烈的反侵略情绪，鼓吹排斥抗拒外来的一切事物："一闻修造铁路电讯，痛心疾首，群相阻难，至有以见洋人机器为公愤者"，见有华人乘坐轮船驶至内地，竟至"官绅起而大哗，数年不息"。[①]

同治五六年间，太平天国之乱已经平息，中外通商局势亦趋向正常，社会上狭隘的传统观念又得以滋长，并对倡议引进外洋事物的督抚形成强大压力。

同治六年，大学士倭仁反对同文馆招考科第出身人员学习天文算学，他奏称夷人是吾仇人，"咸丰十年，称兵犯顺，凭陵我畿甸，震惊我宗社，焚毁我园囿，戕害我臣民，此我朝二百年来未有之辱，学士大夫无不痛心疾首，饮恨至今……今复举聪明隽秀、国家所培养而储以有用者，变而为夷，正气为之不伸，邪气因而弥炽，数年以后，不尽驱中国之众咸归于夷不止"。[②] 醇郡王在参加筹议修约会后，提出驱逐洋人之法六条，言论尤为激烈："从前岛夷入贡，原系震慑皇威、输忱献曝之意。今则抑勒中国，勉强通商。凡有血气之伦，无不思将洋货投畀水火。且其货物唯自鸣钟、洋表、洋枪均可有用，然亦现在中国能造之物，其余尽可一概不用，无损于国计民生，有裨于人心世道"。他进而提出，不如乘此军务渐平之时，"饬下各督抚设法激励乡绅，设法激励众民，贤者示以皇恩，愚者动以财货，焚其教堂，掳其洋货，杀其洋商，沉其货船。……亦可明告百姓，凡抢劫洋货，任其自分，官不过问"。[③]

在此种社会舆论的压力下，提出引进轮船学习洋技的曾国藩、

---

① 郭嵩焘：《伦敦致李伯相》，《洋务运动》第1册，第304页。
② 《筹办夷务始末》，同治朝，第47卷，第24、25页。
③ 《筹办夷务始末》，同治朝，第64卷，第5—6页。

李鸿章、左宗棠均被指责是"求一技之末，而奉洋人为师"。① 甚且有人公开指责曾国藩"湘乡之讲习泰西技术，实为祸端"。②

在此背景下，兴办轮船开展民用轮船公司的倡导不得不处于最低谷。直到内阁学士宋晋奏请裁停闽沪两局造船，从根本危及洋务事业兴废时，清廷中的恭亲王与曾国藩、李鸿章、左宗棠、沈葆桢等地方督抚大员联袂而起，与之驳拒，筹谋变通之方，中国的新式轮船航运企业——轮船招商局才得以诞生。

4. 裁停闽沪厂局造船直接激发中国轮船航运业诞生

同治十年十二月十四日，内阁学士宋晋在奏请裁停闽沪两局造船折中称：闽省连年制造轮船，闻经费已拨用至四五百万，未免靡费太重。此项轮船，将谓用以制夷，则早经议和，不必为此猜嫌之举，且用之与外洋交锋，断不能如各国轮船之利便，名为远谋，实同虚耗；将谓用于巡捕洋盗，则外海本设有水师船只；将欲用以运粮，而核其水脚数目，更比沙船倍费，每年闽关及厘捐，拨至百万，是以有用之帑金，为可缓可无之经费，以视直隶大灾赈需，及京城部中用款，其缓急实有天壤之判。江苏上海制造轮船局情形亦同。因而请求暂停，江苏上海制造轮船局已经造成船只，可拨给殷商驾驶，收其租价，以为修理之费，庶免船无可用之处，又靡费库款修葺。③

实际上宋晋上奏前后，李鸿章等人已在筹谋闽沪船厂所造船舶之去向。同治十年十二月十一日，李鸿章在复曾国藩的信函中，就曾注意于此。他说，总署函商各局轮船由商雇买，自系经久良法。惟闽沪现成各船装载不如商轮之多，行驶不如商轮之速，华商愿附洋船图骗捐厘，内意既允由沪关查税，照洋船一律免厘，或有意雇买者，已致信江海关沈道等就近筹商，具复尊处，谅亦照行。④

---

① 《筹办夷务始末》，同治朝，第47卷，第24页。
② 李慈铭：《越缦堂日记》，同治六年七月初三日，北京浙江公会1921年影印本。
③ 《筹办夷务始末》，同治朝，第84卷，第35页。
④ 李鸿章：《复曾相》(同治十年十二月十一日)，《李鸿章全集》朋僚函稿卷一一。

同治十一年正月二十六日，李鸿章复曾国藩的另一信函中透露，租赁轮船一节，已有津关委员林士志与广帮众商雇搭洋船者议定呈文九条，据彼称：公凑本银三十万，公举总商承揽，由官稽查，或请发公款若干，照股均摊生息，已致信上海广建各帮妥议。①

同治十一年二月，同治帝谕令军机大臣等，称前因内阁学士宋晋奏称，制造轮船糜费太重，请暂行停止。故谕令文煜、王凯泰，斟酌情形，奏明办理。现据回奏，闽省制造轮船，原议制造十六号，定以铁厂开工之日起，立限五年，经费不逾三百万两。现计先后造成下水者六号、具报开工者三号，其拨解经费，截至上年十二月止，已拨过正款银三百十五万两，另解过养船经费银二十五万两。用款已较原估有增，造成各号轮船，虽均灵捷，较之外洋兵船，尚多不及。其第七、八号船只，计本年夏间，方克蒇工。第九号出洋尚无准期，应否即将轮船局暂行停止，请旨遵行。左宗棠前议创造轮船，用意深远。惟造及未半，用数已过原估，且御侮仍无把握。其未成之船三号，续须经费尚多，当此用款支绌之时，暂行停止，固节省帑金之一道。惟天下事创始甚难，即裁撤亦不可草率从事。且当时设局，意主自强，此时所造轮船，既据奏称较之外洋兵船尚多不及，自应力求制胜之法。若遽从节用起见，恐失当日经营缔造之苦心。因此着李鸿章、左宗棠、沈葆桢通盘筹划。现在究竟应否裁撤，或不能实时裁撤，并将局内浮费如何减省，以节经费，轮船如何制造，方可以御外侮等各节，悉心酌议具奏。如船局暂可停止，左宗棠原议五年限内应给洋员洋匠辛工并回国盘费加奖银两，及定买外洋物料，势难退回。应给价值者，即着会商文煜、王凯泰酌量筹拨。该局除造轮船外，洋枪洋炮火药等件是否尚须制造；及船厂裁撤后，局中机器物料，应如何安置存储之处，并着妥筹办理。已经造成船只，文煜等以拨给殷商驾驶，殊为可惜，拟将洋药票税一款，仍作为养船经费，酌留两号出洋训练。即着照所议办理。②

---

① 李鸿章：《复曾相》（同治十一年正月二十六日），《李鸿章全集》朋僚函稿卷一二。
② 《筹办夷务始末》，同治朝，第85卷，第38—39页。

同治十一年四月，沈葆桢复奏不赞成裁撤闽沪船厂。他称，宋晋原奏中称捕盗已有师船，运粮不若沙船。前年浙江成案，师船出则洋盗悍然戕官，轮船出则洋盗弭耳就缚。前年运米成案，沙船自沪达津以月计，轮船自沪达津以日计，此其利钝赢绌，尚待辩而明哉？至谓成造船只，拨给殷商，将其租价以备修理。不知兵船与商船迥别，商船高其顶，务广其舱以受客货。兵船则避枪炮，压风涛，敛之惟恐不密。以兵船租给商人，即不索其租，彼亦不以为利。①

左宗棠亦不赞成宋晋裁撤闽沪两局造船的意见，同治十一年四月他在复奏中辩称，内阁学士宋晋奏称，制造轮船糜费太重，请暂行停止。现据夏献纶禀，各厂匠作，踊跃精进。西洋师匠所能者，均已能之。而艺局学徒一百四十余名，即通英、法语言文字，于泰西诸学，尤易研求。臣前据闽局缄报，天文、算学、图画、管轮、驾驶诸艺童，有学得七八分者，有学得五六分者，屡请英法教师考校。列上等者约七八十名，次亦三四十名。将来进旨，尚未可量。如果优其廪饩，宽以时日，严其程督，加以鼓舞，则以机器造机器，以华人学华人，依新法变新法，似制造、驾驶之才，固不可胜用也。文煜等既称造成轮船灵捷，又以拨给殷商为可惜，是以造成之船，非不适用，数百万之费，非虚掷也明矣。其称尚多不及外洋兵船者，亦止就目前言之，并非画地自限。泰西各国之制造轮船，始事至今，阅数十年，所费何可胜计。今学造三年之久，耗费数百万之多，谓遂能尽其奇巧，无毫发憾，臣亦不敢信其诚然。然侧闻岛人议论，佥谓中国制造驾驶，必可有成。而闽局地势之宜，措置之当，索图传览，靡不叹服，亦足证前功之有可睹，后效之必可期也。至制胜之有无把握，此时海上无警，轮船虽成，未曾见仗。若预决其必有把握，固属无据之谈。但就目前言之，制造轮船，已见成效。船之炮位马力，又复相当。管驾掌轮，均渐熟悉，并无洋人

---

① 《筹办夷务始末》，同治朝，第86卷，第18页。

羼杂其间。一遇有警,指臂相联,迥非从前有防无战可比,此理势之可考者也。①

同治十二年二月,恭亲王奕䜣等复奏称,闽省设局造船,创议于督臣左宗棠。该督于同治五年六月间,奏办之始,折内曾声明有事之时,以之筹调拨,则百粤之旅,可集三韩。并云成一船,即练一船之兵,可以布置沿海各口,遥卫津沽等因。复有函致臣等,谓轮船有明轮、暗轮、铁底、木底之分,外洋兵船,多用暗轮木底,取其稳固而便于修补。此次开局试造,取暗轮不取明轮,取木底不取铁底,盖欲仿其国自用之兵船等语。是该督所注意者原重在兵船一层。此次既据该大臣请将第十二号至第十五号轮船改造商舶,系为撙节度支起见,应如所请办理。惟从第十六号起,应仍一律改造兵船,以无失设厂造船,力图自强本意。②

同治十一年四月二十七日,直隶总督兼北洋通商大臣李鸿章文称,据综理江南轮船操练事宜前福建台湾道吴大廷禀称,今中国风气初开,创始于官,而民不知举办。虽竭力制造,而多成一船,必多益一费。以国家有数之正供,筹轮船日增之费用,势必有所不继。今设法变通办理,招商出租承领。既可取偿造船之款,又可节省行船之费。俾商民习知轮船之利,渐推渐广,由富而强,诚为当今之急务。但吴大廷又称,其中有窒碍难行者五端:招商难、设埠难、保险难、揽载难、用人难。吴大廷禀文中阐述了这五难的具体情况。他称,有此五难,是否招商租领之议最终不可行呢?并不尽然。天下事兴一利必添一弊,弊除而后利兴。招商之事,诚如前两江督宪曾国藩复总理衙门函内所云,最难得其人。将来如有招商租雇之船,上海为南北总汇之区,商贾云集,必须江海关道传齐中华大贾善于经营者,反复辩难,必使弊去而后利兴,再由江海关道妥立章程,禀请宪台核示,庶几稍有把握。非可凭虚臆断,致临事时虞窒碍。

李鸿章赞同曾国藩缄复总署函中所云:变通之法,不外配运漕粮、

---

① 《筹办夷务始末》,同治朝,第86卷,第3—6页。
② 《筹办夷务始末》,同治朝,第89卷,第39—40页。

商人租赁二议。他说，吾但求渐省豢养之费，初不重索租雇之价，亦未必终无愿租者数语，可谓能见其大。李鸿章认为，吴大廷所陈五难，均系目前实在情形。设埠、揽载二节，若商本充足，亦可先费后省，人弃我取。保险或由商自向洋行议办。用人则商既领船，应责令雇觅闽粤沿海素可驾驶之人，似尚无足深虑。惟招商一节为最难。奸商贪利把持，弊固百出。其正经殷富者，又不愿与官交涉。盖中国官与商，情谊久不联属，在官莫顾商情，在商莫筹国计，几成通病。不似西洋之官商合一，痛痒相关。是以遇有此等大举，往往有呼无应，非尽由巨资之少也。曾文正谓宜物色众商所深信之人，而勿绳以官法，庶几近之。窃以为更宜物色众商所深信之人，使之领袖，假以事权。即总署函内所云：官为之倡，行之有益，商民可无顾虑是也。约计租雇官船之始，商人不独无利可赚，且小有亏赔。行之既久，经理得宜。添造与租领俱多，必获利益。使洋人不得专利于中国，利尤莫大焉。①

同治十一年五月十五日，李鸿章再上《筹议制造轮船未可裁撤折》，再次强调国家诸费皆可省，惟养兵设防、练习枪炮、制造兵轮船之费万不可省。求省费则必摒除一切，国无与立，终不得强矣。左宗棠前议创造闽省轮船，曾国藩饬造沪局轮船，皆为国家筹久远之计，岂不知费巨而效迟哉？惟以有开必先，不敢惜目前之费，以贻日后之悔。该局至今，已成不可弃置之势。苟或停止，则前功尽弃，后效难图。而所废之项，转成虚糜。不独贻笑外人，亦且浸长寇志。由是言之，其不应裁撤也明矣。至于如何减省经费，他称闽厂相距过远，臣实不知其详，但就沪、津机器各局情形推之，凡西人制器，往往所制之器甚微，而所需以制器之器甚巨，机器重大，必先求安置稳固之地，培土钉桩，建厂添屋，不惜工本，积累岁月而后成，其需用器具缺一不备，则必各件齐全，方能下手。而选料之精，必择其良而适用者，恰合尺寸，不肯略有迁就，其不中绳墨，皆在摒弃之列。又经营构造，时有变更，或甫造未成，忽然变计，则全料已经拆改废弃，且以洋匠

---

① 《海防档》（甲），购买船炮（三），第903—906页。

工价之贵，轮机件数之繁，倘制造甚多，牵算尚为合计，若制器无几，逐物以求，分晰工料之多寡，则造成一器，其价有逾数倍矣。凡造枪炮轮船等项，无事不然。闽厂创始，系由法人日意格、德克碑定议立约，该二人素非制造轮船机器之匠，初不过约略估计，迨开办后逐渐增多，势非得已，其造未及半而用数已过原估，或造更加多，而用费转就减省，似属西人制器事理之常，实未便以工部则例，寻常制法，一律绳之。惟厂工既已粗备，以后不过工料薪费数大端，应如何设法节省之处，请饬下福建地方督抚臣会同船政大臣沈葆桢，随时督饬撙节妥办，省其所当省，而非省其所必不可省，斯于事有济矣。①

随后，同治十一年六月，恭亲王奕䜣等奏称，因未经亲历船厂，故不能知其详。但认为李鸿章、左宗棠、沈葆桢诸臣，虑事周详，任事果毅，意见既已相同，持论各有定识。且皆身在局中，力任其难，自必确有把握。其间造商船以资华商雇领一节，李鸿章、沈葆桢俱以为可行。应由该督抚随时查看情形，妥筹办理。至李鸿章筹及嗣后添造兵船，即以各船修造养兵之费，抵给轮船月费等语，应由各该省督抚另行奏请谕旨，饬部核议。②

最终该奏折得到同治帝批准。至此，中国轮船航运业历经种种磨难挫折之后，因缘之下终于得以获准兴办，也由此催生出了中国近代第一家轮船航运公司——轮船招商局。

（原载《安徽史学》2014 年第 6 期）

---

① 李鸿章：《筹议制造轮船未可裁撤折》，《李鸿章全集》奏稿卷一九。
② 《筹办夷务始末》，同治朝，第 87 卷，第 25 页。

1927—1937年的中国轮船航运业

1927年至1937年，在我国近代轮船航运业的发展历程中，是一个值得注意的时期。本文对这时期中国轮船航运业发展的一般趋势进行整理描述。指出在整个航运业有所发展特别是民营航运业力量增强的同时，南京国民政府对晚清成立的、我国历史最长规模最大的轮船公司——轮船招商局采取了收归国有的措施。本文围绕轮船招商局被收归国有的状况进行重点分析，希望通过这些分析，刻画出这期间这家中国航运业资格最老的企业的发展概况，并折射出中国社会发展演变的某些特点。

一 轮船航运业发展的一般趋势和经营特点

表1是这时期中外船舶进出中国通商口岸吨数和百分比的统计表，我们可以首先通过表1，对中国轮船航运业发展变动的一般趋势进行总体观察：

除1937年统计数字因不完整而无法比较外，1927—1936年，中、英、美、日四个主要进出中国通商口岸国家的船舶统计数字，呈现出中英上升、美日下降的两升两降态势。具体而言，中国从1927年的约2163万吨增加到1936年的约4417万吨，净增约2254万余吨，翻了一番多。在进出中国通商口岸中外船舶总吨位的比重中，从18.6%增加到30.5%，增幅约达12个百分点。英国从约4025万吨增加到约5734万吨，净增约1709万余吨，依然保持其霸主地位。但在进出中国通商口岸中外船舶吨数的比重中，仅增加不到5个百分点。

表1　1927—1937年进出中国通商口岸中外船舶吨数及百分比

年份	中外船舶吨数合计		中国		外国								
					英国		美国		日本		其他		外国合计	
	吨数	%	吨数	%	吨数	%	吨数	%	吨数	%	吨数	%	吨数	%
1927	116210785	100	21636391	18.6	40258049	34.6	5577115	4.8	35745535	30.8	12993695	11.2	94574394	81.4
1928	152630001	100	36522221	23.9	56036567	36.7	6364102	4.2	39065724	25.6	14641387	10.0	116107780	76.1
1929	154667910	100	29884336	19.3	57926507	37.5	6653495	4.3	42349647	27.4	17853925	11.5	124783574	80.7
1930	155605954	100	29199170	18.8	57246927	36.8	6490351	4.2	45630705	29.3	17038801	11.0	126406784	81.2
1931	160005101	100	32698623	20.4	60560794	37.9	6177767	3.9	43042411	26.9	17525506	11.0	127306478	79.6
1932	135409496	100	33888168	25.0	54430602	40.2	5376352	4.0	19775917	14.6	21938457	16.2	101521328	75.0
1933	137379174	100	37254843	27.1	58215213	42.4	5350526	3.9	20168140	14.7	16390452	11.9	100124331	72.9
1934	140473933	100	41151397	29.3	58866763	41.9	5406637	3.9	20139115	14.1	14910021	10.6	99322536	70.7
1935	143978837	100	41955285	29.1	60112641	41.8	4786478	3.3	21919100	15.2	15205333	10.6	102023552	70.9
1936	145019018	100	44171645	30.5	57345515	39.5	3771479	2.6	24913576	17.2	14816803	10.2	1008473733	69.5
1937	90037738	100	25588738	28.4	36105795	40.1	2059246	2.3	12815014	14.2	13468945	15.0	64449000	71.6

注：1. 中外船只中包括在通商口岸登记的帆船，惟数量不大，其中又以中国船为多。
2. 其他吨数栏中包括德国、法国、挪威、俄国等。
3. 各国吨数栏面的百分数，是这些国家在中外船舶吨数总数中所占的百分比。
4. 1937年的数字中，不包括部分因战争关系未系入统计的口岸，如芜湖、镇江、南京、苏州等城市。

资料来源：根据历年《关册》数字编制，百分比为笔者计算。

美国从约 557 万吨减少到约 377 万吨，净减约 180 万吨，在中外船舶吨数的比重中，已降至 2.6% 的低位。至于日本，这个在甲午战争后加速扩张的帝国主义国家，在争夺中国轮船航运势力的斗争中曾经十分凶猛，在进出中国通商口岸中外船舶吨数中所占比重，由 1895 年的 0.4%，猛增到 1908 年后的 20% 以上，并在此后的大多数年份里保持 30% 左右，成为超过中国，与英国一起分霸中国航运业的两巨头之一。但在这一时期，其不断增长的势头终于受到了遏制。从统计表看，日本在进出中国通商口岸中外船舶吨数的比重中，从 1927 年达到顶点后即呈下降趋势，到 1932 年出现一大转折，1932 年其所占比重剧减，首次跌到 1908 年以来从未出现过的 14.6%，比 1927 年的 30.8% 减少了一半多。此后几年也徘徊不前。显然，1932 年日本轮船进出中国通商口岸数字的陡降，与 1931 年日本侵占中国东三省后，所引发的全国性抵制日货抗击日本的爱国运动对日本航运业的打击有关。而这期间其他外国航运势力所占的比重则变化不大。

由于在中国轮船力量增长的同时，英国航运势力的净增数也不少，因此中外整体航运势力之间的实力差距，并没有质的改变。与 1927 年前一样，外国航运势力在中国领水中仍然占据着 70% 以上的比重，仍是鸠占鹊巢、主客颠倒的局面。而且，1925 年后由于军阀战争和强租扣留轮船等不利因素，中国轮船航运业日趋低落，1927 年是华轮进出中国通商口岸的谷底，其吨位数是自 1924 年以来最少的一年，直到 1932 年，进出中国通商口岸的统计数字才恢复到 1924 年的水平。①

但是，其间中国轮船力量的增长出现了明显加快的迹象，这是中国轮船航运势力出现的一个新变化，这种变化主要表现在两方面：一是 1930 年后中国轮船吨位数呈逐年递增的趋势，到 1936 年，中国轮船吨位数比 1927 年增长一倍以上。二是表现在这期间中外轮船吨位数的净增长数量比上：1936 年中外船舶吨数合计为 14501 万吨，

---

① 1932 年中国轮船进出中国通商口岸的统计数字为 33888168 吨，与 1924 年的 33288363 吨基本持平。统计数字均见《关册》。

比1927年净增2880万余吨。其间,日美两国吨位数下降,其他国家变化不大,因而中英两国实际增长的吨位数超过表中2880万余吨的净增吨数,实为3963万余吨。其中中国净增2253万余吨,占中英净增吨位数的57%,净增吨位数和增长指数都超过英国。另外,从国与国之间的进出口轮船吨位数观察,则中国不仅超过此前多年压倒中国的日本,重新位居第二,而且缩小了与占据航运业霸主地位的英国的差距。

这种变化趋势,特别突出地表现在长江流域中外轮船力量的对比上。

长江横贯中国腹部,长江流域是中国经济最为发达的地区,也是西方各国航运势力历来争夺最为剧烈的地方。19世纪末20世纪初列强航运势力在长江流域展开激烈竞争,以及中国轮船航运业在列强航运势力倾轧中难以发展的情况,《中国近代经济史(1895—1927)》曾作专门介绍。这里,把1928—1936年长江流域航线中中、英、日三国轮船的载货量做成表2,通过载货量这一反映轮运力量的重要指标,对中国轮船航运业的演变情况进行具体的观察。

表2　　1928—1936年长江航线中、英、日三国轮船载货量比较

年份	航线	总计		中国		英国		日本		其他	
		吨数	%	吨数	%	吨数	%	吨数	%	吨数	%
1928	合计	2139542		547791	25.6	952948	44.5	484856	22.7	153947	7.2
	沪汉	1697983		492903	29.0	722292	42.6	409738	24.1	73050	4.3
	汉宜	118458	100	10160	8.6	74505	62.9	33793	28.5	—	
	汉湘	195757		36593	18.7	136331	69.6	22833	11.7	—	
	宜渝	127344		8138	6.4	19820	15.6	18492	14.5	80897	63.5
1929	合计	1615272		322830	20.0	712111	44.1	446380	27.6	133948	8.3
	沪汉	1236516		279817	22.6	552084	44.7	354573	28.7	50042	4.0
	汉宜	95429	100	3659	3.8	50928	53.4	37704	39.5	3138	3.3
	汉湘	140480		30797	21.9	83678	59.6	26002	18.5	—	
	宜渝	142847		8557	6.0	25421	17.7	28101	19.7	80768	56.6

续表

年份	航线	总计		中国		英国		日本		其他	
		吨数	%	吨数	%	吨数	%	吨数	%	吨数	%
1930	合计	1453567	100	239001	16.4	573155	40.1	482150	33.2	123200	8.5
	沪汉	1059320		197640	18.6	417058	39.4	380943	36.0	63679	6.0
	汉宜	89552		4545	5.1	46661	52.1	34777	38.8	3569	4.0
	汉湘	163059		26172	16.0	89382	54.9	47505	29.1	—	—
	宜渝	141636		10644	7.5	30054	21.2	18925	13.4	55952	57.9
1931	合计	1257085	100	308310	24.5	534833	42.5	292132	23.2	121810	9.7
	沪汉	916594		250918	27.3	398445	43.5	232716	25.4	34515	3.8
	汉宜	73455		5406	7.4	40209	54.7	23354	31.8	4486	6.1
	汉湘	130992		41996	32.0	63872	48.9	25124	19.1	—	—
	宜渝	136044		9990	7.3	32307	23.7	10938	8.0	82809	61.0
1932	合计	898980	100	295520	32.9	423673	47.1	87259	9.7	92528	10.3
	沪汉	606678		217060	34.7	291645	49.7	83985	13.4	13988	2.2
	汉宜	52051		7533	14.5	38270	73.5	2061	3.9	4187	8.1
	汉湘	114696		45869	40.0	67614	58.9	1213	1.1	—	—
	宜渝	125555		25058	19.1	26144	20.8	—	—	74353	59.5
1933	合计	1055948	100	362904	34.4	444180	42.1	102538	9.7	146326	13.9
	沪汉	736287		271195	36.8	304825	41.4	99687	13.5	60580	8.3
	汉宜	69100		9404	13.6	45493	65.9	1696	2.4	12507	18.1
	汉湘	105280		40075	38.0	64050	60.9	1155	1.1	—	—
	宜渝	145281		42230	29.0	29812	20.5	—	—	73239	50.5
1934	合计	1367513	100	470676	34.4	643678	47.1	189645	13.9	63514	4.6
	沪汉	1003027		355939	35.4	490328	48.9	156760	15.7	60580	8.3
	汉宜	96246		12403	12.9	41754	43.4	26394	27.4	15695	16.3
	汉湘	151583		60218	39.7	86797	57.3	4568	3.0	—	—
	宜渝	116657		42116	36.0	24799	21.3	1923	1.1	47819	41.1
1935	合计	1500750	100	480131	32.0	586200	39.1	291697	19.4	140148	9.3
	沪汉	1153550		369884	3.0	464347	40.2	213710	18.5	95609	8.3
	汉宜	52916		11162	21.1	11657	22.0	30097	56.9	—	—
	汉湘	134430		40498	30.1	56700	42.2	37232	27.7	—	—
	宜渝	159854		58587	32.0	53496	33.4	10658	67.0	44539	27.9

续表

年份	航线	总计		中国		英国		日本		其他	
		吨数	%	吨数	%	吨数	%	吨数	%	吨数	%
1936	合计	1854568	100	700370	37.8	640442	34.5	415862	22.4	97894	5.3
	沪汉	1408313		542667	38.6	468630	33.2	328005	23.3	69011	4.9
	汉宜	70131		12560	17.9	16670	23.8	40901	58.3	—	—
	汉湘	181806		58406	32.1	93787	51.6	29613	16.3	—	—
	宜渝	194318		86737	44.6	61355	31.6	17343	8.9	28883	14.9

注：1. 表中的数据，是长江流域各国代表性公司载货量的总和。其中，中国的数据由轮船招商局、三北公司、宁绍公司和民生公司四家公司构成。英国的数据由太古和怡和两家公司构成。日本的数据是日清公司的数据。
2. 表中"其他"栏由美、俄、法等国轮船公司的数据构成。
3. "汉湘"线只有中、英、日三国的轮船公司运营。
资料来源：根据浅居诚一《日清汽船株式会社三十年史及追补》，1941 年，第 106—107 页统计表重新计算编排。

从表 2 可知，1928—1930 年，长江航线沪汉、汉宜、汉湘和宜渝四条主要航段上，英国轮船在载货总量中所占的比重变化不大，日本呈逐年增加趋势，中国则逐年下降。但从 1931 年开始，情况发生明显变化，中国轮船在这四条航段轮船载货总量中所占比重除 1935 年略有减少外，均逐年增加，1931 年即赶上日本，1932 年在日本大幅下降的情况下，更是超过日本 23.2 个百分点。1936 年甚至超过英国，跃居第一位。在上海至汉口和宜昌至重庆航段上增长尤为明显，1936 年在这两个航段上都达到了第一，其中宜昌至重庆段甚至接近总货运量的一半。显然，这种货运量的增加，与中国轮船航运实力的整体增强是分不开的。

表 3 统计了 1928—1935 年中国轮船注册情况。从表中可知，中国轮船只吨数均逐年增长，如与此前中国轮船发展相比，增长更为明显。1913—1924 年，是 1927 年前中国轮船航运业发展最快的时期，1913 年中国轮船总计 894 只 141055 吨，1924 年发展到 2781 只 483526 吨，12 年中平均每年净增轮船 157 只 28539 吨。[①] 而本期中国

---

① 参见汪敬虞主编《中国近代经济史（1895—1927）》"航运"，第 2079 页表 56。

在1935年保有轮船3985只71万余吨，比1928年净增2633只42万余吨，大大超过了1913—1924年的纪录。另据1936年对全国500总吨以上轮船公司的调查，有成立年份记载的64家，其中1927年以后成立的42家。拥有轮船81只165114吨，平均每只轮船2038吨。在这42家轮船公司中，有资本记载的24家，资本总额为5785000元，平均每家公司资本24.1万元。① 超过了1921—1926年的18.6万元。② 据调查，到1936年时，中国已拥有5000吨以上的大中型轮船公司27家。其中，拥有万吨以上的轮船公司14家，除原有的招商局、政记、民生、三北、鸿安、宁兴等公司外，新成立的大中型轮船公司占了大部分。值得注意的是，1930年后分别有5家万吨以上的轮船公司问世，共有轮船22只78358吨，船均3561吨，③ 明显朝着大型化方向发展。

表3　　全国注册轮船历年增长比较（1928—1935年）

年份	轮船数		吨位数		该年增长数		历年增长数	
	只数	%	吨数	%	只数	吨数	只数	吨数
1928	1352	100	290791.2	100				
1929	1823	135	334403.9	115	471	43612.8		
1930	2792	207	415447.3	143	969	81043.4	1440	124656.1
1931	3273	242	497599.9	171	481	82152.6	1921	206808.8
1932	3456	256	577256.6	199	183	79656.7	2104	286465.5
1933	3577	265	624783.2	215	121	47526.6	2225	333992.0
1934	3802	281	668069.3	230	225	43286.1	2450	377278.1
1935	3985	295	718194.8	247	183	50125.5	2633	427403.6

注：1. 本表原有附注，附注为"本表按国民政府在南京成立后来部注册轮船统计"，由于存在有些轮船公司没有注册的情况，因而本表数字比实际数字可能偏低。

2. 本表只数和吨数后面的百分数为笔者计算，小数点后四舍五入。

资料来源：《航业年鉴》1937年，第一编，第202页。

① 参见《航业年鉴》（《航业月刊》第四卷第十二期扩大号）1937年，第一编，第259—265页。

② 参见许涤新、吴承明主编《中国资本主义发展史》第三卷，人民出版社1993年版，第169页。

③ 上引均见《航业年鉴》1937年，第一编，第259—265页。

本时期在航运业发展和经营方面，值得注意的还有以下几方面：

其一，全国性的航业管理组织——航政局成立。长期以来，中国轮船公司成立、船舶检验、颁发船舶证照、考检船员及引水人、管理港务等项工作，以及沿海沿江航行工事的设立修理，等等，均由外国人执掌大权的海关一手独揽。这不仅使国家主权旁落，而且执掌大权的外国洋员常常对华商进行种种压制和刁难，以至"本国船只出入于本国港湾，几若身处异国，而洋商之船舶，则反可通融办理，不受法律之限制，独得优越之地位。其间接摧残本国航业，直接保护外国航业，固不待言而晓也"。① 在有识之士的一再呼吁以及抵制外货、收回利权运动的推动下，1933—1934年，从海关收回了航业管理权，建立了交通部直属的上海、天津、广州、汉口和哈尔滨五大航政局，统管全国航政工作，收回了长期旁落的航政主权。

在官方收回航政主权的同时，民间以"维持增进同业之公共利益及矫正营业之弊害，发展交通为宗旨"② 的轮船业同业公会，也纷纷成立，或在原有基础上改组重建。一时间，上海、天津、青岛三市以及江苏、浙江、安徽、江西、湖北、湖南、四川、山东、福建、广东、广西等省份先后成立的航业公会达40多个。③ 当时的中国轮船公司几乎全都成了航业公会的会员。航业公会在规范航业秩序、保护航商利益和促进航业发展等方面，都发挥了一定的作用。

其二，初步改变了外国人垄断航业高级职位的状况。长期以来，中国航业界高级船员和高级航业技术职位均被外国人垄断，直到1927年，我国最大的航业集团轮船招商局中除几只江轮改用华人任船长外，所有的海轮船长仍然全是洋人。④ 洋人垄断航业高级职位，

---

① 王洸：《中国航业》，商务印书馆1929年版，第102页。
② 《航业年鉴》1937年，第二编，第57页。
③ 《航业年鉴》1937年，第二编，第3—5页。
④ 参见张后铨主编《招商局史》（近代部分），人民交通出版社1988年版，第354页；朱荫贵《论国家政权在中日近代化过程中的作用——十九世纪中日两国海技自立的比较研究》，《中国经济史研究》1994年第2期。

不仅使得海权旁落，而且成为各轮船公司经济上的一大负担。如轮船招商局"用途最巨者，莫如用洋人与用煤两宗"①。而民国后建立的吴淞商船学校，却因"经费奇绌""毕业生难筹出路"，于1915年2月停办。②但是，吴淞商船学校自1929年复校以来，由于"社会对于收回航权及扩充海运之要求日切"，毕业生就业前景大为改观，"在昔诸生以就业问题为虑，今则一若有供不应求之势"。③据1936年对交通部核发的证书统计，1936年时全年获甲种船员证书的有108人，乙种船员证书567人。历年总计已有620人获得甲种证书，3419人获得乙种证书。④到1936年，累计已有4039人获得高级和中级船员证书。这种状况，虽不能说已收回航业高级人才方面的主权，但有了很大进步，取得一定的主动权是可以肯定的。

在引水方面同样如此。由于引水在国防上具有的价值，因此各国无不禁止外国人充当本国引水。但我国从晚清开始，引水权即被列强攫夺，海关总税务司赫德更于同治六年拟定《引水章程十条》，导致引水权和航权一样旁落。但在本时期中，这种状况同样有了明显改变，1933年9月，南京国民政府公布引水管理暂行章程。同年12月由财政、交通、参谋、海军四部共同组织引水管理委员会，以移转职权。后因外国人反对强烈，遂改为海关组织管理会。1934年6月，由该会举行领江考试，凡考试及格者，由海关分三等录用。这些措施虽带有妥协色彩，但毕竟开始改变了外国人一统引水天下的局面。据1935年《申报年鉴》记载，在上海、汉口、天津、广州四个航政局中，共有中国引水员402人，外籍引水员53人，中国引水员数目已明显超过外国人。到1936年，这四个航政局中的中国引水员数目已达到

---

① 聂宝璋编：《中国近代航运史资料：1840—1895》第一辑下册，上海人民出版社1983年版，第1227页。
② 张心澄：《中国现代交通史》，上海书店出版社1991年版，第220—221页。
③ 《航业年鉴》1937年，第一编，第71、85页。
④ 《航业年鉴》1937年，第一编，第67页。甲种证书获得者是指经过正规航业学校学习，通过考试成绩合格，有资格担任二副和二管轮者。乙种证书获得者指没有经过航业学校学习，但有实际航业经历并通过考试者。

621 人，外籍引水员 93 人。① 中国的引水权已有相当部分得以收回。

其三，水陆联运的扩展和由此导致新航线的开辟，是这一时期轮船航运经营中出现的新特点。清末，轮船招商局曾参加邮传部组织的铁路轮船联运，但为时甚短。民国后，水陆联运虽屡经倡议，但迄未实现。还在 1928 年和 1930 年，轮船招商局就参加过国内水陆联运会议，亦因种种原因未能成功。1933 年 9 月，铁道部联运会议再一次决议办理水陆联运。轮船招商局与陇海铁路的水陆联运遂得以实行，此后一年内接着定约者，有轮船招商局与胶济、平汉、津浦路，三北公司与湘鄂铁路等。其他公司也纷纷约定航线，如三北公司——长江及宁波线；宁绍公司——长江及宁波线；达兴公司——宁波线；政记公司——天津、青岛、上海线；合众公司——上海海州线；大振公司——上海海州线；大达公司——上海南通线；沪兴公司——上海平阳线；平安公司——宁波温州线；公茂公司——宁波温州线，等等。据《申报年鉴》记载，其中三北公司、宁绍公司与平汉路的联运，1935 年 1 月即已施行。"而依过去一年之成绩观察，以陇海路联运最为发达，全年约近十万吨"。在此情况下，轮船招商局又"决定新辟三航线，自海州至天津、青岛及广州。三北公司亦辟自镇海至上海一线，以与该处公路联运"。而"海州与镇海均非通商口岸，不征土货出口税，故可吸引商货"。②

上述变化显示，在国内民族资本主义取得一定发展和抵制外货的爱国民主运动的推动下，中国轮船航运业在与列强航运势力的斗争中取得一定进展，处境有所改善。但是，这种发展还很不平衡，如远洋航运就依然相当薄弱，不仅远逊于国内的航业发展趋势，甚至比不上1913—1924 年中国远洋航运业发展的状况。在中美、中澳和亚欧这三大远洋航线上，依然"为英、美、日、意、德、法、荷等国邮船所专利，我国并无船只航行此线"。③ 据 1936 年对全国百吨以上注册轮船

---

① 《申报年鉴》，1935 年，N-53 页。《申报年鉴》，1936 年，N-50 页。
② 《申报年鉴》，1935 年，N-44 页。
③ 《申报年鉴》，1935 年，N-45 页。

的调查,虽有三十余只轮船航线注明是"远洋",① 但实际上主要是航行东南亚和日本一带,且绝大部分属不定期航行,无论规模还是实力,均无法与列强的远洋航运能力相比。究其原因,一方面是远洋航线列强基础雄厚实力强大,中国轮船航运业难与争锋,另一方面是这些列强的轮船公司绝大部分有本国政府的经济资助,而中国航运业尤其是远洋航运业此时尚难以得到政府的支持,仅靠自身力量单枪匹马与列强航运势力竞争,要想立足并获得发展确实有相当的难度。

但是,在国内的航运业方面,此时无论新老轮船公司,大都得到一定的发展。如成立于1927年以前的虞洽卿的三北公司,这时实力继续扩大,航线除沿海各线外,亦不定期航行于南洋。内河航线则着重长江下游,尤注重上海、芜湖、镇江、崇明、宁波等线。并注意添置和改装轮船,到1936年,轮船数已达225只42769吨。同属虞洽卿的鸿安商轮公司,1936年的轮船数也达25只12933吨。再加上虞洽卿之子虞顺思的宁兴轮船公司所属5只轮船12148吨,则虞洽卿家族的这三家轮船公司在全面抗战前已拥有资本320万元,轮船52只67850吨,成为国内实力仅次于轮船招商局的航业集团。② 以北方航线为主的政记轮船公司,在1920年改组以后,逐年添置轮船。因其与日本关系较深,该公司所有轮船除少数属中国和英国、挪威及德国制造外,多数出自日本船厂,船员亦多为日本人。1931年"九·一八"前后,日本对之采取拉拢利诱政策,该公司为获得经营上的便利,亦多有所迁就。这种关系既成为政记轮船公司发展之助,亦成为今后之祸。到1936年时,该公司已拥有轮船24只39168吨,规模之大,仅次于轮船招商局和三北集团。③ 成立于1927年前的东北戊通航业公司,因经营不善1925年被最大股东交通银行接收,后以160万元的价格转售

---

① 参见《航业年鉴》1937年,第一编,第121—154页,《民国25年度全国百吨以上注册轮船录》。
② 《航业年鉴》1937年,第一编,第259页;并参见高廷梓《中国航政建设》,商务印书馆1947年版,第21、22页。
③ 《航业年鉴》1937年,第一编,第263页;并参见高廷梓《中国航政建设》,商务印书馆1947年版,第25页。全面抗战后,该公司终因"以轮船资敌,被控解散。"

于东三省政府，1925年9月1日，由奉天督办公署接收改组为东北航务局，经内部整顿，"营业远胜戊通时代"，1927年盈余约300万元。后该局为发展业务和避免同业竞争，遂联合奉天江运部及各航业公司，组成东北联合航务局，"航业愈臻发达"。① 但是，1931年"九·一八"后日本人的炮火，摧毁了东北航运业发展的前景，"迄沈阳浩劫，此东北唯一航业组织，遂随日人炮火席卷而去"。②

本时期国内航运业中，还有两家相当有特点的大型公司，这就是国内航运业老大的轮船招商局和成立于1925年的民生轮船公司。这两家轮船公司分别代表两种不同的类型，它们不仅反映了这时期中国轮船航运业经营发展中的特点，而且折射出中国资本主义进程中某些值得人们深思的东西。

二 轮船招商局的国有及经营

（一）轮船招商局的国有过程

1927年前，轮船招商局（简称"招商局"）在晚清和北洋政府时期，体制上经历了官督商办和商办隶部两个阶段，但由于招商局是中国第一家同时也是最大的轮船公司，因而围绕招商局表现出来的官商矛盾和争权夺利的斗争从来就没有停止过。尤其是对招商局实行"官办""国有"的企图，始终未曾停止。③ 围绕招商局的官、商矛盾，在这个问题上表现得最为突出。

南京国民政府在这个问题上不仅不例外，而且表现得更迫不及待。可以说，在1927—1937年这段时期内，围绕招商局的根本问题，就是南京国民党政府通过种种手段把招商局收归国有和纳入官僚资本主义体系控制的一个过程。这个过程大体可分成前后两个阶

---

① 王洸：《中国航业》，商务印书馆1929年版，第9页。
② 高廷梓：《中国航政建设》，商务印书馆1947年版，第27页。
③ 参见黎志刚《轮船招商局国有问题（1878—1881）》，载"中研院"《近代史研究所集刊》第17期上册，1988年。另可参见朱荫贵《国家干预经济与中日近代化》，东方出版社1994年版。

段：1927年至1932年11月将招商局正式收归国有为第一阶段。此后为第二阶段，这个阶段的中心是逐渐加强控制招商局。但是，对这家具有几十年历史，还多次经历过"官办""国有"要求的中国最大的轮船公司实行国有，也并非易事。因此，在招商局收归国有的前前后后，招商局的主管人员和机构在南京国民政府的控制下多次发生变动，变动之快常令人有目不暇接之感就不奇怪了。为对招商局国有前后的人员和机构变化脉络有一个较为清晰的了解，以及对招商局的经营环境和这时期的官商矛盾能有一个更清楚的认识，笔者整理了招商局国有前后的大事录如下：①

1927 年

1月上旬　上海尚未克复，南京国民政府尚未成立，蒋介石即任命杨铨（字杏佛）办理招商局事宜，后杨铨以"内容不明，权限未定，未允就职。"

3月15日　中央执行委员会政治会议第4次会议决，派蒋尊簋、钱永铭与招商局负责人会商改善办法。

3月30日　中央执行委员会政治会议第85次会议决，派张人杰、蒋尊簋、虞和德、郭泰祺、陈辉德、宋汉章、钱永铭、杨铨、潘宜之、杨端六、李孤帆为清查整理招商局委员会。

5月20日　全体清查委员到局开始施行清查，陆续制成各种清查报告书表暨说明书16种，统计表26种。9月底清查结束，清查整理招商局委员会宣告解散。"以招商局事关交通"，将"整理"之责移交交通部。

7月，中央执行委员会政治会议第110次会议决，加派何焕三为委员。

11月　南京国民政府公布监督招商局章程7条，设招商局监督办公处，直隶于交通部。置监督一人，总办一人。监督由

---

① 根据《国营招商局七十五周年纪念刊》，1947年，"本局编年纪事"第74—84页整理。

国民政府特派交通部长王伯群兼任，总办则由坚决主张招商局国有的部派参事赵铁桥充任。

1928 年

1 月　王伯群发布解散董事会及将各董事停职查办令，同时令招商局改设总管理处，由赵铁桥、李国杰共同负责处理局务，李国杰称病不出，赵铁桥单独接收。

2 月 22 日　总管理处成立，正式开始办公。重订组织章程，改组招商局管理部门，并对内河招商局、积余产业公司、仁济和保险公司等进行改组整顿。

8 月 10 日　交通部召开全国交通会议，总办赵铁桥、董事长李国杰出席参加。此次会"议决招商局以收回国有为原则，而以官商合办为过渡"。

1929 年

2 月　有人密告赵铁桥"整理无方、违法失职"，当由交通部、工商部、监察院会组彻查招商局委员会，派员来沪，经一月余之清查，"结果并无所获"。

6 月 17 日　中央党部二中全会议决，将招商局脱离交通部管辖，改隶国民政府。旋由国民政府训令，该局监督王伯群代行委员会职权，该局总办赵铁桥代行专员职权。"是时本局名虽商办，实际已由政府代为经营"。

1930 年

2 月　赵铁桥通过法庭诉讼，将积余产业公司收归总管理处。4 月正式接收。

7 月 24 日　"总办赵铁桥因整顿局务遭忌，被刺身故"。由交通部航政司长蔡培暂兼代总办职务。"旋国府令派陈希曾继任，陈辞未就"。

9月　由国府改派交通部次长李仲公暂行代理招商局总管理处总办,代行整理招商局专员职权。随即成立整理招商局委员会,简派张群、李仲公等7人为委员,并指定张群为委员长,李仲公为整理专员。后"以张氏未允就任,故委员会终未成立"。

1931年

5月　整理专员李仲公辞职,改派郭外峰继任。

1932年

春　中央政治会议议决,仍将招商局归还交通部管辖。

3月　郭外峰辞职。部令设招商局监督处,以次长陈孚木任监督,派李国杰为招商局总经理,接收总管理处。

10月　中央政治会议第331次会议议决,将招商局收归国营。以每套招商局股票(航业股2股、产业股1股为1套)现银50两由政府收买。继承本局一切权利及合法债务。取消监督处,另设理事会、监事会及总经理。公布招商局暂行组织章程、理事会及监事会暂行章程。简派叶琢堂、刘鸿生等7人为招商局理事会常务理事。钱永铭等8人为理事。芦学溥等9人为监事会监事。刘鸿生为招商局总经理。

11月11日　上述全体人员就职,接收商办招商局,改名为国营招商局。

1936年

2月　全体理监事及刘总经理均以穷于应付,呈请辞职。

2月4日　行政院会议通过辞职请求,"并委蔡增基为总经理,谭伯英、劳勉为副经理"。

2月8日　交通部公布修正国营招商局组织章程,废除理监事会制。除仍旧设置总经理外,增设副经理二人。

1937年

1月　副经理谭伯英辞职，部派沈仲毅继任。

以上的大事录大略记录了1927—1937年围绕招商局国有前前后后的大事，需说明的是，由于受篇幅限制，这个记录只能简单孤立地记录部分当时发生的事件，目的是对当时招商局繁复的变化和杂乱的头绪能有稍为清楚的印象。但这些事件彼此间的联系特别是作为商办招商局的主持人对被收归国有的不满和反抗，在这里却难于反映出来。例如，1927年年初，当北伐军刚刚打下武汉，上海尚未克复，南京国民政府也未成立时，亟欲染指招商局的蒋介石就"以本局为全国最大之航业机构，即拟加以整顿"而"任命杨铨（字杏佛）办理招商局事宜"①。这件事的结果如前所述是杨铨以"内容不明，权限未定，未允就职"。其实情况并不这么简单，在招商局董事会4月12日的特别会议记录中有如下记载："会长报告，昨日杨杏佛手持蒋总司令暨交通部命令，率同接收委员到局，意欲即日接办局务，当经严词拒却……"②看来，杨杏佛是在权限不够且遭招商局严拒的情况下才"未允就职"的。随后当中央执行委员会政治会议第四次谈话会议决派蒋尊簋、钱永铭与招商局负责人会商改善办法时，招商局董事会的回答还是："查本局系完全商办，……至内部如何改善，事关股东主权，似应由本会筹划条陈，报由股东大会解决。"③ 但是，招商局董事会这时根本无法阻挡决心把招商局收归国有且这时大权在握的南京国民政府。4月，当国民党中央政治会议第85次会议通过决议，正式组成国民政府清查整理招商局委员会并"训令招商局钦遵"④ 时，招商局也只能乖乖接受。此后南京国民政府还采取"杀鸡儆猴"的方式，对招商局董事、主船科长兼积余产业公司经理傅宗耀冠以"供给敌饷"

---

① 《国营招商局七十五周年纪念刊》，1947年，"本局编年纪事"，第74页。
② 招商局档468（2）/308董事会议事录，1927年4月12日特别会议。
③ 招商局档468（2）/308董事会议事录，1927年4月18日特别会议。
④ 《国民政府清查招商局委员会报告书》下册，第109页。

"阻挠义师"等罪名通缉捉拿,并把他在招商局的 200 股股份没收"改作财政部官股"。① 虽然此后反对势力采取控告以至刺杀赵铁桥的方式进行报复,但招商局收归国有的趋势却始终无法被改变。

在这里需提请注意的一点是,南京国民政府是以极小的代价把招商局收归国有的。1932 年 10 月南京国民政府明令收购招商局时,是以航业股 2 股、产业股 1 股为一套,以一套现银 50 两的价格收购的。到 1934 年收购结束时,共用银 2126340.45 两。② 而这时招商局的资本金是 840 万两,资产实值如按 1928 年招商局第 55 届帐略记载,资产总计达 25288062 两。③ 再加上船舶价值 4264900 余两,合计资产达 3101 万两以上。④ 而且地价一般会不断升值。就算不升值,1934 年时招商局房地产和船舶两项合计应当不少于 2600 万两。国民党政府以不到十分之一的代价把中国最大的轮船企业收归手中,显然,如果不是利用政府权力在其中进行操作是不可能做到的。

另外,从招商局大事录中还可以看出这期间的种种不正常现象:首先,人事方面,除赵铁桥和刘鸿生二人任职时间较长外,其余主管人员来来去去,像走马灯似的换了一拨又一拨,长者数月,短者不过一二月。其次,招商局的隶属关系一再变换,十分混乱。一会儿直隶交通部,一会儿脱离交通部管辖改隶国民党中央政府,一会儿又重属交通部。管理机构及其名称也历经监督办公处、总管理处、监督处、理事会、监事会等等;主管人员的头衔同样历经总办、督办、专员、总经理等等,名目繁多。决定招商局命运的,一会儿是中央执行委员会政治会议,一会儿是中央政治会议,一会儿是中央党部会议,一会儿又是行政院会议。显然,在这种"多头乱政"的局面下,一个正常的企业也没法获得正常发展的环境,何况是招商局这个历史悠久、包袱沉重、头绪纷繁的企业呢?

---

① 招商局档 468(2)/308 董事会议事录,1927 年 12 月 5 日特别会议。
② 参见张后铨主编《招商局史》(近代部分),人民交通出版社 1988 年版,第 407 页。
③ 《招商局总管理处汇报》,1929 年,第 312 页。
④ 《招商局总管理处汇报》,1929 年,房地产价值见第 313—314 页,船舶价值见第 311 页。

(二）招商局国有后的经营

在体制发生重大改变，人员和所属也都屡屡变动的情况下，招商局的经营愈加困难，完全靠借债勉强维持就不难理解了。招商局经营和负债的状况，我们可以通过统计表4得到一个大概了解。

表4　　　　　轮船招商局经营状况（1927—1937年）

年份	资本额（元）	轮船数		盈亏		借款
		只数	吨数	盈	亏	
1927	11748251	28	62112		1758042	
1928	11748251	27	60266		1194920	
1929	11748251	26	58932		2275046	12月底，向四明银行抵押借款70万两
1930	11748251	24	54535		2094635	
1931	11748251	24	54535		1743722	
1932	11748251	26	58237		2278190	10月，向通商银行透支34.5万两。12月，向中央银行透支200万元。到年底止，招商局债务"不下1700余万两"
1933	11748251	25	56700	433708		8月，向中英庚款董事会借36万英镑。另向邮政储金汇业局签订抵押贷款50万元，透支50万元
1934	2973902	27	68100		1467795	向中国银行借款30万元，向邮政储金汇业局第二次借款100万元，向中央银行抵押借160万元。"计至年底，负债总额达3000万元，每岁子息已达二百六七十万元"
1935	2973902	28	71177		2321700	8月，向邮政储金汇业局抵借15万元
1936	2973902	28	71177			

续表

年份	资本额（元）	轮船数		盈亏		借款
		只数	吨数	盈	亏	
1937	2973902	19	54689			3月与江南船厂以分期付款方式订购江轮2只货船3只，连利息共316.6万元

注：1. 1934年后资本额大幅下降的原因，是因1932年收归国有时按一套股票（航业股二、股产业股一股）现银50两收购，到该年收购结束按新股股价计算之故。

2. 1936—1937年的结算盈亏数字，"因抗战期中，案卷在港损失无从查考"。

3. 1937年的轮船只吨数另有一种说法，《国营招商局七十五周年纪念刊》的"本局编年纪事"1937年中有"截至抗战前夕，本局拥有之大小船舶共计53艘，凡八万六千三百八十余吨"的说法。笔者认为，这个数字很可能包括了上述经营表中1937年与江南造船厂以分期付款方式订购的5只船，但因7月7日全面抗战爆发，这5只船很可能还没有来得及生产。因而本表采用同书附表轮船19只54689吨的数字，这个数字与上述数字相差甚大，但反映的应是全面抗战爆发后至12月底止招商局遭受战争损失后的数字。

4. 表中部分货币单位为规元银两，已折算为国币元。

5. 本表所列借款仅是一部分，并非全部。

资料来源：《国营招商局七十五周年纪念刊》，1947年，资本、船吨和盈亏数见书后附表，借款见同书"本局编年纪事"。

显然，这期间招商局的经营状况相当低迷。从统计表看，除轮船吨数的有限增加外，其他没有一项指标使人乐观。资本一项因廉价收购从1934年起数字下降姑不置论，轮船只数则延续了19世纪七八十年代以来的数字，到1936年为止仍然徘徊在二十七八只没有变化。1930年、1931年两年甚至降到了多年来少有的24只。其中，只有招商局的债款是唯一直线上升的数字。毋庸讳言，多年以来招商局就是负债经营，靠的是东挪西借、以债务度日。截至1926年，招商局的债务已接近1000万两。[①] 在本期开始的1927年，更出现过"总局现只存四百元，应付保险、地租、捕捐以及同人并海员薪水均无着落"的窘境。[②] 1928年1月在"船员薪工尚多拖欠，每次开船必费唇舌"的同时，还面临着汇丰限期于3月31日前清偿所欠570余万债款，"否则将执行借款条件，处分押抵各产"的压力。此时，

---

① 参见《中国近代经济史（1895—1927）》"航运"中的招商局部分。

② 招商局档468（2）/308董事会议事录，1927年2月26日特别会议。

"花旗亦有同样之催索"。① 因此，本时期从一开始招商局就面临着此前因军阀战争、经营不善和贪污腐败等原因造成的巨大财政困难。这种困难还因招商局的大部分产业都已抵押出去而更显沉重。十分明显，招商局的债务是各种矛盾的焦点，是最尖锐的问题。招商局能否得到新的发展，很大程度上取决于这个问题怎样解决。

但是，在招商局被收归国有之前，南京国民政府在这个问题上袖手旁观，没有向招商局提供过任何资金援助。在招商局收归国有之后，1933年3月，总经理刘鸿生在理事会议上提出的《整理招商局计划意见书》中，指出招商局"最大病根"为负债过多、船龄过高及货栈码头朽败。而这三大病根的治理都需要钱。因此刘鸿生所拟整理招商局大纲的第一条，就是请政府拨款3000万元作为招商局国营的开办基金，② 但无下文。1933年6月，刘鸿生再次呈请交通部转请南京国民政府拨付1500万元，"以作整顿业务之资"，同样是"迄无结果"。③ 仅在1933年8月，由国民党中央政治会议议决，将中英庚款储存在伦敦的长期不动款36万英镑，以年息5厘10年还清的条件借给招商局作为购船之用，算是帮了招商局一把。④ 但招商局所负的沉重债务，依然无法解决。因此，尽管赵铁桥和刘鸿生都进行了多方改革，如赵铁桥上任后对机构进行大力整顿，裁汰人员210名，约占当时在职职员426人的50%，⑤ 力度不可谓不大。并从内部推行改革，调整总分局机构，改革会计制度，设立各种专业委员会，从燃料、船舶修理、货栈等各方面认真改进以开源节流，并设立稽核制度，对过去的腐败贪污进行清查，轰动一时的招商局三大案——汉口分局施氏父子舞弊案、天津分局麦氏父子贪污案和积余产业公司李国杰舞弊案，都是此期间揭露和处理的。刘鸿生不仅

---

① 招商局档468（2）/308 董事会议事录，1928年1月31日特别会议。
② 参见张后铨主编《招商局史》（近代部分），人民交通出版社1988年版，第428页。
③ 《国营招商局七十五周年纪念刊》，1947年，"本局编年纪事"，第82页。
④ 招商局得以用这笔钱订购海轮四只，见《国营招商局七十五周年纪念刊》，1947年，"本局编年纪事"，第80页。
⑤ 据《招商局总管理处汇报》，1929年，第326—328页数字计算。

裁员减政，将各项开支压缩到最低限度，还专门设立了债务整理委员会和购料委员会，以清理债务和节省开支。但赵刘的改革措施对招商局的庞大债务只是杯水车薪，始终摆脱不了东挪西借、拆东补西、借新债还旧债的恶性循环。而且赵铁桥赴任不到三年即被刺杀，刘鸿生在苦撑了三年后也终因"穷于应付"而辞职。其余走马灯一样的短期执政者就更不可能有什么良方了。因而招商局不仅"所有资产一再押至罄尽，且其将来收入亦用反复作抵"，到全面抗战前夕，实际结果已是"不啻徒存空名，只未宣布破产而已"。①

当然，在整个航运业都有所发展的背景下，招商局毕竟出现了一些新的气象，特别是赵、刘的改革，给招商局注进了某些活力，可说是这时期招商局的亮点。其中，值得提起的有如下几点：

其一，安装无线电设备。招商局自创办以来，20多只轮船分驶南北洋及长江各埠，一直没有无线电设备，传递业务信息全靠各地电报局代办，"既多周折，时复稽迟。偶遭意外，尤感呼应不灵"。1928年10月，赵铁桥主持的招商局总管理处决定江海轮船全部安装无线电台，先装海轮，再装江轮。历时7月，海轮14只和江轮新江天、峨嵋2只已安装了最新式的真空管无线电台。1929年5月，又在总管理处设立一部长短波兼备的电台，"借与各轮通信，逐日报告航行状况"。电台"除收发各轮航行报告、气象新闻及航海警告"等外，"调遣中途各轮亦甚称便"，不仅减少了轮船空驶，增加了收入，还能及时援救出事船只，"直接间接裨益商局，实非浅鲜"。

另外，招商局还应中央研究院之请，令各轮于每日上下午将航往地点的气象情况分两次报告总局，再拍往南京北极阁气象研究所。这对于推动我国气象事业的发展，无疑也是有益的。②

其二，实施货物分段联运。为了减少竞争、合理调配轮船和充分发挥运力，招商局在与铁路实行水陆联运的同时，也寻求与其他中国轮船公司实行联运。其中，与民生实业股份有限公司（简称"民

---

① 《国营招商局七十五周年纪念刊》，1947年，"本局债务清偿记"，第41页。
② 《招商局总管理处汇报》，1929年，第124—128页。

生公司")实行的货物分段联运就是典型的一例。

1934年6月,招商局和民生公司在上海拟订了两公司货物分段联运合同18条。其主要内容如下:

(1)互助。民生公司在宜昌、万县和重庆三端以最低报酬代理招商局各种业务,为招商局提供廉价煤炭并以极低租金租给趸船;招商局在宜昌以下各埠以同等条件为民生公司代理各种业务并廉价出租趸船和码头。

(2)联运口岸。包括重庆至上海等13个沿江口岸和宁波、温州、福州、汕头、香港、广州、青岛、天津等8个沿海口岸。

(3)营业范围。民生公司不再在申汉线与汉湘线开展营业活动,渝、万、宜、沙各埠的转口货物交招商局轮船转运;招商局除现有船只外,不再扩充宜汉、宜渝线的运营业务,申、汉、沙、宜各埠转口货物除自有船只转运者外,得交民生公司轮船转运。联运的上下水接运点定为宜昌或汉口。

此外,联运合同对船只分配、运费价格、各自的经济责任以及结账办法等等也作了相当具体的规定。1935年9月,双方又商定,联运运费实行平均分配,使联运合同更加完善。①

招商局与民生公司的货物分段联运,是中国航运公司之间通过相互协作,取长补短减低内耗一致对外的一种方式,是中国民族企业在成长中的一种进步。表2中1935年、1936年中国货运量大幅上升,上海至汉口和宜昌至重庆航段上增长尤为明显的情况,同实行这种货物分段联运是有一定的关系的。

其三,废除陋规,革掉"买办"制。20世纪30年代以前的中国各轮船公司,在管理体制上大都采用"买办"制。买办又称"座舱",其职务可以世袭。当时船长、轮机长等少数高级船员由外国人担任,船上的管理和客运等等业务,则由买办承包,公司只收取承包费,对如何经营管理并不过问。买办大权在握,再任用亲信,层

---

① 招商局和民生公司档案,转引自张后铨主编《招商局史》(近代部分),人民交通出版社1988年版,第421页。

层分包。他们只求私利，不问其他，结果导致勒索旅客、私分货物等种种弊端不断发生。几十年延续下来，已成为难以清除的痼疾。甚至有的座舱长期不上船，公司也无有效的办法制约。早在1921年，招商局董事会即深苦于这种弊端："近来江海各轮弊窦百出，输运货物既常短少，往来客商时苦需索。推究其弊，皆由座舱永不上船之故"。而且，"轮船茶役本以侍应客商，近则视为生财之具：上船即广收押柜，按次又责交陋规，小水脚一项全行干没，概不归公。客货斤两，明目偷漏，搭客酒资，任意征求"，而"此种弊端，江船尤甚。"① 尽管这样，却始终未见有效的解决办法。刘鸿生就任总经理后，决心革除这一陋规，并得到宋子文的支持，经过一年多的斗争，终于废除了买办制，建立了船长负责制。② 1936年4月1日，新任总经理蔡增基又对招商局客轮船票售卖中的积弊实施整顿，以往在买办制下，"售票不加限制，往往超过舱位一二倍有奇"。而客舱茶房则无不私售铺位以渔利。当时船上茶房人数众多，每轮"少则六七十人，多则百四五十人，船上均不给工资，全赖私售铺位及索取酒资以为服务之代价"。统舱乘客购票登轮后，须向茶房再购铺位。即本有固定铺位的官房舱，茶房亦常假托有人预定而勒取小费。"至酒资一项，长程者常在票价三成以上，短程者竟与票价相等"。故旅客"咸视江轮为畏途。"针对上述弊端，蔡增基采取果断措施："将各轮买办一律改为事务长。于四月一日起实行码头上设柜售票，未经购票者不准登轮"，并"限制票额，不许滥载，总以有票即有铺位，使乘客购票后免有票无位之虞"。同时规定茶房薪工酒资，禁止滥索乘客费用。据说自施行以来，乘客"咸称便利"，而"客票收入亦较前大有增进。"③

除上述改革外，招商局在帮助设立航海学校，逐步以中国海员

---

① 招商局档468（2）/304董事会议事录，1921年7月5日。
② 参见张后铨主编《招商局史》（近代部分），人民交通出版社1988年版，第410—411页。
③ 《招商局发表整理报告》，《航业月刊》第4卷第2期，1936年9月15日，"航讯"，第13页。

取代外国高级船员等方面，也都采取了某些措施。但是，与此期国内其他民族航运公司相比，招商局的变化还是太小，发展速度显得太慢。显然，招商局是本时期中国航运业中官方色彩浓厚的典型企业代表。

与招商局相比，民生公司在本时期的崛起和迅猛发展，却代表了这期间中国轮船航运业发展进程中出现的另外一种类型。

三 民生公司的崛起及经营管理特点

1925年，民生公司成立于长江上游的四川合川县。成立时资本仅2万元（实收8000元），70.6吨轮船一只，此后凭着总经理卢作孚正确的经营理念和所创的经营管理方法，12年时间，轮船增加到48只18563总吨，航线从嘉陵江上游重庆—合川段的89公里，扩展到整个川江，进而延伸到长江下游的上海，并在宜昌、汉口、南京、上海等地设立了分公司或办事处。到1936年时，已发展成为一个以航运业为主，包括机械、染织、电灯、自来水等附属企业，股本167万元，资产达900多万元的实业集团。民生公司的发展，创造了中国轮船航运史上的"奇迹"，在中国企业的发展史上，也是极为少见的。

表5反映的是民生公司发展变化的一些主要数据。

表5　　　　　　　民生公司1926—1937年发展一览

年份	股本（股）	船只数（只）	吨位数（吨）	收益总额（元）	利润率（收益/股本,%）	资产总值（元）
1926	49049	1	70	25282	51.5	77515
1927	99225	1	70	58573	59.0	170320
1928	123330	2	105	38371	31.1	285132
1929	153000	3	230	69262	45.3	312667
1930	250000	4	504	130116	52.0	547873
1931	506000	13	2153	247104	48.8	1110317

续表

年份	股本（股）	船只数（只）	吨位数（吨）	收益总额（元）	利润率（收益/股本,%）	资产总值（元）
1932	908000	23	7261	366512	40.4	2885244
1933	1063000	26	7690	617404	58.1	3835949
1934	1174500	31	10707	668491	56.9	4974720
1935	1204000	41	16093	1174176	97.5	7308238
1936	1674000	48	18563	2300177	137.4	9882260
1937	3500000					12156852

资料来源：1. 股本、资产总值见《长航档案永久卷105·财务、人事》，转引自凌耀伦主编《民生公司史》，人民交通出版社1990年版，第81页。收益总额和利润率见《民生公司档案·财4·历年资产负债表，损益计算书》及《新世界》1939年第14卷第4、5期，转引自凌耀伦上引书，第87页。

2. 轮船只数和吨数1935年前见民生公司编《新世界》第89期，第12页，《历年轮船增减比较》。1936年数字据民生公司编《民生实业公司十一周年纪念刊》，1937年，第90—91页，《本公司现有轮船一览表》计算。

从表5看，民生公司的经营是相当成功的。无论是股本、资产、轮船只数，还是利润，从成立后均直线上升，而且上升的幅度相当大。利润从1926年的2万余元，增加到1936年的230余万元，11年间增长一百多倍。利润率最低年份为31%，最高为137%，年平均利润率为61.6%。这样高的利润率，不仅在当时其他中国公司中没有，就是外国在华轮船公司，也没有听说过。值得注意的是，民生公司成立时，正是外国轮船公司在川江占据垄断地位，中外船只显得过剩，彼此间正在进行激烈价格竞争之时。民生公司成立后，仅用几年时间，就收编了川江中的其他中国轮船公司，统一了川江航运，并进而击败和收购了美商捷江轮船公司和部分英国轮船公司，同时迫使日清、太古和怡和等老牌外国轮船公司的主力退出了川江。

无疑，民生公司的成功必定有其他轮船公司不具备或没有的特点。民生公司的成功，与总经理卢作孚的企业家精神和其独创的经营管理方式有密不可分的关系。卢作孚自学成才，博学多闻，曾任四川《群报》记者，《川报》主笔、社长兼总编。他深受孙中山先生实业救国思想的影响，决心通过兴办实业的方式，促进社会改革和中国现代化。

在实现这个目标的过程中,他采取的策略和创建的经营管理方式,达到了良好的效果。在策略方面,值得注意的有以下几点:

其一,避实就虚,站稳脚跟。民生公司成立时,川江上的轮船公司已呈过剩状态,竞争激烈,华商公司尤处于生存危险状态。卢作孚对已有的轮船公司和轮船的经营状况进行一番调查后,认定航业应作新的试探和新的试验,不应在原有轮船过剩的航线上去与正在失败的同业竞争,遂决定新辟重庆—合川间的嘉陵江航线。当时一般轮船公司以货运为主,不定期航行。而卢作孚规定民生公司以客运为主,定期航行。结果这一新的经营方针大获成功,第一年即获利2万元,使得各方乐于认股,为公司日后的发展奠定了基础。

其二,"化零为整",统一川江航运。在获得初步发展后,卢作孚利用军阀欲统一四川,任命他为川江航务管理处处长的机会,提出"化零为整",统一川江航运的决策。他主张结束同业之间的竞争,把川江所有的华轮公司联合组成一个公司,发展壮大华轮势力,一致对外,提高与外轮的竞争能力。卢作孚的这一主张得到了同业及社会的广泛响应,也因与当时四川军阀刘湘欲统一四川的计划相合而得到支持。因而从1930年起,民生公司开始了"化零为整",统一川江航运的过程。在实施中,卢作孚采取了易被人接受的较为宽厚的办法,即凡愿意归并于民生公司的川江华轮公司,均以优惠的价格将其资产折价,以现金代偿债务,结余部分作为股本加入民生公司,原有人员则全部量才录用。这样,许多因经营亏损的公司均乐于与民生公司归并,不到一年就合并了重庆以上航线的7家华轮公司,接着又向重庆下游扩展,又合并了十余家公司。到1934年,共合并收买商轮船30余只7000多总吨,基本统一了川江华轮航运业。在1935年收购美商捷江轮船公司后,在长江上游"除了英商太古、怡和,日商日清,法商聚福及华商招商、三北而外,差不多没有旁的轮船公司了"。① 这样,民生公司只付出了数量不太大的

---

① 卢作孚:《一桩惨淡经营的事业——民生实业公司》,转引自凌耀伦、熊甫编《卢作孚集》,华中师范大学出版社1991年版,第405页。

现金，实力和规模却得到了迅速扩大。

其三，多方努力，扩充资本。民生公司在其发展过程中，扩充资本增强实力的措施十分成功，除了合并华轮公司以资产折价入股外，其他几项吸引资金的措施效果也十分明显。第一是大量吸收职工入股。这是卢作孚"劳资合作"论的措施之一，目的是解决公司发展中资金缺乏的困难，并且使职工与公司的利益结合在一起，调动职工的积极性。到1934年时，民生公司职工入股款额达111500元，占公司总股数的9.4%。① 第二是成功发行公司债。1935年，民生公司急需巨款收购在竞争中破产的美商捷江轮船公司，在中国金融界有关人士的建议下，民生公司决定在上海发行公司债100万元。"这是四川的经济事业在上海第一次募债，而且是第一次募公司债。"② 当时"我国各地之股份有限公司发行公司债者，尚不多见，在川省尤属创举"。③ 民生公司成功募集到100万元公司债，不仅顺利收购了美商捷江轮船公司，而且使自己的实力和信用都上了一个新台阶。第三是抵制官僚资本染指川江的企图，运用策略为我所用。1933年四川省主席刘湘向法国借款修筑成渝路，此事后被宋子文的中国建设银公司揽去。中国建设银公司组成川黔铁路局，拟建造铁驳拖头等船只入川运输筑路器材。这一计划如果实现，民生公司将无法与之竞争，统一川江航运的计划将随之破产。民生公司为此不惜以极低的代价保证包运各项器材，并以民生公司顾问名义重金拉拢宋子文的亲信，终于使中国建设银公司放弃了造船入川的计划，并得到对方优惠贷款160万元，建造了新船和修建了码头。④ 民生公司巧妙运用策略，不仅变被动为主动，而且借款造船，壮大了自己的实力。

创立一套行之有效的经营管理方式，同样是民生公司成功的重要因素。

---

① 参见凌耀伦主编《民生公司史》，人民交通出版社1990年版，第84页。
② 卢作孚：《一桩惨淡经营的事业——民生实业公司》，转引自凌耀伦、熊甫编《卢作孚集》，华中师范大学出版社1991年版，第408页。
③ 民生公司编：《本公司募集第一次公司债之经过》，《新世界》第89期。
④ 参见凌耀伦主编《民生公司史》，人民交通出版社1990年版，第38页。

卢作孚认为，中国之所以有许多问题没有解决，不是中国"先天缺了什么资质，实是后天从社会得来的行为缺乏了训练"，他坚信"凡白种人能解决的问题，黄种人亦未尝不能解决"。① 因此在民生公司的经营管理中，提倡的根本精神是"服务社会，便利人群，开发产业，富强国家"，"个人为事业，事业为社会，个人的工作是超报酬的，事业的任务是超利益的"。② 并具体体现在尊重知识、尊重人才，一切为了顾客、一切为了招徕客货上。民生公司成功的经营管理方法很多，其中主要的几方面如下：

其一，废除"包办制"，实行"四统一制"。卢作孚经过调查，认为过去华轮公司普遍亏损，根本原因是管理不善，尤以普遍实行的"包办制"为甚。这种制度在人事、营业和物品方面均层层承包，形成各自为政的几个集团，难以统一指挥。"一切管理放松到不能过问的程度"。③ 各层都以薪工低廉为目的，结果导致舞弊、分肥利己司空见惯。因此民生公司决定废除包办制，一律实行四统一制。即船上人员统一由公司任用，任人唯贤，不准任用私人；船上财务统一由公司掌握，一切收入归公司所有，不许营私舞弊；船上燃料油料消耗统一由公司定额核发，节约有奖；全船统一由船长指挥，不许各自为政。这种四统一制，实际上是一种资本主义的经营责任制。实行四统一制后，公司加强了对船只的经营管理大权，服务质量和经济效益得到大大提高。

其二，"高级人员找，低级人员考"。民生公司十分尊重知识和人才，人员录用任人唯贤。对高级人员，即少数学有专长的专家学者，或经营管理方面有经验的专业人才，采取公开登报招聘、走访或托人托学校托单位推荐等方法，礼聘到公司服务。通过这种方式，民生公司吸收了大批能人，其中包括一批留学回来的管理专家和知

---

① 卢作孚：《一桩惨淡经营的事业——民生实业公司》，转引自凌耀伦、熊甫编《卢作孚集》，华中师范大学出版社1991年版，第218页。
② 凌耀伦、熊甫编：《卢作孚集》，华中师范大学出版社1991年版，第16页。
③ 卢作孚：《一桩惨淡经营的事业——民生实业公司》，转引自凌耀伦、熊甫编《卢作孚集》，华中师范大学出版社1991年版，第401页。

名人士。据 1937 年统计,民生公司处级以上的主干人员 41 人中,大学以上学历者 38 人,占 92%。其中 5 人是英、美、德、日归国留学生。民生公司拥有的技术人才之雄厚、知识层次之高,是四川其他公司比不上的。对低级人员,即一般技术人员和工人(包括茶房、水手等),则采取公开登报,自愿报名,严格考试,择优录取的方式招聘。录取后经过短期培训,再根据其才能安排不同的工作。到 1936 年为止,民生公司的职工中已有 3580 人是公开招考而来,占当时职工总数的 93%,① 其中,许多人都成长为公司的基层骨干。

其三,建立合理的工资制度和重视职工福利。在半殖民地半封建的旧中国,职工工资水平大大低于劳动力价值是普遍现象,福利制度则几乎没有。民生公司虽是低工资制,但十分重视建立一种比较合理的工资制度和较好的福利制度。民生公司对职工的技术、能力、贡献、表现和工龄进行全面考核,建立了一种逐年加薪和按成绩提级加薪的工资制度。公司将全部职工按工作性质分成相互衔接的职称等级,每个职称又有若干工资级别,每级差距不大,每年进行一次考绩。凡工作好者每年可加薪一级,表现突出者或有重大革新者则可加薪两级、三级乃至晋升职务而加薪数级。职工福利则贯穿在职工生活的各个方面,如免费供应职工膳食;免费提供单身职工宿舍;公司职工统一服装,费用由公司补贴;每年 12 月发双薪;职工及家属可免费到公司预约的医院看病;请探亲假的职工及家属可免费乘船,等等。另外,公司还开办各种补习班,举办文体活动和比赛,为职工开办消费合作社等。这种种措施,不仅激励职工努力工作,还增加了职工视公司如家的思想感情。这些做法,在近代中国是不多见的,也是民生公司得以快速发展的重要原因之一。

四 小结

招商局和民生公司是这时期中国轮船航运业发展中两个具有代

---

① 凌耀伦、熊甫编:《卢作孚集》,华中师范大学出版社 1991 年版,第 116 页。

表性的典型。招商局已有半个多世纪的历史，虽然仍是中国航运界的老大，但因内忧外患早已暮气沉沉，其身上浓重的封建残余已使其走到了破产的边缘。不论是官督商办、商办还是国营，都无法彻底改变其面貌的状况说明，在人的观念和社会意识没有根本改变的情况下，经营体制的改变并不能从根本上解决问题。民生公司则是中国资本主义有了一定程度的发展后才可能出现的典型，该公司的出现和发展，表明中国近代社会在经历了重重苦难后，已发生了一定程度的质变，与传统不同的新观念、新人物和新企业，已在中国的土地上产生。民生公司的历程从一个方面证明，中华民族的传统中，孕育着强大的活力和创新能力，这种能力不仅在传统经济中创造过辉煌文明，在现代商品经济和市场经济中，同样能够创造奇迹。

（原载《中国经济史研究》2000 年第 1 期）

1937—1945年日本对中国轮船航运业的入侵与垄断

1937年至1945年，日本军国主义政府对中国发动了全面侵略战争。为达到把中国变为日本殖民地的目的，日本军国主义者动员了各种资源和力量。在此过程中，轮船航运业被日本政府视为与飞机同等重要的工具和利器，① 成为运输人员、物资，达成所谓"大东亚一体化"的重要手段。日本政府制定颁布了一系列战时海运政策，推动实行战时海运体制，对海运业进行改造并直接对东亚和中国沿海、内河的轮船航运业进行统制，以达"独占"目的。日本政府的举措，对东亚特别是中国的沿海内河航运业造成了巨大冲击，影响深远。

长期以来，有关这方面的研究相当薄弱，以致迄今仍难列举研究成果。这对于中国近代轮船航运业和抗日战争史研究来说，不能不说是一个缺憾。本文试图做些尝试，以期抛砖引玉。

一 战时海运体制的形成与东亚海运株式会社的成立

在分析战时中国沿海和内河航运业的演变前，首先需要对此时期日本政府的海运政策进行简单梳理，因为日本海运政策的演变，直接冲击和影响了中国沿海和内河的轮船航运业。

---

① 1943年11月26日，日本邮船会社（简称"日邮会社"）社长寺井久信在股东大会上说，"现在的大东亚战争是飞机与舰船为中心的连续决战……"，是"血与铁、精神与机械的死斗"。日本史研究所编：《日本邮船百年史资料》，大洋印刷产业株式会社，1988年，第386页。

从 1937 年到 1942 年的短短几年，日本的战时海运体制逐步建立。建立这个体制的目标是日本政府完全控制海运业，为侵略扩张的所谓"大东亚圣战"国策服务。正如日本媒体 1939 年 8 月 6 日在报道东亚海运株式会社成立的消息时所做的公开宣告："在东亚确立我国的海运事业，是我国海运界的重要目标，同时也是东亚圣业的重要一环。此为政府及民间海运业者的夙愿……"①

战时海运体制的建立，以颁布实施一系列海运政策和先后设立一系列海运统制组织为标志。从颁布的一系列海运政策和指令海运统制组织设立的举措之中，可以清楚看出日本政府根据时局变化和战争需要对海运业加强掌控的轨迹。

1937 年 7 月，在日本政府的指示下，以日邮会社为首，包括大阪商船、国际汽船、三井物产船舶部、川崎汽船、山下汽船和大同海运共 7 家日本海运会社联合组成了"海运自治联盟"。该联盟占有"全日本轮船总数的 75%"，作用主要包括：协调不定期船进入定期航路，避免重复配船；开设新航路；确保重要物资顺利运输；抑制运价暴涨，同船主协会协调决定标准运价和用船率；对外国船进行规制，等等。但这时的"海运自治联盟"基本上仍是一个由民间大型会社为首的行业自治色彩浓厚的团体组织②。

1937 年 7 月 7 日，日本发动了全面侵华战争。9 月 10 日，日本政府公布临时船舶管理法。根据该法，日本政府拥有对航路、航行区域、物资运输、运费、租船费以及船员和造船的控制等大范围的决定权③。这是日本政府进一步对海运业强化控制的步骤。

1938 年 4 月，日本颁布赋予政府统制运用人力以及物质资源范围广泛的《国家总动员法》。1939 年 9 月，日本"海运统制委员会"成立，是日本海运统制政策进入"顺应国策的官民协力体制"的标志。此时日本海运政策的特点，已由此前以民间大型会社控制海运业

---

① 日本《大阪每日新闻》1939 年 8 月 6 日。
② 日本经营史研究所编：《日本邮船株式会社百年史》，1988 年，第 358 页。
③ 日本经营史研究所编：《日本邮船株式会社百年史》，1988 年，第 357—359 页。

为主改变为政府与民间共同控制且要服从国策的体制。此时归属于海运统制委员会的海运会社有35家,统制的重点在协调紧急重要物资的运输、配船和在困难情况下的应对以及战时如何保持运输通畅等。①

1940年2月,日本政府在已颁布《国家总动员法》的基础上,进一步制定和颁布《海运统制令》。这个统制令从根本上表明了日本政府要将"海运业完全纳入政府统制下的意图"。由于战局的急速发展,官民协力的海运统制委员会已无法满足日本政府对海运业的要求,于是,1940年9月27日,日本内阁会议决定制定《海运统制国策要纲》。在此基础上,同年11月1日设立了日本政府直接控制的"海运中央统制运输组合",规定"海运业必须严格服从国家的统制体制"②。"海运中央统制运输组合"的成立,使得日本海运业界事实上已经失去自主性。

1941年1月,作为强化战时体制的一环,整合海运行政的《海运事业法》《海上小运送法》《东亚海运株式会社法》三法案在日本第七十六次议会会议上提出。③ 1941年8月19日,日本内阁会议进而制定《战时海运管理要纲》,决定船舶、船员及船舶造船等一切涉及海运的事项均要纳入国家的管理。1942年3月25日,日本政府公布《战时海运管理令》,并同日实行,进一步强化了对海运业的国家统制。根据这个管理令,日本政府设立代替政府具体经营管理海运业的"特殊法人船舶运营会",对征用的船只实行一元化管理。海运业界必须"严格地服从国家的统制"命令。也就是说,海运业界在把政府征用的船只交给"特殊法人船舶运营会"后,不能插手船舶的任何运营和管理事项。"特殊法人船舶运营会"成为为了保证战争顺利进行和"国策"推进的海运业界的"国家管理的执行机构",完全执行"国家的意志"④。

---

① 日本经营史研究所编:《日本邮船株式会社百年史》,1988年,第360页。
② 日本经营史研究所编:《日本邮船株式会社百年史》,1988年,第358、357—361页。
③ 日本《读卖新闻》1941年1月28日;《日本工业新闻》1941年1月17日。
④ 日本经营史研究所编:《日本邮船株式会社百年史》,1988年,第362页。

短短几年内一连出台如此之多的海运政策，逐步实现对海运业的完全掌控，根本原因在于日本政府认为，"日本、满洲和中国，以及包含亚洲诸地区在内的大东亚经济共荣圈的树立"，"必然激起对庞大物资的运输需求"，"近海航路未来必将成为我国海运业者最活跃的舞台"。① 日本政府制定颁布这些海运政策，目的就在保证"包含亚洲诸地区在内的大东亚经济共荣圈的树立"这一根本目标的顺利实行。

与此同时，日本政府还施行直接掌控海运业的两大措施：一是推动日本最大的轮船公司日邮会社的近海部分轮船分离，合并进入近海邮船会社，使其一跃成为拥有136只轮船、82万总吨，世界排名第一的大轮船公司②。二是直接组织设立了针对中国航路的大型国策海运公司——东亚海运株式会社。

承担日本"海运政策向东亚中心主义迈出第一步""统一各社航路，确立东亚国策航路"重任的东亚海运株式会社，成立于1939年8月5日。该会社的成立，被日本朝野视为确立"对中国航运政策基础的国策会社"。③

直接推动东亚海运株式会社成立的原因，是日本政府认为，"东亚历来的海运业处于各国争雄的状态之下，而作为我国海运业的各会社仍然停留在按照各自会社的经营政策行驶航路和配船的状况中"。这种状况急需改变，为此在"七七"事变爆发后的第七十三次议会会议上，日本政府就做出了"强化海运统制，将各关系会社打造成一体，奠定东亚海运基础"的决策，此后"经过一年半的反复研究"，④ 在"我国海运从以日本为中心转向以东洋为中心发展"的过程中，肩负"称霸东洋海运"重任的东亚海运株式会社，终于

---

① 日本经营史研究所编：《日本邮船株式会社百年史》，1988年，第370、373页。"近海"是指从日本国内到中国各口岸的航线。见油印本《沦陷区经济概览·交通篇·航运》，第6197页。
② 日本经营史研究所编：《日本邮船株式会社百年史》，1988年，第356页。
③ 日本《中外商业新报》1940年8月9日。
④ 日本《大阪每日新闻》1939年8月6日。

在 1939 年 8 月 5 日正式成立。

从派遣内阁书记长官河田烈氏担任东亚海运株式会社社长一事,① 可以看出日本政府对该会社的重视和直接掌控该会社的意图。受日本政府指示,以部分或全部资产参加该会社的有日本邮船、近海邮船、大阪商船、三井物产船舶部、川崎汽船、日清汽船、原田汽船、大同海运、冈崎汽船、阿波共同汽船、山下汽船 11 家公司,该会社资本金 7300 万日元,成立时拥有船舶共 59 只 20 余万吨。②

东亚海运株式会社的主要业务范围包括:其一,经营中日之间、中国沿海之间、中国与外国之间的海运业;其二,经营码头、仓库等;其三,经营前项之附带事业及关系事业之投资……东亚海运株式会社成立时设定的航路主要包括:日本至天津、日本至青岛、日本至上海、日本至华南、台湾至上海、台湾至天津、台湾至华南、大连至华北、天津至上海、天津至华南、大连至华南等十多条。总社设于东京,并在横滨、大阪、神户、门司、长崎、台北、大连、天津、青岛、上海等地设立分社 16 处。③

东亚海运株式会社作为"国策会社",其拥有的特殊地位以及与政府间的关系和需承担的责任义务等详细情况,在"东亚海运株式会社法"上有明确详细的记载。该法于 1941 年 3 月 13 日由日本内阁颁布。正文 5 章,加附则 1 章,共 6 部分 46 条。这里仅略举部分条文,以说明会社的性质及其运作方式:东亚海运株式会社是以中国为中心振兴发展我国海运业为目的而设立的株式会社(第一条)。政府不仅可以向东亚海运株式会社入股,而且可以以资金以外的财产入股(第三条)。社长及副社长由政府任命,任期为 5 年(第十条)。社长、副社长及分掌业务的理事不得担任其他职务及从事其他商业业务(第十一条)。以上数条,除点明东亚海运株式会社的性质和业务宗旨外,还标明了政府在其中所处的绝对掌控地位。

---

① 日本《大阪每日新闻》1939 年 8 月 6 日。
② 日本《中外商业新报》1939 年 9 月 10 日。
③ 日本《大阪每日新闻》1939 年 8 月 6 日。

政府将监督东亚海运株式会社的业务（第十三条）。东亚海运株式会社章程的修改、利润的分配、公司的合并及解散等决议均需得到政府的认可，在未得到政府批准前不具有效力（第十五条）。政府得以不定期派主管官员对东亚海运株式会社的金库、账簿及各种文件进行检查。且政府在认为有必要时，不论何时得以命东亚海运株式会社报告有关业务的各种计算及状况（第十八条）。

上述条文具体规定了政府控制东亚海运株式会社的权力，及对其业务方向、利润分配、内容等具体领域的把持和指导。当然，作为回报，日本政府也给予东亚海运株式会社某些特权。这主要包括：在得到政府的认可时，可以募集公司债（第十四条）。政府对会社偿还公司债的本息进行担保（第二十五条）。在会社经营政府指定的航路时，政府将对其支付预算范围内的补助金。此补助金将保证在分配时除政府股之外的股东获得年百分之六的收益（第二十、第二十一条）等。①

因东亚海运株式会社具有如此特殊的地位和特权，故成立后即被日本媒体寄予厚望："新会社的成立，不仅能使我国海运的综合实力得以发挥，而且能使日中间以及中国各地的海运交通得以急速地整备，而以从未有过的新面貌出现。"②

很明显，在此期间的日本海运政策和举措中，指导思想是"建设高度国防国家，确保东亚共荣圈是不动的国是。"③ 日本政府设定的"大东亚交通基本政策"的立足点在于"开拓大陆、海洋、岛屿所构成之大东亚圈。并以帝国为中心，图有机的结合，充实国防力，同时促进产业建设，确保物资交流，以完成大东亚战争，强固大东亚基础"，进而实现"建设世界新秩序，确立帝国主动地位"④ 的目的。也因此，在日本"大东亚交通基本政策"中明确提出了以下几方面"要领"：

---

① 《昭和十六年·法律第六八号·东亚海运株式会社法》，文档号レファレンスコード A03022547100，日本国立公文书馆藏。

② 日本《大阪每日新闻》1939 年 8 月 6 日。

③ 日本史研究所编：《日本邮船百年史资料》，大洋印刷产业株式会社，1988 年，第 383 页。

④ 刘厚滋译：《大东亚共荣圈之物资交流》，《中联银行月刊》1942 年第 4 卷第 4 期。

1. 以日本海、东海、南海诸领域为大东亚内海。以帝国为中心,整理南洋诸地海陆空军必要之设施。

2. 在大陆内,建设大陆国防必需之一切重要基础产业,并确保基本资源之开发的交通,且以之为圈外联络开拓基地。

3. 在南洋与其他海洋地域,除使能适应海洋洋面国防需要外,并使确保各种重要资源开发之交流,进一步更以之为发展世界交通之基地。

4. 扩充交通各部门之设施,并图相互间有机的联络,以期发挥其综合效率。

5. 海运方面,力图整理并扩充防线与增强船只;更从速恢复南洋各地之造船所、船坞,整理航路标识,保全一切必要设施,完成海上通信网,计划如何训练船员,俾一般青年,对于海洋有彻底的认识。

6. 关于港湾之整理,扩充其重要点及综合点,改良码头与营运仓库及驳船,以谋合理化。

7. 关于运河与其他河川,依照国防产业计划,综合实施水运水利一切事项。①

东亚海运株式会社成立后确实忠实地执行了这些"要领",除了不断扩大规模和航路,在东亚展开一系列活动外,在太平洋战争爆发之前,已将触角伸展到东南亚一带,并做好"扩展南洋各埠,如马来半岛、爪哇、菲列滨及海峡殖民地等处海运事业"② 的准备。

可见,日本政府制定颁布各项海运政策,成立统制组织,设立并掌控东亚海运株式会社等举措,目标就是控制中国、日本和中国东北的轮船航运,以及更大范围的东北亚和东南亚海域圈的交通运输。这些措施和行动,是日本军国主义政府实现所谓"大东亚共荣

---

① 刘厚滋译:《大东亚共荣圈之物资交流》,《中联银行月刊》1942年第4卷第4期。
② 《十月十八日天津庸报》,转引自国民党特种经济调查处编《经济汇报》1940年1月1日第6号。

圈"国策的步骤和棋子。在此"国策"体系中，整个日本海、东海、南海和南洋诸海域，都被日本政府视为"内海"，在此范围内有关轮船航运业的一切事项，均需依照日本的国防和产业计划运行。

因此，中国的内河内港轮船航运被日本政府纳入视野，并采取与之配套的一系列措施。

二 控制中国内河内港航运的轮船公司

日本为了确保建立所谓"大东亚共荣圈"，在海运业方面推行了一系列政策和举措，大型国策公司——东亚海运株式会社的设立就是其中重要的一环。但是，从航线设置可以看出，这家大型轮船航运公司的主要业务目标是经营中国、日本、中国台湾和中国东北间的航运，也就是所谓"近海"和中国沿海一带的航运。因此日本还需进一步设立针对中国内河内港航行的轮船公司，以与主要目标是"近海"和沿海航路的东亚海运株式会社以及日本其他轮船公司的航线接轨。这种旨在控制中国内河内港和沿海航运的公司所在多有，这里仅列举几家。

中华轮船株式会社 据日本《中外商业新报》报道，这是东亚海运株式会社的卫星公司，于1940年2月25日在上海成立。这家公司名义上是中国籍，实际却是"中国籍的国策会社"，"以处理占领地没收的中国航运有关的敌产，提携强化与中国民族资本有关的航运业以及解放长江航运的国策等为宗旨"。"其目的以长江及中国沿岸航运业的经营为主，以及向与其有关的码头、船舶、仓库等有关的事业进行投资"为主要业务。该社社长是"前维新政府交通部长江宏杰氏，副社长是大阪商船株式会社参事渡边重吉氏"。会社总社设于上海，从1940年"五月中旬开始，已在长江干线开港和不开港间以及不开港之间从事航运"。[①]

---

① 日本《中外商业新报》1940年8月9日。

会社成立后发展很快。刚成立时，"只有公司船 4 只，佣船 4 只，受托运航船 5 只，租用船 4 只，合计 17 只"。"至民国三十一年末，计公司船 27 只，佣船 40 只，受托运航船 7 只，租用船 10 只，合计有 84 只之多"。航线方面，"民国二十九年末，计有崇明、天生港及口岸四线，至三十年三月末，增加舟山群岛、裕溪口二线，后又增加北沙线、芜湖大通线及上海宁波线。是年下半年，又开航安庆地区及镇江地区等长江中流地区线八条。至三十一年又增加了几线……航线计长三千五百公里。此外对于上海、镇江、南京、九江等仓库的货物运输，亦在力求圆滑"。①

上海内河轮船股份有限公司 上海内河轮船股份有限公司设立于 1938 年 7 月 28 日，是日本"为统制以上海为中心之航运起见"而设立的轮船公司。该公司同样"系敌伪合资营办。总公司设于上海北苏州路四三四号，资本总额为二百万元。其业务包括华中主要内河航路之客货运输、仓库及码头之经营等"。"该公司现有自置汽船五十三只，借用汽船十只，雇用汽船三十八只，合计一百零一只。此外并有拖船一百八十五只"。该公司的航线以上海为中心设定，大体可分为两部分："1. 沿苏州河往来于北新泾、苏州、无锡、常州等地之苏州班。2. 沿黄浦江上游往来于闵行、叶榭、松江、金山、平湖、嘉兴、湖州、杭州等地之黄浦班。此外尚有通行内地之航线数十条"。"该公司对于今后之计划，拟以增加船舶为主，并拟极力建设各地仓库。闻上海之仓库以及上海苏州两地之船舶修理工场，均已完成"。② 可知这是一家以短期航线和小型轮船为主，旨在控制上海周边地区水运业务的轮船公司。

1944 年英文《中国年鉴》对上述上海内河轮船股份有限公司的成立和运营情况有如下报道："中日战争爆发后，往返苏浙两省的小汽船活动陷于停顿。由于两省某些地方秩序逐渐恢复正常，大多数由日人经

---

① 光林：《日本在华中之国策公司概述》，《中联银行月刊》1943 年第 5 卷第 5 期。
② 《十二月十八日大陆新报》，转引自国民党特种经济调查处编《经济汇报》1940 年 3 月 25 日第 8 号。

营的华籍船只已开始恢复运输业务。为避免不良的竞争,以上海为中心管理内河航运的实施办法于1938年3月实行……同时公布一项规定,凡非新公司所属之一切轮船及小火轮,一律禁止在内河航行。1938年7月,上海内河航运公司成立,资本为2238000元。此为中日合办之企业。此项新组织中,华股共1062000元,日股共1176000元,最后华中开发公司投资600000元,估计该公司现有资本在6000000元以内"。

关于该公司的运营情况,《中国年鉴》记载如下:"上海内河航运公司有90条以上的航线网,总里程约为6000公里。主要航线为苏州河线、黄浦江线、湖州线、杭州线、江北线、南铜线、泰县线、东台线、兴化线、靖江线、南京线、芜湖线以及淮河线。由此可见江苏、浙江、安徽等省的一切内河航线,都统一在上海内河航运公司的控制之下"。该公司成立之后的运营成绩如下:"1941年10月至1942年3月间各线旅客总数为2170000人,票费收入为1500000元。货运共900000吨,运费为5200000元。与1941年4月至9月间客货运收入的成绩相比,票费增加了300000元,运费增加了700000元。估计从1940年11月至1941年3月,上海内河航运公司的净利共为108000元,1941年上半年净利为211000元,下半年利润与上半年相等。股息为10%"。①

成立该公司的另一个目的,是通过设立类似的轮船公司,从各种渠道把中国的资源集中起来运往日本。例如,1939年日本在安徽设立淮南煤矿公司,积极开采位于安徽省田家庵附近之煤矿,但因淮南铁路田家庵至合肥一段被中方军队拆毁,无法由陆路运往日本。只好由江南产业株式会社(总公司设于上海,在溪口、南京及蚌埠等地均设有分公司)运输,取道淮河水路,将煤载往蚌埠,然后再由东亚海运会社经手运往日本。但如此一来,既费时间,又不能大量输送。日方虽每思设法改进,但终属计无所出,1939年年初,"敌与兴亚院华中联络部曾密令'上海内河轮船公司'尽速筹备将

---

① 《中国年鉴》(英文本),1944年,第731页。

航路拓展至淮河，在田家庵至蚌埠间之淮河航路上专事载运淮南之煤。现悉自四月一日起，该公司已正式将航路拓展至淮河，并已将上述江南产业株式会社之运输部盘入，继该会社之后而接办淮南煤之运送事宜云"。①

华中运输公司 创立于 1942 年 7 月 1 日，资本金 800 万元。该公司是作为"华中铁道、中华轮船、内河轮船的运输公司的下层机构"而设立的。其主要业务是，"至一定的输送地点，搜集货物"。公司创立以后，即"继承以往日本通运公司的支店出张所，并在华中设立六个支店，一百七十八处的营业所、回漕所、派出所及办理行李所，努力于物资的圆滑输送"。该公司成立后，大力扩充业务，在 1943 年度的公司计划中，即准备向华中振兴公司"长期借入约一百三十万元"，供其"在各地努力扩充物资的搜集网"之用。该公司的水上工具中，"有木驳船、铁驳船、汽船"等，陆路上有汽车、马车、马匹等。②

华北交通株式会社 "华北事变"发生后，华北的交通事业即由满铁负责经营，后因"业务渐趋兴盛"，遂于 1939 年 4 月成立该会社。资本金计四亿元，内开发公司二亿三千五百万元，满铁一亿二千万元，华北政务委员会四千五百万元。"其业务除经营华北境内之铁道公路，内河水运外，蒙疆地区之铁道亦委托其运营，并担任塘沽新港及连云港之修筑工事"。③资本金如此雄厚，任务自然也非比寻常：该公司"拟以铁道为动脉，于汽车及内河水运等以综合的经营，期其飞跃的发展，至于塘沽新港之建设，修筑连云港之工事，以及白河沿岸六个码头之经营，则皆该公司用为交通事业之根干者也"。也因此，"截至三十一年六月底止，本社投资额之百分五五．五，贷款额百分之七八．九，……均用于交通事业，额数之巨，远

---

① 《四月八日上海通讯》，转引自国民党特种经济调查处编《经济汇报》1940 年 6 月第 32 号。
② 光林：《日本在华中之国策公司概述》，《中联银行月刊》1943 年第 5 卷第 5 期。
③ 诵唐：《华北开发公司之伟绩》，《中联银行月刊》1944 年第 7 卷第 3 期。

非其他事业之所及。交通事业之重要性，于此可见"。之所以如此，是因为日本政府认为，"运输事业，不但担负治安上、军事上之重要使命，且为复兴华北经济并开发产业之根本事业"①　之故。

华北运输株式会社　"华北事变"后，华北境内之运输任务曾一度由国际运输株式会社担任。后为确立运送之单一经营，遂于三十年十月一日成立华北运输股份有限公司。该公司"资本金二千万元，实收一千二百万元。计开发公司一百五十万元，华北交通六百万元，国际运输四百万元，福昌华工五十万元"。业务除"经营水陆运输、劳力供应外，并兼营仓库、专业委托、买卖业及资金之融通关系事业"②。

华北地区各省内河航运，仅河北、山东两省较有舟楫之利，"而敌所欲加以利用以攫取各地物产者，亦厥为冀鲁两省，尤以冀省为最"。1938 年 6 月，"敌伪为统制华北内河民船，乃设立所谓'中国内河航运公会'"。1939 年 2 月，"并任日人渡濑二郎为理事长"，同时发表公示，宣称将"于 3 月 1 日起，实施勒令各河航业者加入该会，以便统制"。公示的主要内容是："华北之水运业，暂由'北支派遣军司令官监督指导'，而由日本军特务机关管理"。公告指出，"各船舶应有日本军特务机关之'航行许可证'，否则不许航行。日本军之特务机关及内河航运公会职员之检查官，对航行中及停泊中之船舶，得随时检查其是否有'航行许可证'及所搭载之货物"。此外，"日本军队可随时征用各船舶"。③

需要强调的是，无论是华北地区的华北交通运输会社、华北运输株式会社，还是上述江南地区的中华轮船株式会社、上海内河轮船股份有限公司、华中运输公司，都并非孤立存在，而是分属于华北地区的日本国策会社华北开发公司和华中振兴公司。因此，这里有必要简单介绍一下华北开发公司和华中振兴公司的情况。

---

① 中联银行调查室：《新民会全体联合协议会席上之报告》，《中联银行月刊》1942 年第 4 卷第 4 期。
② 诵唐：《华北开发公司之伟绩》，《中联银行月刊》1944 年第 7 卷第 3 期。
③ 上引均见油印本《沦陷区经济概览》，交通篇·华北内河交通概况，第 6213 页。

日本发动全面侵华战争后，如何保证经济上的持续供给是不能不面对的难题。开发统制中国经济资源和市场由此成为日本政府政策中的重要方面。也因此，成立综合开发中国经济和资源的大型国策会社，成为日本政府的重要举措。1938 年 3 月，日本国会第 73 次议会会议通过设立华北开发公司（华北振兴株式会社）和华中振兴公司（华中振兴株式会社）的公司法。4 月 30 日，日本政府公布施行。从法律上对"国策会社"的性质、组织机构、责任、特权及与政府的关系等做了详细规定。① 值得注意的是，华北开发公司和华中振兴公司本身并不直接从事具体的经营活动，而是在日本当局的直接策划下，通过投资和融资等形式，对有关的重要事业进行控制。例如，资本金为三亿五千万元的华北开发公司（其中半数由日本政府出资），公司法案对业务的规定就是："该公司对于下列事业为投资或融资，并统合调整其经营：①交通运输港湾事业；②通信事业；③矿业；④盐业及其贩卖利用事业。"② 而"事业之主干为交通业"。

到 1943 年 10 月底，华北开发公司已拥有"合计子孙公司 43，组合 3。刻仍本其原定之步骤，发挥国策公司之任务"。③ 上述介绍的华北地区的华北交通运输会社、华北运输株式会社以及中华轮船株式会社、上海内河轮船股份有限公司、华中运输公司等，就是分属于华北开发公司和华中振兴公司下的子公司。

以"七七"事变为契机，到 1940 年夏时，日本的海运业已经"实现了从日本为中心向东洋为中心的飞跃"。而这是"中国民族航运业的溃灭"。由于日本对长江和其他港口的封锁，日本海军对中国船舶的搜捕、击沉以及中国船舶转卖给第三国，加上战火对港航设备的直接间接破坏，中国民族航运业受到巨大的打击。截

---

① 黄美真主编：《日伪对华中沦陷区经济的掠夺与统制》，社会科学文献出版社 2005 年版，第 315 页。
② 诵唐：《华北开发公司之伟绩》，《中联银行月刊》1944 年第 7 卷第 3 期。
③ 思淑、维亚：《华北经济动态》，《中国经济》1944 年第 2 卷第 5 期。

至 1940 年 8 月,"中国方面失去了总吨数超过 30 万吨的船舶和相当多的港航设备,基本处于溃灭的状态"。①

表 1 中 1936 年和 1939 年各国在华船舶的数字对比,清楚地展现了"七七"事变后以上海为中心的华中地区各国航运势力的变化。

表 1 "七七"事变前后各国在华中地区航运势力统计

国别	1936 年		1939 年	
	总吨数(千吨)	指数(%)	总吨数(千吨)	指数(与 1936 年比)(%)
美国	129	100	22	17
英国	6025	100	2802	47
中国	5448	100	11	0.2
德国	148	100	322	218
意大利	24	100	253	1054
日本	2279	100	1313	58

资料来源:日本《中外商业新报》1940 年 8 月 9 日。

从表 1 看,1939 年时,以上海为中心的华中地区的轮船航运势力中,美英两国的轮船数量大幅衰减,日本方面有所减少但幅度有限,德意两国有大幅增长,但因绝对数量有限,无关大局。只有中国,从 5448 千吨一下减少到 11 千吨,仅相当于 1936 年时的 0.2%,"基本处于溃灭的状态"绝非言过其实。

而英意荷法等国受战争拖累,通过上海往来外洋的轮船数字都有减少,特别是此前的霸主英国,1939 年 8 月,通过上海往来外洋的轮船数字还有 554516 吨,9 月第二次世界大战爆发,到 11 月,英国通过上海往来外洋的轮船数字就只有 296520 吨。欧洲各国减少的航运量,被日本顺势接收。就在 1939 年 11 月时,日本通过上海往来外洋的轮船数字第一次超过英国。再过一年,到 1940 年 11 月,通过上海往来外洋的轮船数字日本不仅已经大幅超过英国近 15 万吨,通

---

① 日本《中外商业新报》1940 年 8 月 9 日。

过上海往来中国国内各口的轮船数字也已经超过英国。即到1940年11月，日本已在往来外洋和中国国内各口的轮船航运吨位数中实现了全面超越英国，改变了"围绕中国的航权，历来是英国占据优势"的局面。到1941年3月，这种差距进一步扩大，特别是在通过上海往来外洋方面，日本的轮船吨位数已经大大超过英国（见表2）。

表2显示的上海港进出外洋和中国国内各口的统计数字，清楚地表明1941年12月太平洋战争爆发前，日本等国在中国航运势力的演变情况。

表2　太平洋战争前各国在中国沿海内河航运吨位的变动情况　　单位：吨

国别	1938年10月		1939年8月		1939年11月		1940年11月		1941年3月		1941年9月	
	往来外洋	往来国内各口	往来外洋	往来国内各口	往来外洋	往来国内各口	往来外洋	往来国内各口	往来外洋	往来国内各口	往来外洋	往来国内各口
英国	540442	286564	554516	218846	296520	157081	215276	150841	82814	147845	83891	111913
日本	214190	69779	343907	119247	336366	117981	363657	153934	480672	184245	195613	133187
美国	42902	28642	106316	918	76746	774	140561	13438	94405	3021	133619	2981
德国	90268	16808	95430	24916								
荷兰	49789	11560			32624	34408			31846	32728	16058	15382
挪威	46896	76731	76307	33209	58403	32727	58479	34089	9890			
法国	108708	2594	76377	1297	53618	1297	72203		54914		43352	
意大利	36403	1836	52690	7828	30422	7410						
巴拿马							21482	2416	40170	34684	34103	13953
瑞典							9900				2853	
中国							7433	18716				
苏联									10852			
泰国											4016	
其余各国	50055	59964	75789	35383	24423	8173	14917	46850	17227	23983	4932	16623

注：表中日本1941年3月"往来外洋"一栏的数字为480672吨，到9月却大幅锐减到只有195613吨，其原因主要是自1941年7月开始，英美荷等国对日本实施经济制裁，冻结日本资金，美国甚至准备扣留驶往美国的日本轮船。加上太平洋局势紧张，日本海军开始征调商船。因此日本驶往南北美洲、荷属印度、英属印度、缅甸等国的航线均先后停驶。这些因素是1941年9月日本通过上海往来外洋船舶数量大幅减少的原因（参见《经济统计月志》1941年第8卷第8期；1941年第8卷第9期）。

资料来源：《经济统计月志》1938年第5卷第11期；1939年第6卷第9期；1939年第6卷第12期；1940年第7卷第12期；1941年第8卷第4期；1941年第8卷第10期。

三 统制垄断中国沿海内河航运业的多种手段

除了以上所述各种措施之外，日本政府还采用其他各种手段和措施来保证在中国的轮船航运业中居优势地位，其中最主要是利用战争和安全的理由对他国的航运势力持续封锁、限制和打压。

中日战争爆发之后，中国的轮船航运业遭到沉重打击，实力大幅消减。为免遭日方打击和保存实力，部分中国船舶转向外国注册，改换国籍悬挂外旗。这种情况也给各国在华航运势力带来了难得的扩张机会。外国航运公司或者承租，或者购买中国轮船，以致1938年时，"行驶南北洋线及长江下游之轮船，全系外商轮船公司之外轮"。除以前实力最强的"英商怡和及太古等公司外，其余礼和、鲁麟、华美、中意、正德、远东、美利等所有轮船，均系以前之华商轮船，或由外商承租，或由外商收买"。这些外商轮船公司，不仅"行驶南北洋线及长江下游"，且"以前不准外轮行驶之线，今则全为外轮所操纵"。这些外轮公司利用战争的非常时期，提高货物的运费和客票价格，其幅度"为历来所罕见"。

但是，把东亚海域看成"内海""近海"，把东亚航海业视为保证"大东亚战争"胜利基础的日本政府，岂能容忍其他国家的轮船公司扩张？日本政府以"有外国船输入武器弹药""能从精神和物质上助长中国方面的抗日气势"为由，在1937年8月25日发布了交通封锁令，要求在被封锁地区出现的外国船将"七七"事变前的船名、船长的姓名、吨数和资本数等通报日方。① 1937年9月，日本政府进一步发布命令，对怀疑转换国籍有问题的船舶扣留，执行"临检留证的必要措施"。②

因此，以"战事"为理由对航线进行封锁，限制和禁止其他国家轮船公司在华航行，就成为日本政府打压其他外轮公司趁机扩张

---

① 文档号レファレンスコード B02130172200，日本外务省外交史料馆藏。
② 文档号レファレンスコード B02030674300，日本外务省外交史料馆藏。

的重要借口和理由。在此过程中,首先遭到禁运的是长江。据《经济统计月志》记载,1938年年底,上海往来内港之航运,"表面上亦颇发达",但"扬子江日人迄未允许开放",因此"各外轮不得已纷向内港发展"。①

日方封闭长江航运,自然遭到其他各国的反对,"虽经英、美、法各国当局向日方数度提出交涉",日方仍"拒绝开放"。英美各国轮船公司只得退而求其次,请求"暂以南京为终点",但也因"谈判未有端倪,已告停顿"。实际上,日本封锁长江航运,目的就是把航运权控制在手。当其他外商航运公司"被禁于扬子江航运"时,结果却是"日方现时在亚洲之大半重要水道中,得享无与为抗之垄断矣"。②

另一则报道也提及日方控制长江,打压其他国家航运势力的情况:长江商务航务,全为日本人垄断,汉口外侨屡次抗议,日本仍不明对于第三国之义务,至今尚无满意解决之望。近来长江下游,且有日本人企图夺运英船货物之举,设法使中国客家不装英船。其方法多非寻常所有。内河航业为日本人专利,入其掌握,好恶随意,于英国商务大有影响……商务道路既不自由,则进出口货自被限制耳。③

与此同时,以战事为由的日方航运封锁,进一步从长江向沿海一带扩展。据宁波口海关册记载,1938年时"往来本埠船只,所受军事限制日见严厉,进出水道,时而一部封锁,时而完全禁止通行"。1939年的情况更加严重:"本年宁波地方,迥异寻常,往来航业与进出贸易,无不备遭阻挠……"1940年则自"7月15日起,日本海军宣布封锁本埠,形势骤变,自是以至年终,海路交通悉告断绝,各项贸易咸遭塞滞"。④

除封锁航线外,日本还采用扣留其他国家船只的方式。"查此项

---

① 《经济统计月志》1938年第5卷第12期。
② 上引均见《银行周报》1938年第22卷第46期。
③ 《银行周报》1939年第23卷第16期。
④ 1938年、1939年、1940年《海关中外贸易统计年刊(宁波口)》,转引自杭州海关译编《近代浙江通商口岸经济社会概况——浙海关、瓯海关、杭州关贸易报告集成》,浙江人民出版社2002年版,第402—404页。

事件本年（1939年）一月即曾发生，当时被扣留者为哈发、海达与永贞三轮。唯此次之范围，则已较前扩大，因自四月六日起至二十六日止，各国轮船之被日方扣留者，不下二十一艘之多。各国之国籍分类，除包括葡（萄牙）轮十三艘，希腊轮与那威轮各两艘，匈牙利轮与巴西轮各一艘外，复有英轮与德轮各一艘。闻二十一艘之中至少有十二艘系行驶上海与其他通商口岸间之航线者，故吨数之减少当亦以往来国内口岸类首当其冲"。"现在葡商各轮公司，因被扣轮船虽经交涉，迄未由日方放还，已自四月十七日起，全部停航矣。""闻日人排挤第三国籍航运事业之方法，除上言者外，尚有强迫外轮向日当局登记，借口军事行动，阻挠航行与对于沦陷区货物之装运，须经其签发'搬出证'等"。① 由此可见，1937年8月和9月日本政府发布的封锁令和对外国船的"临检留证"令，至1939年仍然在实行。

除了扣留轮船外，对其他国家的轮船采取限制运输货物的措施，是日本政府使出的另一种限制其他国家航运势力发展的釜底抽薪办法。

例如，在华北地区，"日本虽确言尊重第三国在华贸易之利益，实则唯图增进其自己之利益，而置第三国利益于不顾。最近天津宣布出口商欲输出物品，必须向海关证明已以出口物产价值之外币，售予'联准银行'，始能照准。否则任何种物产，均不准出口。数月之前，青岛亦照样实行矣"。采取这种强迫外国轮船商将相当于出口货物价值的外币售予日方控制的"联准银行"，一方面可以充实联准银行所发行纸币的价值，另一方面可以限制和减少外商轮船运输中国出口货物，可谓一举两得。"彼等之目的唯在：'1. 供应战地日军之需要；2. 供给在华与本国之日本实业所需之原料；3. 余剩之物产可供输往欧美者，其售得之外币，尽入日方统制之银行掌握中'。"当然，日方之所以能够如此做，是"铁路与水道全受日军统制，不

---

① 上引均见《经济统计月志》1939年第6卷第5期。

得其准许，任何对象均不能运输"① 之故。这也就是日方要把交通权控制在手的重要原因。

对于外轮运入中国的货物，日方同样进行阻挠："日人禁阻沿海航运，原在杜绝第三国货品之输入"。② "日军封锁华南愈亟，本月初九龙与韶关间之交通曾遭切断，本埠（上海）货品经九龙内运者因此所受打击甚深"。③

《申报》1940年11月3日以"四外轮巨额船货，昨突遭没收"为题报道："日军当局今日（2日）在法租界外滩鱼市场码头，扣留德、英、意、葡商内河轮四艘，并没收丝与棉货，价值二百万元有奇……轮上所载货物，当夜与今晨，遭日方检查，而卸入日方汽艇"④。此后又成立水上宪兵队和便衣警军，对各国轮船实行监督和侦查骚扰，进一步进行排挤："而日方近复连日派出便衣警军，分赴各码头，侦查由各地驶沪之外轮，至沪浙航运，目前已濒于绝境，行驶各处之轮只，闲泊沪滨者达十余艘之多。过去日舰封锁浙海口时，外轮行驶虽受阻碍，但小帆船有时尚可行驶。现日舰对此类船只竟加阻止，而以机枪扫射"。⑤

在这种种限制和阻挠措施下，轮船航运业的总体演变趋势只能是日益趋减。这一点，从中国最主要的进出口商港上海的轮船吨位数变化，就可清楚看出。1939年年底时，其他往来外洋与往来国内各口岸轮船的吨位数字都有明显的趋减，其原因，"则系某方统治交通阻挠土货运申之所致。关于此点可引最近消息两则，以显明之：1. 上月底有德轮两艘在浒浦装货准备运申，某方借口未经得其允许，将货扣留，事后，德轮空船返沪，暂时停航。2. 沪温航线续通续断已非一日，本月初有外轮四艘由沪驶温，复在瓯江口外被某方所阻，虽一再交涉，始终无效。结果，内中三艘原货开回，另一艘系意商

---

① 上引均见《银行周报》1939年第23卷第12期。
② 《经济统计月志》1940年第7卷第1期。
③ 《经济统计月志》1941年第8卷第3期。
④ 《申报》1940年11月3日第10版。
⑤ 《申报》1941年1月15日第10版。

经理,则未有消息"。《经济统计月志》在对此情况进行介绍后一针见血地指出,日方"其实统治交通与阻挠土货运申亦非某方真正目的,其真正目的乃欲垄断航运,垄断商业耳"。①

四 结语

多种手段措施之下,日方轮船航运业的发展以无可阻挡之势不断增强。在他国轮船航运势力遭受不断打击和排挤之时,"日人本身之航运事业","颇有蓬勃之气象……长江下游航运,自被日方统制后,日清公司上月底起已加派商轮五艘,航行江南线(上海至江阴间各口岸)与江北线(上海至青龙港间各口岸),同时,并已新辟上海至厦航线。他如大连汽船会社之专航北洋班,大阪商船会社之专航南洋班,与上海内河汽船公司之专航江浙两省沦陷区之内河班之办法,近亦进行颇为顺利。"1939 年"一至四月,日籍船只所增之吨数,已达 46588 吨"。② 此后不到一年,1940 年 2 月时,"本月份往来外洋类日籍船只已远在英籍者之上"。到 1940 年 11 月,往来国内口岸类船只中,日籍船只"已第一次驾乎同类英旗船只吨数之上"。1941 年 4 月,《经济统计月志》在总结日方轮船航运业的发展趋势时指出:"'八一三'之前,日旗吨数在往来外洋类占第二位,在往来国内口岸类占第三位,在欧战之前,往来外洋类日旗吨数不及英旗三分之二,往来国内口岸类,虽升为第二位,仅当英旗二分之一强。今则同时执两类吨数之牛耳矣"。③

在日方轮船航运势力的迅猛发展特别是日本政府的强力支持下,到 1941 年 10 月,日方轮船航运势力已经牢牢控制了中国沿海和内河航运业,在内河航运方面,更是"一般国籍者须经'特准'方能

---

① 《经济统计月志》1939 年第 6 卷第 12 期。
② 上引均见《经济统计月志》1939 年第 6 卷第 5 期。
③ 上引见《经济统计月志》1940 年第 7 卷第 3 期、1940 年第 7 卷第 12 期、1941 年第 8 卷第 4 期。

行驶,已成独占之局"。①

据统计,1942 年时中国各通商口岸往来外洋进出口轮船的吨位数中,日本为 9623732 吨,在各国轮船吨位合计数 10582807 吨中,独占 90.94%;在中国各通商口岸往来国内进出口轮船总吨位数 5273795 吨中,日本的总吨位数为 3757683 吨,占比为 71.25%。在各国往来外洋和往来国内合计轮船总吨位数 15856602 吨中,日本轮船总吨数为 13381415 吨,占比为 84.39%,②已经远远超过了其他国家轮船数字的总和。

表 3 是海关统计的 1943 年中国各通商口岸往来外洋和往来国内各港口的轮船只数、吨数和货物运输吨数,这些统计数据更加雄辩地证实,到 1943 年时,日本在中国的轮船航运业中已经牢牢占据了绝对的垄断地位。

表 3 1943 年中国各通商口岸进出外洋和国内轮船只数、吨数及货物运输吨数

国别	各通商口岸往来外洋轮船					各通商往来国内轮船				
	只数(只)	进出口轮船吨数(吨)	百分比(%)	进出口货物数(吨)	百分比(%)	只数(只)	进出口轮船吨数(吨)	百分比(%)	进出口货物数(吨)	百分比(%)
中国(非民船)	869	507481	5.98	221256	3.36	1862	735530	21.62	277775	24.03
中国民船	1083	48258	0.57	17593	0.27	2485	62805	1.84	44914	3.88
法国						27	742	0.02		
德国	6	14456	0.17	14043	0.21	61	103366	3.03	73888	6.39
意大利	1	1172	0.01			1	1172	0.03	25	0.00
日本	8624	7808869	92.04	6237010	94.81	2879	2279204	67.00	671149	58.07
伪满洲国	94	38316	0.45	7997	0.12	532	213809	6.28	111207	9.62

① 《经济统计月志》1941 年第 8 卷第 10 期。
② 上引数字见中国第二历史档案馆、中国海关总署办公厅编《中国旧海关史料(1859—1948)》第 143 册,京华出版社 2001 年版,第 90 页。

续表

国别	各通商口岸往来外洋轮船					各通商往来国内轮船				
	只数（只）	进出口轮船吨数（吨）	百分比（%）	进出口货物数（吨）	百分比（%）	只数（只）	进出口轮船吨数（吨）	百分比（%）	进出口货物数（吨）	百分比（%）
葡萄牙	28	65632	0.77	80140	1.22	2	4688	0.14		

注：1. 本表将原表进口栏和出口栏的数字作了合计处理，百分比栏目为笔者设定，统计数字均为笔者计算。

2. 本表是根据原表中有统计数字的国家所作的统计表，英国、美国、巴拿马、挪威等国均无数字，故未显示。

3. "中国（不包括民船）"一栏的数字完全是轮船的统计数字。"中国民船"一栏中显示的是符合"普通行轮章程进出口"的民船，除此之外的民船不包括在内。

资料来源：据中国第二历史档案馆、中国海关总署办公厅编：《中国旧海关史料（1859—1948）》第145册，京华出版社2001年版，第574页第9表制作。

根据表3的统计数据，此前英美等航运强国的轮船航运数据已经完全消失，法意德等国的数据微不足道，只有日本的轮船航运数据高居榜首。1943年时，日本在中国往来外洋轮船的吨数中占92.04%，在进出外洋的货物数中占94.81%；在往来中国国内各口的轮船吨数中占67.00%，在往来国内各口的货物数中占58.07%。而且，这还是在没有加上日本势力掌控的伪满洲国的数据。因此，无论从哪个数据和角度看，此时期日本在中国的航运业中都达到了绝对的垄断地位。

日方对中国沿海内河轮船航运业的入侵，无论是对航运业的总体控制，直接设立把持中国航运的轮船公司，还是采用外交手段封锁航线，乃至扣留他国船只等举措，都不是孤立出现的事情，背后的总体指挥和推动力量，是日本军国主义政府。正是日本军国主义政府制定的政策、措施和采取的行动，改变了势力格局，垄断了中国沿海和内河的轮船航运业。

（原载《历史研究》2011年第2期）

企业史篇

论晚清新式工商企业对政府的报效

"报效"顾名思义，一般是指某些地位低的个人或集团向同一社会中地位高的个人或集团所作的贡献或贡赋。其起因，可能是地位低的一方由于获得地位高的一方给予的某些特权和照顾，从而不得不作出回报。也可能是地位高的一方利用权力和地位向低的一方要求的无偿奉献。在这里，报效可能出于自愿和主动，也可能受到种种因素的制约而成为被迫和不情愿的行动。报效在中国始于何时，已难以查考，但在晚清的这段时期，新式工商企业向清政府提供报效，却是一个比较普遍的现象，对于企业来说，更发展成为一种沉重的负担和被迫的、难以逃避的义务，甚至演变成为一种阻碍和限制中国新式企业发展的重要因素。报效在外国是否存在以及性质与中国的是否相同，限于学识，笔者不敢妄言。但是报效在中国尤其是晚清时期表现得特别鲜明这一点，却是可以肯定的。因此，对报效这种现象进行分析和研究，不仅可从这个角度加深理解晚清新式工商企业在发展过程中遇到的困难和障碍，而且可以加深对中国传统社会特点的理解。

一 晚清新式工商企业对清政府报效的典型事例

在分析报效现象之前，有必要选择某些典型事例，简单地回顾一下晚清新式工商企业向清政府进行报效的状况。因为晚清新式工商企业对清政府的报效，其类型并不是统一和前后一致的，简单地说，大体可分为以下几种情况：

其一，企业在成立和开办时，得到过清政府垫借资金和某些其他方面的特权和优惠,① 开办后效益又比较好的类型。在这种类型的企业中，轮船招商局、漠河金矿和电报局可以说是明显的三例。现从史料中整理出这三企业向清政府提供的有明确时间和资金数字记载的报效部分，如表 1 所示。

表1　晚清轮船招商局、漠河金矿、电报局报效清政府资金统计

年份	轮船招商局	漠河金矿	电报局	备注
1884			17250—66666	见说明3
1885			17250—66666	
1886			17250—66666	
1887			80450—129866	见说明4
1888			63200	
1889		9000	63200	
1890	20000	9000	63200	
1891	100000	15000	63200	
1892		12000	63200	
1893		15000	63200	
1894	55200	108000	63200	
1895		396300	63200	
1896	80000	300000	63200	
1897	80000		63200	
1898	80000	97094	63200	
1899	140000	163847	116533	
1900	150000	21860	116533	
1901	140000		116533	
1902	194800		116533	
1903	80000			
1904	110000			

---

① 如当时主要的新式工商企业在开办方面获得清政府的特许权，资金方面获得清政府的某些垫款和借款，轮船招商局获漕粮专运，上海机器织布局、电报局获一定期限的专利权，以及某些减税和免税的优惠措施等等。

续表

年份	轮船招商局	漠河金矿	电报局	备注
1905	85500			
1906	105500			
1907	85500			
1908	85500			
1909	85400			
1911	11000			

注：1. 表中数字的单位，轮船招商局和漠河金矿为银两，电报局为墨西哥银圆。
2. 为简明起见，表中列出的数字，都是企业各项报效数字的合计。如轮船招商局1904年的报效数字，就是其向学校、北洋兵轮、商部和其他地方报效数字的总和。
3. 这里出现两种数字的原因，是因为有最高和最低两种估计数字的缘故。
4. 这年数字偏大的原因，是因为该年是清政府规定一等官报免费和一等官报半价的交替年份，这里可能有重复计算，因而数字偏大，但并不影响对报效现象的总体观察。
资料来源：轮船招商局的数字见朱荫贵《国家干预经济与中日近代化》，东方出版社1994年版，第130—131页。漠河金矿的数字见何汉威《清季的漠河金矿》，载香港中文大学《中国文化研究所学报》第八卷第一期，1976年12月。电报局的数字见［美］费维恺《中国早期现代化》，虞和平译，中国社会科学出版社1990年版，第278页统计表20。这里的数字均为上引资料重新进行合计处理后的数字。

这里需要注意的是，统计表中列出的数字，仅是报效数字的一部分，并非全部。例如轮船招商局为清政府运输漕粮，由于清政府减低运费，仅在1899年至1911年的12年中，就因漕粮运输运费太低的缘故积亏984800余两白银。① 这实际上也是报效，只不过因为并非明文规定，所以在此并未列入。又如表1中电报局的报效年份只截至1902年，此后的报效并未列入，但如按盛宣怀1908年向清政府所上的奏折，实际上1902年后的五年，依然"每年报效军饷二十余万"。② 另外，还有一些并无报效之名，实际却相当于报效之实的项目在此也未列入，例如轮船招商局为清政府运输官物、军队和赈粮等时，有时是免费白运，有时是比正常运费减低很多的折扣运费。笔者曾将之称为"变相报效"，③ 这里也未列入。

---

① 《国民政府清查整理招商局委员会报告书》下册，1911年帐略"运漕损失"。
② 盛宣怀：《愚斋存稿》第23卷，1939年，"电报归官三年内另给赏款电奏"。
③ 关于"变相报效"，请参见朱荫贵《国家干预经济与中日近代化》，东方出版社1994年版，第134—138页。

其二，第二种类型是新式工商企业在兴办过程中垫有官款，此后在经办过程中因为种种原因而需改组，或在经办过程中由官办改为商办时，除了对其中官款的归还作出明确规定外，对企业的报效也作出明确规定的类型。这种类型的企业中，汉冶萍煤铁厂矿公司（简称"汉冶萍公司"）和上海机器织布局是比较典型的例子。汉冶萍公司的前身汉阳铁厂原是官办，后因经费困难而官费又难筹，遂由湖广总督张之洞奏准清政府于1896年改为商办。在清政府批准将其改为商办时，对于过去官办时代已花费的官款"库平银5586415两"，① 清政府决定的归还办法是，"从前用去官本数百万，概由商局承认，陆续分年抽还"。具体做法是："俟铁路公司向汉阳铁厂定购钢轨之日起，即按厂中每出生铁一吨，抽银一两"的办法，"即将官本数百万抽足"。但与此同时，却又把这种办法作为此后企业报效的制度固定下来。具体规定为，在官本还清以后，"仍行永远按吨照抽，以为该局报效之款"②。这一点，同此前清政府规定电报局以免费拍发一等官报③，"陆续划抵"电报局所用官款，"俟此项抵交完毕，别无应还官款"时，"则前项官报亦不领资，以尽商人报效之忱……"④ 的规定如出一辙。上海机器织布局经过筹备于1890年投产后，1893年即因火灾被焚。事后清查该局官私股本及债款约110万两，但火灾后所余机器、地基和所存花布等项合计不过40余万两，损失70余万两。⑤ 李鸿章事后在恢复计划中，除了准备在上海再设立一个"官督商办"的纺织厂外，同时计划在上海、宁波、镇江等地设十个商办分厂，并把上海机器织布局"被焚无着各款"的损失，采取"悉归以后商办各厂，按每出纱一包提捐银一两"的办法，"陆续归交……"⑥ 上述这种类型企业报效的特点是，承办新式工商企业的人不仅要承担报效清政府的

---

① 《张文襄公奏议》第47卷，"查明炼铁厂用款咨部立案折"。
② 《张文襄公奏议》第47卷，"查明炼铁厂用款咨部立案折"。
③ 军机处、总理衙门、各省督抚及出使大臣的洋务、军务电报为一等官报。
④ 《李文忠公全集》奏稿第44卷，"创办电线报销折"1882年8月16日。
⑤ 参见严中平《中国棉纺织史稿》，科学出版社1955年版，第105页。
⑥ 《李文忠公全集》奏稿第78卷，"推广机器织布局折"1894年3月28日。

责任，而且还要承担起企业官办时期遗留下来的债务和损失。

其三，在上述两种类型中，如果说清政府要求新式工商企业报效，是因为曾在企业的开办和发展过程中，给予垫借资金和别的特权优惠的话，随着时间的推移和社会条件的变化，此后对于某些仅仅要求清政府给予其开办权的企业，清政府也要求其先提出报效条款，并把有无报效条款和报效的多少作为批准企业开办与否的重要前提。在这种类型的企业中，中国通商银行和内河小轮公司的申请开办是比较典型的例证。如盛宣怀1896年10月上奏请求清政府准许开办通商银行并呈送章程22条后，清政府总理各国事务衙门（简称"总理衙门"）在批复此章程的回文中，就公开责问："又第九条报效国家之款，于每年拨给八厘官利并公积花红以外，按十成分派，以二成报效，试问国家能得几何？自应于官利公积花红之外，按十成分派，应提五成报效公家。其铸银钱一项，所获利益应别订章程，另提加成报效，自不必在银行报效之内……"除此而外，还提出"又闻英国国家设有要需，或数百万，或数十万，以一二厘利息责成汇丰，便可咄嗟立办，现在银行开设后，能否照此办理？"[①] 1895年，清政府因在与日本的战争中失败而被迫签订《马关条约》后，也不得不撤销民间兴办新式工商企业的禁令，但同时又附带种种条件和限制条款。其中，要求新设立的企业报效就是一种。例如，1895年湖广总督张之洞接到清政府准许内河设立小轮公司的电令后，他的看法就是："此举乃于商轮大有利益之事，只有令其捐助饷需，方准承办。"他针对江浙一带申请开办小轮公司较多的情况致电上海黄道台，要求他设立一个总局四个分局以便统管，同时要求黄道台对于新设立的公司，除"厘金于上轮及到岸时两头分收"外，每年利益还要"以一半报效充饷，行浙之轮其捐款与浙省各半分解"。并强调"不入此局者不准行驶"。[②] 限于史料，这种以报效作为批准开办先决条件的企业在当时到底有多少，尚无法统计，但这种现象并非

---

① 《时务报》第30册，1897年5月21日。
② 《张文襄公全集》第147卷，电牍26，第4、16页。

个别则是可以肯定的。

二 报效现象的特点及对新式工商企业的影响

从上引报效统计表和史料中，大体可看出晚清新式工商企业对清政府的报效具有这样一些特点：

其一，向清政府提供报效的企业范围广，提供的报效数额大。仅从上引史料看，需向清政府提供报效的企业即涉及交通、矿业、电报、纺织、银行、钢铁等行业，实际上，当时经营稍有成效或清政府认为有利润的行业，均需提供报效，而且规定的报效数额相当大。例如就以上引轮船招商局、漠河金矿和电报局的统计数字为例来看，轮船招商局仅明确有据可查的报效数额就有168万余两，相当于其同期资本总额400万两的42%以上。同样的，电报局报效数额即使按低限算也有129万余银圆，是其1895年资本总额80万元的一倍半。漠河金矿提供的报效数字更为惊人，漠河金矿提供了114万余两的报效，如按1889年创办时的资本20万两计，那么在有限的11年中，漠河金矿提供的报效数额是自身资本额的将近6倍，是清政府垫借官本13万两的将近9倍。按照每出生铁一吨抽银一两的汉冶萍公司，到1911年时，报效数额据说已达到800万两，[①] 可谓创了报效数字的纪录。

其二，清政府在要求新式工商企业提供报效时，企业完全没有商量和讨价还价的余地，被强制和命令的色彩很浓。1895年前，清政府的财政收支尚能平衡，但企业就已不得不根据清政府的规定付出代价提供报效了。1895年中日战争清政府失败后，清政府战费、赔款数量巨大，财政状况日益困难，向新式工商企业勒索报效遂成为清政府解决财政困难的措施之一。1899年，清政府派钦差大臣刚毅南下"彻查"轮船招商局和电报局，将"历年收支底册……一并

[①] 《盛宣怀档案、盛宣怀致财政总长周子沂函》1915年5月10日，转引自汪熙《论晚清的官督商办》，《历史学》1979年第1期。

彻查"。规定"除股商官利外，所有盈余之款均著酌定成数提充公用"。① 企业的报效成为制度并固定了下来。在这个过程中，轮船招商局和电报局根本没有商量和讨价还价的余地。另外，正如上文所举通商银行和小轮航运业的例子那样，提供报效和报效额的多少，还成为1895年后清政府批准企业开办的前提条件之一，企业同样没有拒绝和反对的可能。很明显，在这里，实际上是清政府利用自己的权力和地位在向新式工商企业要求无偿奉献，或者称作勒索也未尝不可。

其三，被要求向清政府提供报效的企业范围逐渐扩大。早期提供报效的企业仅限于官督商办的企业，像上举轮船招商局、漠河金矿、上海机器织布局、电报局等企业均是官督商办性质的企业。1895年后，随着清政府对民间兴办新式工商企业禁令的解除，被要求提供报效的企业范围遂扩大到民间企业，上举小轮航运业需提供报效才能得到批准开办就是典型的一例。

清政府要求企业，尤其是要求经营较好的企业提供大量报效，以及把提供报效作为批准企业开办先决条件的做法，不仅对这时期出现的中国新式工商企业，而且对中国资本主义的成长和发展，都产生了广泛消极的影响。这里仍以上引企业作为例证进行一些分析：轮船招商局是中国第一个大规模的新式工商企业，也是中国近代新式工商企业经营史中一个比较成功的典型。但是，清政府对轮船招商局的勒索，对其发展带来相当大的损害。特别是1899年清政府派刚毅彻查轮船招商局，把轮船招商局的报效制度化时，规定在过去每年报效清政府8万两的基础上，每年再增加报效清政府白银6万两，合计每年14万两，按轮船招商局余利70万两的二成计算，同时规定，如余利超过70万两时，"照数加捐"，"如遇亏折不敷"商股官利时，此项报效展至下年分摊补交。② 但是在实际执行时，则不

---

① 盛宣怀：《愚斋存稿》第3卷奏疏三，"遵查轮电两局款目酌定报效银数并陈办理艰难情形折"。

② 盛宣怀：《愚斋存稿》第3卷奏疏三。

管余利是否足额,甚至不管盈亏,报效都是按此规定办理的。如在1899年至1901年的三年中,每年余利的二成都不足报效额,但每年的14万两报效都在轮船折旧项下凑齐了上交。"自光绪二十五年(1899)起至二十九年(1903)止,〈折旧项下〉共已垫支银38万余两。"①1902年在船栈折旧银已无着落的情况下,仍然照数报效。1910年,为了凑足报效款,招商局在"股商官利实不得一厘,更无余利可提"的情况下,为了"籍应急需",不得不以高利息"设法向庄号息借,先行凑解"。②

在从1890年至1911年的21年内,轮船招商局就向清政府直接无偿报效了总数168万两以上的白银,加上漕粮运输亏损已达260多万两,如再加上其他各种变相报效,据笔者估计,总数即使不到轮船招商局资本总额400万两,也应相差无几。问题在于,清政府向轮船招商局勒索报效的这些规定,实际上起到使轮船招商局不愿扩大再生产的作用,因为积极经营获取利润,无非落个"照数加捐",被清政府无偿掠走的结果。而执行中不管盈亏都要报效,甚至迫使招商局以折旧款抵交的做法,实际上是破坏扩大再生产,更谈不上鼓励和扶助招商局的发展了。在清政府要求轮船招商局提供报效的同时,轮船招商局为了逃避清政府的报效和勒索,采取收缩规模和抽提资金对外投资的状况,因笔者曾有过专门论述,③这里不再赘言,但其结局,却是招商局的经营规模无可避免地陷于停滞不前的维持状况。

漠河金矿的情况也十分类似于轮船招商局。漠河金矿从开办之初,清政府即对其定有报效的比例数。从1896年起,清政府一再提高漠河金矿报效军饷的数额,报效额的提高导致漠河金矿的利润大幅度减少,资金的拮据使得气候恶劣、交通极为不便的漠河金矿办矿条件无法改善,利润减少导致漠河金矿的工人散失,产量降低。到

---

① 《国民政府清查整理招商局委员会报告书》下册,1904年帐略。
② 招商局档案,468〈2〉/220。
③ 参见朱荫贵《国家干预经济与中日近代化》,东方出版社1994年版,第129—138页。

1899年时，漠河金矿的没落状况迫使直隶总督向清政府上奏，请求减少漠河金矿的报效数额，上奏中针对高额报效对漠河金矿发展造成的困境指出，高额报效虽然暂时会使国家得饷稍多，但"亦仅一时之利，而非久远之谋。此后局用愈窘，措手愈难，……势必停办而后已。"他针对漠河金矿的性质进一步指出："漠矿本系招集商股，而办矿尤资人力，必有股利花红，始足振兴商务，……无股利则股商绝望，商务有碍；无花红则人心解体，谁共图存？"① 但漠河金矿在短短11年中报效金额超过自身资本6倍的状况，已使得漠河金矿的衰落成为无可挽回的事实。

因要求高额报效使得企业在筹办期间即陷入困境，甚至几乎流产的事例，最典型的莫过于中国通商银行的遭遇了。如上文所说，盛宣怀在把请求清政府批准中国通商银行开办的呈文和章程送交上去后，总理衙门以报效额太少等理由予以严厉的驳诘，并要求盛宣怀转饬中国通商银行各商董，重新"详筹妥议"修改章程。这一消息传出后，情况正如盛宣怀在给李鸿章的电文中所说："银行股份二百五十万本已齐集，驳诘交到，纷纷谣言，谓此行办好官必苛求无已，退股者不少……"② 商人原来就害怕银行开办起来后会遭到清政府的勒索而不敢投资。这样一来，十余天的功夫，"商股退出六七十万"③，筹办中的中国通商银行面临垮台的危险。在这种情况下，盛宣怀为了挽回颓势，一方面向李鸿章、翁同龢、王文韶、荣禄等支持他的清朝大员去电请求向清政府进行疏通，强调"华商气散胆小，本不易合，原议悉照汇丰初开时办法，势难过于抑勒。此事若使聚而复散，铁路招股更难"。要求"俯念商务成败所关，迅赐核准见复，俾得早日晓谕华商赶紧收股开办……"④ 另一方面，盛宣怀再向总理衙门去电，说明"此行虽蒙存款百万，系商人包缴官利，官不任害，若过于抑勒，谁肯

---

① 转引自陈真编《中国近代工业史资料》第三辑，生活·读书·新知三联书店1961年版，第1379页。
② 盛宣怀：《愚斋存稿》第91卷，第17页。
③ 盛宣怀：《愚斋存稿》第91卷，第20页。
④ 盛宣怀：《愚斋存稿》第26卷，第16页。

以私财而入公司？中西银号、银行皆无报效，今值招商伊始，遽加苛绳，商情十分疑虑。"并强调已与众商董商议："凡可通融者俱已遵照，实做不到者，势难勉强。"进而请求总理衙门，"可否俯念此行颇关商务大局，即赐核准，以免中堕，贻笑外人"。① 同时，盛宣怀还采取以退为进的办法，以从此不管银行事务为要挟。此时由于英、俄等外国势力加紧了觊觎中国银行权利的活动，清政府担心外国银行势力乘虚而入，才使得总理衙门对中国通商银行章程的修改不再坚持，通商银行在原定开办日期推迟一个多月后，才得以成立开业。

报效对中国新式工商企业造成损害的情况，还可从中国民族轮船航运业的发展上看出来。1895年后，清政府逐步解除了兴办中国新式工商企业的禁令，中国民族轮船航运业的发展成为一个十分活跃和令人注目的领域。这可从这期间轮船公司的成立数量上得到明确的反映。据统计，1895年至1911年，仅新创办的小轮船公司就有499家，加上其他轮船企业，1911年时全国共有民族轮船企业近600家，各种轮船1100只，资本或船本约2200万元。② 从企业数目看，已远超过1895年至1911年全国新设立的厂矿企业总数422个，资本总数超过食品工业、机器工业，仅比矿冶工业的总投资数稍低而已。③ 但是，这期间中国民族轮船航运业的发展虽然比较快，有实力的轮船公司和大吨位的轮船却很少，这从海关登记的历年中国轮船只吨数上可以得到明显反映。例如，1895年时海关登记的中国轮船只吨数为145只，32708吨，每只轮船平均吨数为225.5吨。1911年时，在海关登记的轮船数字虽增长为901只，90169吨，但每只轮船的平均吨数却下降到100吨。④

这种现象说明，这期间增加的主要是小轮船公司和小轮船。虽

---

① 盛宣怀：《愚斋存稿》第26卷，第17页。
② 见樊百川《中国轮船航运业的兴起》，四川人民出版社1985年版，第457页。
③ 据严中平《中国近代经济史统计资料选辑》，科学出版社1955年版，第95页统计表计算。
④ 严中平：《中国近代经济史统计资料选辑》，科学出版社1955年版，第227页统计表，平均吨数为笔者计算。

然这种现象的出现与中国轮船公司没有清政府财政补贴,外国轮船公司又垄断了中国江海航线,因而难以顺利发展起来的状况有关,但正如前述,新成立的中国轮船公司既要交厘金又要向清政府提供报效,难以与既不需交厘金又不用提供报效的外国轮船公司竞争也是明显的事实。在这里,向清政府提供报效对中国轮船企业发展带来的消极作用,已是不言自明的事情。

除以上叙述的这些现象外,清政府向新式工商企业勒索报效带来的消极作用,还表现在这对中国商人投资兴办新式工商企业的信心是一个严重的打击。在中国近代,兴办新式工商企业缺乏资金的状况,与商人长期不信任政府,不愿意向官势力控制的企业投资等方面的问题,鉴于过去已有不少的论述发表,不再叙述。这里仅从另一个侧面,即随着清政府19世纪80年代以后对新式工商企业勒索报效现象的增多,中国商人将资金投向外国在华企业,"附股诡寄"经营现象大量增加的情况进行一下观察。据汪敬虞先生的研究,在整个19世纪,所有入股外商企业的华商资金累计在四千万两以上。但"进入80年代以后,华商的附股活动达到狂热的程度,在130个有华股代表或公司董事席位的大股东中,出现在60年代的有18个,70年代的有27个,80年代和90年代,则分别为21和64个"。①在这里,随着清政府勒索新式工商企业报效现象的增加,与华商投资外国在华企业"附股"现象的增加呈同步发展,这种现象应该不是偶然。华商向外国在华企业投资,可以避免清政府的干扰和勒索,可以减轻负担和逃避报效。这种"附股诡寄"经营的现象,在某种程度上,应该看成是商人对抗清政府报效的一种表现和反映。

三 报效现象出现的原因分析

在对报效现象进行了如上的观察和分析后,人们很容易便会发

---

① 汪敬虞:《十九世纪西方资本主义对中国的经济侵略》,人民出版社1983年版,第528页。

现，清政府在要求新式工商企业报效时，认为这是理所应当和理直气壮的事，同时也看不到商人和新式工商企业的经营者认为这是于理不合和反对的记载。顶多只有认为报效太多因而陈述理由要求低减，或者采取转移资金附股外商以及私相分配等消极手段进行对抗的记载。那么，这是为什么呢？显然，这里存在着一个需要解决的问题，也就是说，应当分析和探讨清政府向企业要求报效的理由和根据是什么。笔者认为，造成报效这种现象的原因虽然很复杂，但分析起来，与下面列举的三方面因素应有密不可分的关系：

第一，从理论方面看，中国古代就有"普天之下，莫非王土；率土之滨，莫非王臣"的说法，认为国家所有的一切，都是皇室的财产，在理论上皇帝可取用国内的任何财产，而不产生所有权问题。正因为认为皇帝是全国物质财富和生命财产的拥有者，掌握着生杀予夺大权的传统看法根深蒂固，所以在要求企业报效经营利润时，清政府认为具有充分正当的理由。

第二，从历史方面看，中国古代就有"重农抑商"的传统，历来就对某些商业行业进行垄断经营。在晚清新式工商企业兴起之前，中国社会中享有某些特权的商人如经营食盐的盐商、对外贸易的广东十三行行商、皇室应用物品的皇商和官府应用物品的官商等特定商人，在给予经营特许权的同时，其首要的交换条件，就是提供一定数额利润的报效，这种以报效换取特权的情况在当时的中国可说是司空见惯和习以为常，而且报效的数额相当大。例如据何炳棣教授的研究，两淮盐商在1738年至1804年不到70年的时间里，总共上交清政府报效款3637万余两白银。[①] 据陈国栋先生对广东十三行行商的研究，在1773年至1835年的62年里，广东十三行行商向清政府上交的报效款数额是508.5万两等等。[②] 另据台湾学者何汉威对晚清广东赌商的

---

① Ping-ti Ho（何炳棣），"The Salt Merchants of Yang-chou: A Study of Commercial Capitalism in Eighteenth Century China", *Harvard Journal of Asiatic Studies*, 17, 1954, p. 154.

② Kuo-tung Anthony Ch'en（陈国栋），The Insolvency of the Chinese Hong Merchants, 1760 – 1843 (Monograph Series, No. 45, Nankang: The Institute of Economics, Academia Sinica, 1990), p. 93.

研究证明，报效制度同样存在于清朝地方政府和地方商人之间。① 而且，据现有资料，在湖北纺织官局和汉阳铁厂这样的晚清新式工商企业的开办资金中，已经有相当部分是广东赌商和两淮盐商的报效款了。② 晚清新式工商企业兴起之后，虽与过去的盐商、皇商、行商等旧式商业组织有所不同，但在得到政府的特许和享有某些特权及优惠方面却有共同之处。也正因如此，当晚清新式工商企业开办起来并有利润时，清政府要求新式工商企业提供报效就是不奇怪和可以理解的了。

第三，除上述原因外，晚清政府中普遍存在的对商业利润与国家富强关系的错误理解，也是一个重要原因。认为西方国家富强，是因直接分享工商企业所获利润的缘故。关于这一点，典型的史料可举1881年两江总督刘坤一向清政府所上的奏折为例。在奏折中，他对新式工商企业兴办与国家富强间关系的看法是："泰西各国以商而臻富强，若贸迁所获，无舆公家，自别有剥取之法，否则富强何自而来？"③ 他把国家与企业的关系看成是父母与孩子的关系，认为父母帮助孩子赚了钱，孩子回报父母是理所当然："在朝廷以父母之心为心，以我自有之利为外人所得，遏若为子弟所得，是以提之挈之，不遗余力，顾为子弟者，以父母之力而有是利，独不稍为父母计乎！"他认为，在政府以各种手段帮助企业，"以官力扶商"之后，为商的也应该以所获利润回报政府，"以商力助官"。④ 刘坤一的这些话，相当典型和代表性地反映了清政府对新式工商企业和对其所获利润的看法。而且，这种看法是一种普遍和长期存在于清政府之中的顽固认识，这从1899年清朝大臣徐桐在要求对轮船招商局、电报局和开平矿务局进行"彻查"，要求对其所获利润"酌提归公"时所上奏折的议论，与刘坤一的看法如出一辙上得到证明。

---

① 参见何汉威《清末广东的赌商》，载台湾《史语所集刊》第67卷第1分册，1996年。
② 见汪敬虞《中国近代工业史资料》第二辑下册，科学出版社1957年版，第572页。汉阳铁厂开办资金中有两淮盐商报效款的资料见《张文襄公全集》奏议第47卷，第15—17页。
③ 《刘忠诚公遗集》奏稿第17卷，（台北）文海出版社影印版，第4页。
④ 《刘忠诚公遗集》奏稿第17卷，第50—51页。

徐桐在奏折中认为，"轮船招商局、电报局及开平矿务局近年获利不赀，而盈余利息如何酌提归公"，却"未经议及，是徒有收回利权之名，并无裨益公家之实"。因而要求清政府"责成办理轮船电线事务大理寺少卿盛宣怀督饬在事官商人等，迅将经管各项近年收支数目，亦限三个月分析开具清单，酌定余利归公章程，专案奏明请旨定夺"。① 从徐桐奏折的强硬口气中，我们完全可以体会到清政府中这种认识的普遍和力量之大。而且，从这些史料中，我们还可以看出，当时的新式工商企业并没有独立地位，政府可以像父母教训孩子那样对企业指手画脚，甚至可以随意派人检查企业的账目，企业无法反对。这种现象必然给晚清新式工商企业的经营和发展带来消极的影响。

四　小结

在以上的分析中，我们可以看出，报效现象在中国历史上即已存在，晚清新式工商企业在兴办时，整个社会的观念和结构并没有发生大的变化，近代财政体制更没有建立起来。因此，在这样的社会背景和条件下，清政府要求新式工商企业同过去的特权商人一样要上交报效，从清政府的角度看并非不能理解，尤其是1895年以后，由于战争赔款的沉重负担和财政状况的日益困难，向企业索取报效并成为制度，更成为清政府减轻财政负担的办法之一。但是，这种做法必然对企业中的商股造成伤害，从而影响商人兴办新式工商企业的信心。投资外国在华企业"附股诡寄"经营现象的大量出现，可以说就是商人对政府缺乏信心，进而进行对抗的典型反映。

报效现象在晚清中国社会大量存在的事实，说明当时中国虽然兴办了一些新式工商企业，但是相应的新式工商企业制度并没有建立，更谈不上健全，政府依然用传统的眼光看待新式工商企业，商

---

① 转见盛宣怀《愚斋存稿》第三卷，奏疏三，第7页。

人的权利也没有法律制度的保护。现代社会中政府和企业之间通过法律制度相互确定自己责、权、利情况的现象并不存在，还处于一种模糊的状态中，但是，这种模糊状态必然给当权者提供便利而对无权者造成损害，晚清新式工商企业被迫向清政府提供报效就是一个明显的例证。而且，报效现象给商人经办新式工商企业的积极性带来的打击，再加上当时外部条件如政治环境不安定，外国势力的竞争，等等，内外因素的共同作用，终于导致中国走向近代社会的步伐十分困难和迟缓。

（原载《中国经济史研究》1997年第4期）

近代中国的第一批股份制企业

1872年年底开业营运的轮船招商局,是近代中国第一家以西方股份制企业为学习对象,通过向民间发行股票(当时亦称"股份票")"招商集股"方式筹集资金,进而兴办的新型股份制企业。此后十几年,这种性质的企业数量从一家增加到了几十家。向社会公开发行股票筹集资金,股票可以买卖转让的兴办企业的新型方式,在中国历史上还是第一次。这种现象正如《申报》刊载的文章所总结的,是"招商局开其端,一人倡之,众人和之,不数年间,风气为之大开,公司因之云集,虽其中亦有成与不成之分,然其一变从前狭隘之规则。"① 这批企业的出现,标志着中国经济史上一个新时代的开始。

关于晚清洋务运动时期兴办的企业,过去已有相当多的研究成果发表。② 但是,对这一时期出现的以"招商集股"方式成立的新型股份制企业进行研究,考察其组织方式、观察其"招商集股"的过程和特点,尤其是通过这些企业发行的股票和章程考察其与此

---

① 《申报》1883年10月21日。这里所说的"从前狭隘之规则",是指过去中国的企业组织方式只有独资和合伙两种方式。

② 尤为令人高兴的是,近年来关于研究中国早期证券市场和洋务企业股票买卖的论文逐渐出现。如匡家在《旧中国证券市场初探》,《中国经济史研究》1994年第4期;田永秀《1862—1883年中国的股票市场》,《中国经济史研究》1995年第2期;卢伯炜《官督商办洋务企业股票研究》,《苏州大学学报》1995年第4期;朱荫贵《近代上海证券市场上股票买卖的三次高潮》,《中国经济史研究》1998年第3期等。其中,卢伯炜的《官督商办洋务企业股份票研究》是笔者见到的第一篇研究洋务企业股票的论文,虽然卢文提到的股票只有两份,且是股票文字最少的两份,研究的重点也放在社会经济影响方面,但笔者从中得到不少启发教益,在此谨致谢意。

前企业组织形式的联系和区别，分析其在"一变从前狭隘之规则"时显现出来的传统与近代、中国与外国的不同特点及结合的文章，几乎没有。因此，本文拟对这一时期出现的股份制企业的概况进行整理，同时通过分析介绍这些企业在当时发行的股票，即通过分析这些股票的形制、内容以及这些企业制定的章程，对19世纪后半期中国首次出现的股份制企业的状况和特点，进行一些粗浅的归纳与探讨。

一 近代中国第一批股份制企业的概况

探讨近代中国第一批股份制企业的状况，首先需要对"第一批"股份制企业所指的时间和范围进行界定。本文探讨的第一批股份制企业，以1882年6月9日至1887年1月13日在《申报》上刊载过股票价格的企业为主。之所以如此界定，理由如下：其一，当时成立的新型工商企业，无论厂址在哪里，绝大多数都以上海为中心募集资金和买卖股票。因此，以在《申报》这一上海同时也是中国当时最主要的中文报纸上刊载过股票价格的企业为主，应该具有代表性。其二，1882年6月9日是《申报》此期间刊载企业股票价格之始。《申报》能在1882年6月9日开始刊载中国近代企业的股票价格，这件事本身就证明1872年轮船招商局成立之后，历经十年，陆续成立的中国股份制企业发行的股票以及形成的交易市场在上海不仅已经存在，而且具有一定规模。其三，把1887年1月13日作为"第一批"的下限，则是因为1883年年底上海发生金融风潮后，部分新型企业破产倒闭，股票交易转入低潮，兴办近代新型企业的热潮已大为降温，这一天也成为《申报》此期间刊载企业股票价格的最后一天。其四，本文探讨的对象是股份制企业，因此，尽管此期间成立的企业数远不止此，[①] 为

[①] 据孙毓棠《中国近代工业史资料》第一辑下册，科学出版社1955年版，第1166—1173页统计表和杜恂诚《民族资本主义与旧中国政府》（上海社会科学院出版社1991年版），"附表"中的统计，同期成立的近代企业数均不止《申报》上刊载的企业数。

确保其性质为股份制企业,把考察的范围限定为此期间在《申报》上刊载过股票买卖价格的企业,应该比较准确。但这里也有两个例外,一是1882年9月以"为各项公司通径路而固藩篱"为宗旨(即中介各公司买卖股票)成立的上海平准股票公司,因其章程中明确有"本公司招股十万两,分为一千股,每股规银一百两"①的记载,故将其纳入考察的范围。二是笔者1998年10月30日在北京参观以于捷、张宏杰、赵善荣三位民间收藏家藏品举行的"中国百年证券收藏展"时,见到了一份光绪十一年(1885)山东莒州矿务总局发行的股票(关于该股票下文还将具体介绍),从这份股票显示的种种情况看,该企业存在的时间和性质上均属本文考察范围,故也将其一并纳入考察。

表1是《申报》1882年6月9日至1887年1月13日刊载的新型股份制企业的部分情况和股票的部分市场价格。

表1　　　　19世纪80年代上海新型股份制企业简况

	资本(万两)	性质	1882年6月9日	1882年10月27日	1883年12月20日	1884年12月30日	1885年6月22日	1887年1月13日
平泉铜矿	34	官督商办	185	246(105)	48(105)	17(105)	25(105)	46(105)
开平煤矿	100	官督商办	242.5	218(105)	53(100)	37.5(100)	66(100)	49.5(100)
电灯			160	105(100)	30(100)	10(100)	4(100)	3.5(100)
长乐铜矿	10	商办	160	220(100)	44(100)			
轮船招商局	200	官督商办	260	255(100)	63(新100)	41(新100)	64(新100)	59(新100)
点铜			80元					
电线			210					
平泉			185					

---

① 《上海平准股票公司叙及章程》,《申报》1882年9月27—28日。

续表

	资本（万两）	性质	1882年6月9日	1882年10月27日	1883年12月20日	1884年12月30日	1885年6月22日	1887年1月13日
织布局	50	官督商办	117.5	103（100）				17.5（100）
济和	50		73	70.05（50）	34.5（50）	24.5（50）	30（50）	
牛乳					60元（100）	19元（100）	20元（100）	
仁和保险	50			71.5（50）	35（50）	24.5（50）	30（50）	
自来水				35镑（20）	29镑（20）	25镑（20）	30.25镑（20）	29镑（20）
赛兰格点铜				135元（100）	180元（100）	12.5元（100）	11元（100）	1.7元（100）
公平缫丝公司				94（100）	36（100）	10（100）	3（100）	
鹤峰铜矿	20	商办		177.5（100）	36（100）	20（100）		
中国玻璃股份				51.5（100）	80（100）	50（100）		
叭喇糖公司				43（50）	32（50）	15.5（50）	12（50）	14.5（50）
电报	80（万元）	官督商办		167.5（100）				65元（100）
顺德铜矿	20	商办		110（100）	70（100）			
驳船公司				109（100）	74（100）	50（100）	35（100）	
三源公司				51（50）				
新造纸公司				100（100）				
上海保险公司	50				31（50）	14.5（50）	23.25（50）	23（50）
旗昌浦东栈码头					90（100）		65（100）	98（100）
金州煤铁矿					46（100）	45（100）	58（100）	
池州煤矿	20	商办			20（25）	6.5（25）	11.5（25）	
沙岑开地公司					17（25）	7（25）	8.5（25）	1.5

续表

	资本（万两）	性质	1882年6月9日	1882年10月27日	1883年12月20日	1884年12月30日	1885年6月22日	1887年1月13日
荆门煤铁矿		商办			19（25）			
施宜铜矿	40				25（100）	35（100）	40（100）	
承德三山银矿		商办			30（50）	5.55（50）	5（25）	
白土银矿					55元（70）	5元（70）	7（70）	
徐州煤铁矿	50	商办			60（100）			
贵池煤铁矿		商办			13（25）	14.75（25）	14（25）	
火车糖					100元（100）	50元（100）	50元（100）	
烟台缫丝					125（300）	25（300）	50（250）	

注：1. 表中数字的单位，除标明"万两""元""镑"的以外，均为"两"。

2. 各栏中的数字，均为当时的市场价。括号中的数字为各公司各厂矿发行股票的票面价格，而且绝大部分都已按票面额收足，只有"上海保险公司"、"池州煤矿"和"沙岑开地公司"三家公司的数字较为特殊，这三家公司股票的票面额虽同为100两，但上海保险公司实际仅先收50两，池州煤矿和沙岑开地公司只先收25两，而且此后没有变化，因此这三家公司括号中的数字是实收额。

3. 括号中的数字，少数有前为两后为元的，也有前为元后为两的，这种情况均按照资料的出处未作变动。

4. 轮船招商局在1882年年底增发新股，每种新股价格为100两，1883年3月22日新股上市，故本表摘录的轮船招商局1883年12月20日的股价以及此后的股票价格均为新股价。

资料来源："资本"和"性质"两栏内容据孙毓棠《中国近代工业史资料》第一辑下册，科学出版社1955年版，第1166—1173页统计表和汪敬虞《中国资本主义现代企业的产生过程》文后"附表"，《中国经济史研究》1986年第2期。其余各栏据《申报》各该年数字。

从表1中，我们可以注意到这样几个基本事实：从速度方面看，1872年时，股份制企业只有轮船招商局一家，但到1887年时，在《申报》上公开登载过股票价格的企业数目已增至36家，如再加上上海平准股票公司和山东莒州矿务总局，则总数至少已达到38家。考虑到此前还从未有过中国股份制企业的事实，应该说这种增长速度还是相当快的，尤其是1882年6月到1883年年底的一年半中，股份制企业数目从10家增加到29家，增长速度相当惊人，可以说出现了一个小高潮。从分布领域看，这些股份制企业分属交通、能源、金融、纺织、保险、民生和各种矿业，分布领域相当广，特别是矿业，所占比例在 1/3 以上。从性质看，这些企业分属官督商办和商办两种类型。大体资本金数额大、性质重要且早期开办的企业多是官督商办企业，如轮船招商局、开平煤矿和织布局等均是官督商办性质。而商办的企业则以各种矿业为主。从资本金看，现在已列出的 14 家企业的资本金共达 774 万两，加上其他二十多家企业，资本金估计在一千万两上下大体不会有错。即使按一千万两计算，也是一笔不小的数目，它已相当于当时清政府全年岁入的七分之一至八分之一。① 也就是说，根据这张表，我们可以知道，19 世纪 70 至 80 年代的十余年时间里，中国社会中的资金流向出现了一种跟过去不同的新的变化，而这种资金流向的变化，又与中国早期的工业化息息相关。另外，我们还可以发现，这一期间股份制企业的股票价格经历了一个大起大落的过程，1882 年股票市场价格的牛气与 1883 年新型企业数目的迅猛增长之间必然有着某种联系。而 1887 年上市企业股票只剩下 12 家且价格低落的现象则不仅说明近代中国第一批股份制企业的兴办高潮已成过去，而且从某种角度证实这一期间中国整个社会结构和经济发展尚未能为股份制企业的成长准备好相应的条件。

这里还需说明的一点是，表 1 中列出的这批股份制企业，我们可以肯定大多数创办者是中国人，但并非完全由中国人创办，由于受史料限制，除自来水公司和电灯公司外，我们还无法弄清其他的并非中国人创办的企业的准确数量和资本金有多少。从已有的资料中，我们可以肯定的只有一点，即外国人创办的企业中也有中国人加入股份。例如《申报》1882 年 6 月 13 日的文章中就有"即西人创开之公司，华人亦有投入股份，并有因不得投入而心滋不悦者。

---

① 清政府 1885 年的全年岁入，也只有 77086466 两。见罗玉东《光绪朝补救财政之方策》，《中国近代经济史研究集刊》第 1 卷第 2 期，社会调查所，1933 年 5 月。

如自来水公司、电灯公司，华人皆欲入股"①的记载。但这种情况应该不会影响我们对近代中国股份制企业总体情况的考察，一来因为中国企业占绝大多数，且这些中国企业本身即是在向西方股份制企业学习的基础上创办的。二来因为我们下面介绍的不管是企业股票还是企业章程，都是以中国企业发行和制定的为前提条件的。

二 股票形制、股票内容与第一批股份制企业

在对中国近代第一批股份制企业的整体情况有了大致的了解后，下面我们有必要深入分析这些股份制企业的组织和运营情况。首先需要弄清这样一些问题，例如，在当时的社会环境条件下，成立股份制企业需要什么手续？有什么规定？股份制企业的股票有什么内容？通过什么途径或网络发行？又通过什么方式进行买卖？股份制经济作为一种商品经济和信用经济发展到一定阶段的产物，体现其权利的有价证券股票，其法律效用在当时是通过什么方式得以体现的？因为，在此前的中国社会中，开办工商实业的方式一般有两种：一种是"各出资本，各树旗鼓"即"独资"进行；另一种是"合伙"的方式，即部分有共同目的的人联合"合众力而成"。这种合伙方式的特点有二：一是规模不大，二是即使"合开一铺，合创一行"的时候，"股东皆须在场，以资稽察"。股东"或有不亲到场者，亦必令亲信人为之监察"，"断未有从未谋面而可以入股者。"②那么，在几千年相沿成习的情况下，在当时清政府尚未对股份制企业制定相应规则措施，也没有证券交易法等法律法规的情况下，中国的这些股份制企业在打破此前的惯例后是怎样解决这些问题的？分析和回答这些问题，对于深入了解近代中国的第一批股份制企业是不能也不应该回避的。

根据已有史料，我们知道，当时股份制企业在发行股票招商集

---

① 《劝华人集股说》，《申报》1882年6月13日第1版。
② 《劝华人集股说》，《申报》1882年6月13日第1版。

资时，刊刻发行的有关文件凭证有股票和存根（存根是企业在股东购买股票时，收到股东股款付给股东股票的同时留存的原始凭证），还有招股企业的"局章"、股折式和股份收银单。其中，股折式又称"息折"或"息折式"，是股东在购买了股票后从企业得到的今后领取"官利""余利"等股息的凭证。股份收银单是某些企业在发行股票时对股东采取分期收款方式，企业在分期收到款时开具给股东的相应收据，是一种临时性的凭证。当股东按企业规定交足了认股资金后，须上交所有的有关"股份收银单"，才能换得正式的股票。"局章"的主体是经过官方批复的"招股章程"，"局章"由企业在股东认股时随股票一并发给，这是股东了解企业、享受权利和承担义务的法律依据之一。①

作为股份制企业发行和股东持有的最重要的权利凭证——股票，由于年代久远和其他原因，原件能够留存到今天的已经相当少了。今天还能够看到的作为史料刊刻出版的股票影印件和临摹件，有两种已在上引卢伯炜的论文中提到过了。它们分别是1882年成立的徐州利国矿务总局②股票、存根和股折式，和光绪五年（1879）由北洋大臣李鸿章批准发行的湖北矿务总局股票和存根③。除这两种外，笔者还见过成立最早的同治年间的轮船招商局的股票、存根和息折式的影印件④。从冠以"轮船招商公局"字样的股票来看，这是轮船招商局成立初期即由朱其昂主持期间发行的股票，因1873年7月轮船招商局经过第一次改组由唐廷枢出任轮船招商局总办，唐廷枢作出的变动之一即是把"轮船招商公局"的名称改变成了"轮船招商总局"。⑤

---

① 参见卢伯炜《官督商办洋务企业股份票研究》，《苏州大学学报》（哲学社会科学版）1995年第4期。
② 该企业于1882年10月5日正式成立。见余明侠《徐州煤矿史》，江苏古籍出版社1991年版，第53页。
③ 陈旭麓、顾廷龙、汪熙主编：《盛宣怀档案资料选辑之二》，上海人民出版社1981年版。
④ 交通部财务会计局和中国交通会计学会编：《招商局会计史》上册，人民交通出版社1994年版。
⑤ 参见朱荫贵《国家干预经济与中日近代化》，东方出版社1994年版，第63、64页。

股票原件笔者只见过一份，即上面提到的 1885 年发行的山东莒州矿务总局股票。从 1899 年史料记载"至莒州，系属煤矿，亦因多年停废积水甚深……"① 来看，这家企业应是一家煤矿，而且后来经营并不很成功。

可能受最早成立的轮船招商局的影响，这四家企业虽然成立年份不同，但四份股票在形制、格式和行文内容方面都相当一致。如票面形制都很朴素，除文字和标题外，没有更多的图案装饰，文字四周用线条圈围，圈围出来的票面形状与清代过去流行的当票、煤窑的窑照和盐商的执照等几乎一样。显然，新型股份制企业的股票采用这种历经官方认可、又被社会熟知承认、具有法律效力的凭证和执照的形制，与从法律方面保障其有价证券性质的考虑分不开。它和下面介绍的股票文体中采用官方告示性语言，以及在操作方面的严格规定一起，构成了股票作为有价证券的法律依据。② 从股票的格式方面看，标题名称均由右往左横书，其余文字竖排。股票与存根为二联票，二者并排印刷。股票在左，存根在右，内容几乎相同，只是标题名称与行文中的个别文字有异。关于股票发行的有关规定和程序，最早成立的轮船招商局局规中有如下记载："本局刊立股份票、取息手折，股各收一纸，编列号数，填写姓名、籍贯，并详注股份册，以杜洋人借名。其股票息折，由商总商董会同画押，盖用本局关防，以昭凭信。如有将股让出，必须先尽本局，如本局无人承受，方许卖与外人，一经售定，即行到局注册。但不准让与洋人。设遇股票息折遗失，一面到总局挂号，一面刊入日报，庶使大众咸知。俟一月后准其觅保出结，核对补发。"③ 轮船招商局的这些规定，实际上为此后成立的股份制企业树立了"范本"，除"股各收一纸"即认购一股付给一张股票，以及遗失股票需补发的规定看来因烦琐或过分严厉而被修改取消外，其他的内容包括禁

---

① "中研院"近代史研究所编：《矿务档》，1960 年，第 1321 页。
② 这一点，请参见卢伯炜上引文。
③ 《交通史航政编》第一册，1935 年刊印，第 143—144 页。

止将股票卖给洋人的规定基本上都沿用了下来。

根据这些规定以及征诸史实，可知当时股东认购股份购买股票时，一般的程序是招股企业需分别在股票和存根的空白处填写相应文字，编上号码，加盖企业印章，然后从股票及存根之间，即自上而下地在骑缝文字中间处裁开，股票交给股东，企业留下存根以为凭据。从这四份股票看，骑缝文字由各个企业根据自己的情况决定，虽然轮船招商局和山东莒州矿务总局股票的骑缝文字只有一半，但依然可以辨认出轮船招商局的骑缝文字是"公字第　号壹股银五百两正"。山东莒州矿务总局股票的骑缝文字是"莒州矿务股票　字第　号"。湖北矿务总局股票的骑缝文字为"　字第　号收规银壹百两"。徐州利国矿务总局股票和存根虽然被分开影印成两份，但拼在一起仍然可以看出其骑缝文字为"矿字第　号　股银　两正"的字样。应该说这些骑缝文字的内容是大同小异的。

在这四份股票中，轮船招商局的股票是发行时间最早的。山东莒州矿务总局股票是这四份股票中文字最多，反映内容最丰富的。为了对当时发行的股票及其内容形式有更加清楚的了解，这里以轮船招商局股票和山东莒州矿务总局股票为例进行一些具体的介绍。现先将轮船招商公局股票影印件的文字全文照录如下（标题及骑缝文字略，标点符号为笔者添加，下同）：

　　轮船招商公局　为给股份票事奉　直隶爵阁督部堂李　奏准设局招商，置备轮船运漕揽载，札饬商办等因在案。当经本局议定召集股银壹百万两，分作千股，每股银壹千两。先收银五百两，每年壹分生息，闰月不计，另给息折。期至八月初一日，凭折给付。如本股出让，须遵定章办理，毋许私相授受。倘有故违，一经查出，即将本股停息，俟缴票到日，给本销册，以昭慎重。今据送到股本，合给联票壹纸、息折一扣、局章一本收执。须至股份票者。

　　　今收到　　　省　　府　　县人　　壹股豆规银五百两正

同治　　年　　月　　日给　　　商总商董（此处竖排并列——引者注，下同）　　　第　号

山东莒州矿务总局股票的原件为雕版印刷件，长 30 厘米，宽 20.5 厘米。边框和形状与其他三种股票同。股票因年代久远，纸质已显暗黄，字迹虽略显浅蓝，仍然清晰可辨。全文如下：

　　山东莒州矿务总局为发行股票事　　案查莒州矿务于光绪七年三月蒙前山东抚院周　奏明试办，奉　　旨允准在案。现禀蒙　北洋大臣李山东抚院周（此处竖排并列）批准召集商股续行开采。计每股收银壹百两，先收一半银五拾两。有愿做半股亦听其便。以壹万五千股为足额。如果银已敷用，其下余之一半即不续收。并以收足股份之日为始计足一年，不计闰月，每股支给壹分利息，谓之官利。如有余利，亦于每年是日查照章程照股均分。除将办理章程刊刻通俾众周知外，今据　　系　　省　　州县（此处并列）人，即日交银　两，作为　　股。合行发给股票息折收执为据。届期即持此股票息折赴就近之局支取利息可也。须至股票者。

　　再查矿务系内地贸易，与通商买卖不同，应援照各局定章不准外国人入股。如有将此股票息折卖与外国人，或质押与外国人及外国人所开之银行洋行者，此股票息折即作为废纸，合并声明。

　　光绪十一年　　月　　日　　经收人　　字第　　号

分析这两份股票，再结合徐州利国矿务总局和湖北矿务总局的两份股票，可看出这些股票都共同包含以下四个方面的内容：第一，首先开宗明义表明该企业何时何地得到何级政府批准，即首先强调其合法性的不容置疑；第二，说明其为何设局发行股票以及以多少银两为一股，共召集多少股等股票发行的具体内容；第三，告知股

息分配的相应规定，即何时开始计息、股息的数额、何时发放及如何领取；第四，收到股东购股银后付给股东凭证的相应规定。即"今据送到股本，合给联票一纸、息折一扣、局章一本收执"或"合行发给股票息折收执为据"。比较而言，轮船招商局股票正文的明显特点有二：一是每股的金额数特别大，"一百万两分作一千股，每股银壹千两，先收银五百两。"（根据股票看，发行时是以每股五百两发行，直到唐廷枢、徐润接手后改为每股100两。）二是对股票的转让特别注重，规定较为严厉。山东莒州矿务总局的股票在这四份股票中发行时间最晚，其中历经1883年年底金融风潮的打击，因而出现了"愿做半股，亦听其便"的字样，看来这是当时招股不易状况的反映。"官利""余利"的字样明确印到股票上，看来也是以强调高收益分配的方式来吸引投资。该股票还把防止股权转移到外国人手中的相关规定明确标示到股票上，比轮船招商局停留在局规上又进了一步，想来是当时实业救国的意识比过去更加强烈的反映。除了这些特点之外，这四份股票包含的四方面内容顺序完全相同，内容也基本一致。因此，可以认定这四份股票是近代中国第一批股份制企业所发行股票的典型或代表。

首先，从股票正文反映的内容看，当时招股集资兴办股份制企业，除要获得当地督抚的批准外，还要获得北洋大臣或南洋大臣的批准，轮船招商局和山东莒州矿务总局甚至还标有"奏准"和"奉旨允准"的字样，可见并不容易。其次值得注意的是，这几份股票每股的单位数额都很大，轮船招商局每股五百两，其余都以一百两为一股。从表1反映企业数较多的1883年12月20日的栏目中看，29家企业中每股股价票面额定为100两或100两以上的就有18家，可见这是一种普遍现象。但是这样一来，企业总股数的数量都不可能大。轮船招商局按每股五百两计算总股数只有二千股。湖北矿务总局在资本总数定为十万两的情况下，总股数只有一千股。徐州利国矿务总局"分作五千股"。山东莒州矿务总局的总股数最多，也只有一万五千股。另外还需注意的是，这四份股票都规定了每年的股息比例。轮船招商局的股息是"每年壹分生息",湖北矿务总局是"按年八厘起息",山东莒州矿务总局股票说得更清楚:"计足一年,不计闰月,每股支给壹分利息","如有余利……照股均分"。徐州利国矿务总局虽然在股票上只标明"俟见煤铁之后,所得余利按股均分",但在《申报》1883年1月14日刊登的"徐州利国矿务招商章程"中,关于股息分配的第四条却明确规定:"每届一年结算一次,先提官利壹分,下余花红银两,以二成酬劳办事诸人,八成按股均分。"① 另外,现在能够找到的当时企业发布的招商章程中,差不多都有分配固定股息的具体规定。如开平矿务局招商章程第六条中有"即将每年所得利息,先提官利一分,后提办事者花红二成,其余八成仍按股均分。"上海机器织布局招商章程中有"官利照禀定章程周年一分起息"的规定。上海平准股票公司的章程中规定"本公司股本官利议定长年一分"②。山东登州铅矿的招商章程中同样有"长年官利一分"的规定。③ 这种现象很值得注意,因为一般股份制企业通行的规则,是股票收益应视企业的效益如何而定,而不能事先规定固定的利息率。规定利率的现象,一般只存在于债券的发行中。可在中国第一批股份制企业发行的股票中,却都明确规定了利息率,而且绝大部分是不管企业效益如何都必须发给的"官利一分"。值得深思的是,这种现象并非仅仅存在于19世纪七八十年代出现的这些第一批股份制企业中,在笔者收藏的两份清末民初四川川汉铁路的股票中,同样有"以交银之次日起息,满年六厘计算"的规定。在20世纪30年代和40年代股份制企业的规章制度中,相当部分企业仍然有这样的规定,只不过将"官利""余利"的名称改变成了"股息"和"红利"。④ 这种现象说明了

---

① 《申报》1883年1月14日第3、4版。
② 《申报》1882年9月28日第3版。
③ 上引均见孙毓棠编《中国近代工业史资料》第一辑下册,科学出版社1955年版,第630、1044、1121页。
④ 参见王相秦编著《华商股票提要》,上海兴业股票公司,1942年,以及吴毅堂编《中国股票年鉴》(1947年)所附对各股份制企业的介绍。

什么问题，是不是在学习西方股份制企业制度的同时根据中国国情作出的"变革"，很值得进一步研究。

在当时的交通、信息和金融条件下，这些股份制企业是通过什么途径招商集股筹集资金，又是通过什么方式进行股票买卖的呢？在我们探讨近代第一批股份制企业时，这些问题同样是不能忽略的。因为，发行市场和买卖市场对于股份制企业筹集资金和顺利营运的重要性不言而喻，在一个刚刚兴起而政府并没有发挥多少作用的领域里更是如此。从这个角度观察，根据现有资料，我们发现，在股票的发行方面，至少有三种方式在发挥作用。一种是通过人际关系游说或人与人之间利益关系进行的招募或推销，这种方式在早期即企业的收益前景不明朗时显得尤其重要。如经元善"溯招商开平股份，皆唐（廷枢）徐（润）诸公因友及友辗转邀集"[①] 的说法，就是对这种情况生动典型的总结。上海机器织布局经办者之一、翰林院编修戴恒赴广东招募到股份 290 股，想来也与人际关系分不开。[②]第二种是利用分布于各地的钱庄票号和轮船招商局在各地的分局作为股银的代收点。如开平矿务局章程中明确载有"所有股份银两，可就附近各口岸交招商局代收。总合天津平色为准，以昭划一"[③] 的规定。上海机器织布局因为"各埠来信询问交银不便，是否别处可以代收，庶易于就近挂号"的原因，从而在《申报》上刊登了委托代收银两代售股票的钱庄票号名称和绅商姓名的启事："本局现将挂号册寄托各埠绅商，代为存根填发。所交五成银两，俟各埠汇申，本局收到后，掣给收票为凭。"上海机器织布局委托的这些钱庄票号和"各埠绅商"，包括国内几十个城市的钱庄票号、洋行、洋药局、官银号等机构。在香港、澳门、长崎、横滨、新加坡等地也设立了代理点。[④] 第

---

① 虞和平编：《经元善集》，华中师范大学出版社 1988 年版，第 287 页。
② 参见《申报》1881 年 1 月 13 日、1881 年 2 月 11 日，"江苏上海机器织布局挂号股份收到五成银两"第一单、第二单。注：戴子翁即戴恒。
③ 参见孙毓棠编《中国近代工业史资料》第一辑下册，科学出版社 1955 年版，第 630 页。
④ 见孙毓棠编《中国近代工业史资料》第一辑下册，科学出版社 1955 年版，第 1048、1049 页。

三种方式是登报公开招募。如上海机器织布局曾几次登报招股,并五次公开将招股情况刊登于《申报》。① 经办人经元善认为,"凡公司起始,招股存银创建缔造,无一不可登报以昭大信。"他曾回忆此事道:"今之登报招徕,自愿送入者从此次始。初拟章程招四十万,后竟多至五十万,尚有退还不收。"② 需要注意的是,这三种方式并非各自独立进行,而常常是并行不悖的。在上海机器织布局的招股过程中这三种方式就都存在过。至于股票的买卖,从上引资料中已可看出,钱庄和票号在其中扮演着重要角色,洋行、洋药局、官银号等机构也能从事股票的买卖。"股本银两遴选殷实钱庄交易"③,应是当时存在的普遍现象。除此而外,这一期间还出现过专门以买卖股票为业的上海平准股票公司,因拙文《近代上海证券市场上股票买卖的三次高潮》④ 中对此已有过论述,此处即不再赘述。

三 从企业章程看第一批股份制企业

一般来说,企业章程是一个企业开办宗旨和办事大纲的汇聚及规定,是决定企业性质、组织方式和经营方针的纲领性文件。近代中国的第一批股份制企业在开办之前,均要向清政府禀报开办企业的原因、开办的条件、开办的方针、集资的方式以及企业的内部组织和规定等种种事项,以求得政府的允准。在得到政府的允准后,还要将汇聚上述内容的章程文件呈报政府审批,审查通过后,才可以面向社会招商募股,正式开始企业的营运。

综合考察当时这些企业的章程,可以看出以下几方面是其共有的内容:

其一,开办目的的说明。显然,这些近代企业开办时的 19 世纪

---

① 分别见《申报》1881 年 1 月 13 日、2 月 11 日、4 月 30 日、6 月 5 日和 1882 年 5 月 18 日。
② 虞和平编:《经元善集》,华中师范大学出版社 1988 年版,第 288、287 页。
③ 《申报》1882 年 9 月 28 日第 4 版。
④ 《中国经济史研究》1998 年第 3 期。

七八十年代，距两次鸦片战争已有二三十年时间，这一期间，一方面洋货大量进口，侵蚀瓦解着中国原有的经济结构和基础，导致中国利源大量外流。另一方面外国势力日益深入中国内地，开矿、行船、办企业等掠夺中国资源、渗透把持中国经济命脉的活动和现象，日益唤醒激发起中国爱国人士自立自强的决心和行动。郑观应"欲攘外，亟须自强，欲自强，必先致富；欲致富，必首在振工商"① 的看法，在当时具有相当的代表性。因此，这些近代股份制企业的章程中，差不多都包含有"开利源、塞漏卮、争利权"的内容。这不仅代表了这些经营者的真实想法，同时也是这些企业用以向民间宣传，争取民众支持购买股份集聚资金兴办企业的重要手段。如轮船招商局的兴办者唐廷枢、徐润认为："自置轮船揽运货物，以收利权，此正富国便商之要务也。"② 在宣传兴办开平煤矿的重要性时指出："夫取天地之利，济民生日用之需，寰中之宝藏已兴，海外之漏卮渐塞，诚属富强要术，远大宏猷。"③《徐州利国矿务招商章程》第一条即强调该局兴办，"系为开利源塞漏卮，兼为徐郡养民弭盗，裨益地方起见"④。《上海机器织布局招商集股章程》中也明确把与洋人争利作为目标："各国所出之布，行销于中国者，每岁不下三千万两，财源日以外溢，有心世道者患之……本局专织洋布，是所分者外洋之利，而非小民之利……"⑤

其二，强调商办原则。这些企业从性质上看尽管有官督商办和商办的区别，但在章程中，无一例外都把商办原则置于十分重要的位置。在唐廷枢和徐润主持期间制定的轮船招商局章程中，首先即强调轮船招商局"归商办理"，鉴于此前并无这种先例，为减少可能由此带来的麻烦，他们不得不接着进行了一番表白："查商人践土食

---

① 郑观应：《盛世危言后编》"自序"。
② 《交通史航政编》第一册，1935年刊印，第147页。
③ 参见孙毓棠编《中国近代工业史资料》第一辑下册，科学出版社1955年版，第623页。
④ 《申报》1883年1月4日第4版。
⑤ 《申报》1880年10月13日第2版。

毛,为国赤子,本不敢于官商二字,稍存区别。惟事属商办,似宜俯照买卖常规,庶易遵守。"① 开平矿务局的章程中同样明确表示:"查此局虽系官督商办,究竟煤铁仍由商人销售,似宜仍照买卖常规,俾易遵守。所有各厂司事,必须于商股之中选充,方能有裨益事。"② 上海机器织布局也在章程中声明:"事虽由官发端,一切实由商办,官场浮华习气一概芟除,方能持久。"③ 官督商办的企业尚且如此,商办的企业就更不用说了。如徐州利国矿务总局的章程中明白无误地表明:"矿务以减少成本为首要。一应事宜概照商人买卖常规,撙节核实办理,不得稍涉靡费,以重商本"。"一切工作事宜,均以中国商民为之","此项矿务不请官本,概照商股办理"。④

其三,对招股事项的有关规定。由于这些企业是打破过去惯例面向社会招股集资,因此,消除投资者顾虑获取信任十分重要。为此,这些章程对招股的具体事项均作出了明确规定。其中,上海机器织布局的章程最为清楚典型:"其股份仿照招商章程,每股规银一百两,共集四千股,计银四十万两。除禀明南北洋钦宪酌拨公款外,在局同人共集二千股,尚余二千股。所望海内达官富绅,同心集事,自一股至百千股,各从所便,数满而止。将来酌添机张,或需加本,亦必布告周知,先尽旧股。所有股份银两认定后,先交五成,出给收票,本局存稳当钱庄生息,备购地、定机等用。俟机器到有定期,全数交足,掣换股票、官利息折,不得迟延。至于请洋匠、定机器、购地基,总以股份集满收齐五成然后举办,方免贻误。万一股份不齐,事机中辍,先收之五成银两并息,均由本局如数付还,<u>丝毫不爽</u>。"⑤ 这段话把投资者如何投资、企业如何运用资金、如何保管、如果企业办不成时资金如何退还等等都作了清楚的说明,目的显然是消除投资者的顾虑。从这里也可以看出,为获取投资者的信任,

---

① 《交通史航政编》第一册,1935年刊印,第145—146页。
② 孙毓棠编:《中国近代工业史资料》第一辑下册,科学出版社1955年版,第629页。
③ 孙毓棠编:《中国近代工业史资料》第一辑下册,科学出版社1955年版,第1043页。
④ 《申报》1883年1月14日第3—4版。
⑤ 孙毓棠编:《中国近代工业史资料》第一辑下册,科学出版社1955年版,第1043页。

这些企业的经办者是经过深思熟虑的。这种情况，也程度不同地存在于其他企业的章程中。另外，在今后扩大企业规模时"先尽旧股"的许诺，在开平矿务局、上海平准股票公司、徐州利国矿务总局等企业的章程中都能见到，这除了显示一种对老股东的优惠照顾外，同时也可以看成是一种吸引投资的手段。在前述股票上载明"官利一分""余利按股均分"的内容，在这些章程中同样都有明确记载，这和其他吸引投资的内容结合在一起，构成这些近代第一批股份制企业招股方式的共同特点。

除了以上这些共有的内容外，在当时留存下来的为数并不是很多的企业章程中，有两家明确载有得到官方批准专利的条文，上海机器织布局的是："又经通商大臣批定，'嗣后有人仿办，只准附股入局，不准另行开设'。"① 徐州利国矿务总局章程的条文是："各处官绅士民只能附入股份，不得因现成之基，另请设厂设炉，以保商本而归划一。"② 可见当时在学习"西法"创办股份公司的时候，中国的这些企业已经有了专利的概念，并知道通过官方对专利寻求保护了。如果说，了解专利并知道利用专利保护自己，是当时中国这些股份制企业向西方学习的结果，那么，在章程中规定给予大股东派遣亲信进入企业任职之权可能就是这些企业自己的创造了。开平矿务局的招商章程中载明："议股大任重，准派司事也。查股份一万两者，准派一人到局司事。其能当何职，应受薪水若干，由总局酌定。若其人不称职，或不守分，任由总理辞退，仍请原人另派，以昭平允而免误公。"③ 徐州利国矿务总局的招商章程中也有与此内容几乎完全一样的条文规定。推测出这种规定的原因，或许是企业为吸引大股东投资，因而从保护大股东的利益出发，使其可以派亲信参与企业运作，起到监督企业的作用，从而增强有资力者的投资信心和吸引资金。但这种规定，则显然超出了西方股份制企业的模式，

---

① 孙毓棠编：《中国近代工业史资料》第一辑下册，科学出版社1955年版，第1043页。
② 《申报》1883年1月14日。
③ 孙毓棠编：《中国近代工业史资料》第一辑下册，科学出版社1955年版，第630页。

明显带有中国特色了。

四　结语

从以上这些对企业股票、章程的分析来看，这些"仿西人之法"① 兴办的近代中国第一批股份制企业，在把公司资本分为若干等额的股份，通过发行股票向社会公开集资，所发股票可自由买卖，可按所持股票获取股息等方面，确实是"仿"了西方人的"法"，具有了一般意义上的股份公司的特点；也确实在一定程度上打破了过去"狭隘之规则"，办起了一批中国从未有过的规模宏大的近代机器工业。但是，西方股份制企业普遍具有的另外一些特点，这些企业却并没有"仿"。例如，作为股份制企业，其性质是有限还是无限？股东权利的明晰化是股份制企业重要的原则之一。即股东除按持有股份的多少相应承担企业的风险和收益外，还应有对企业经营情况的知情权、监察权和重大事项的决定权。这些权利在西方股份制企业中，一般通过设置和建立股东大会、监事会等机构得以实现。但中国这些企业没有一家设置这些机构，章程中也没有一家提到这些内容。股东权利的体现除了获取"官利一分"以及在有"余利"时分得相应的一份收益外，参与权和监督权都无从谈起。只有大股东即持有一万两以上白银股份的股东可派一人到企业任职，似乎能代表大股东对企业起到一定的监督作用。也就是说，广大中小股东的权利还只停留在获取"收益"方面。这也正是这些企业自己独特的地方。此外，传统的"合伙"制的影响和痕迹也依然可见。

明清时期存在于手工行业中的"合伙"制，其最明显的特点就是解决手工工商企业个人资金不足与生产发展规模之间的矛盾。它不仅普遍存在陶瓷、农产品加工业、采煤、井盐和矿业中，而且通过契约逐渐制度化。② 在四川井盐业中，"合伙"制不仅普遍存在，

---

① 《申报》1882 年 6 月 13 日第 1 版。
② 参见徐建青《清代手工业中的合伙制》，《中国经济史研究》1995 年第 4 期。

而且发展到相当成熟的程度，以至有的研究者认为应将其称为"中国契约股份制"。① 仿照"西法"成立的中国近代的股份制企业之所以比较容易被社会接受，应当说与中国社会中早就存在"合伙"制有一定的关系。但是，这种"合伙"制的影响并不局限于此。譬如，中国近代股份制企业每股票面金额大，股份总数不多导致股东总数不多的情况也应该与"合伙"制的影响有关。因为在"合伙"制比较成熟的四川井盐业中，据研究，"合伙"的股东人数"最高尚未见超过 40 人者"。② 这也许是出于便于管理的缘故，也可能与当时行业的规模相适应。但这种影响的痕迹在这些近代股份制企业的成立过程中也得以显现。如上海机器织布局开始计划招 4000 股，但 4 个发起人就认购一半达 2000 股，③ 只留 2000 股向社会招募。在招募过程中又明确号召"海内达官富绅，同心集事，自一股至百千股，各从所便，数满而止"。假如这时出现几个大股东，则股东总数不会多就是必然的了。显然，每股股票的票面金额定在 100 两，实际上就是不希望过多的人参与集股。而 1 万两以上大股东可派人到企业任职的规定，与前述"合伙"制两个特点之一的（股东）"或有不亲到场者，亦必令亲信人为之监察"④ 的传统相比，也使人产生一脉相承的感觉。

综合种种方面看，中国近代第一批股份制企业的特点可以说是传统与近代、中国与西方的混合体，它们的出现和存在客观上证明了一个道理：经济的发展是一个渐进的过程，即使是变革，继承和延续也常常存在其中。

（原载《历史研究》2001 年第 5 期）

---

① 参见彭久松、陈然《中国契约股份制概论》，《中国经济史研究》1994 年第 1 期。
② 参见彭久松、陈然《中国契约股份制概论》，《中国经济史研究》1994 年第 1 期。
③ 据《申报》1880 年 10 月 16 日《书机器织布招商局章程后》所载，戴子辉、蔡嵋青、龚仲仁、李韵亭 4 人"各先认股五万两为之初基"。
④ 《申报》1882 年 6 月 13 日第 1 版。

引进与变革:近代中国企业官利制度分析

近代中国,是一个中西相撞、变动剧烈而又新旧杂陈的时代。其中,经济领域中的变动尤为明显。1872年,轮船招商局在上海成立营运,标志着一种中国历史上未曾出现过的、面向社会"招股集资""合众力以成"的新型企业组织形式——近代股份制企业在中国开始出现。此后,这种从"泰西"引进的企业组织形式在中国逐渐得到了推广。但引人注目的是,像许多别的向西方学习和从西方引进的事物一样,它在中国出现时,同样也打上了中国式的"印痕",出现了与西方股份制企业不同的"变革"。在利益分配方面实行的官利制度,就是这种"变革"的典型一例。

关于官利,以往在对中国近代企业制度和民族资本企业进行的研究论著中时有涉及,但关注点大多集中于该制度对企业负担的增加和对民族资本积累的影响。也有专文对晚清时期的官利制度,官利制度与中国公司筹资等问题进行过探讨。[①] 本文拟在前人研究的基础上,进一步对该制度的特点、产生的原因、延续七十多年的状况进行全面考察,重点分析中国社会中导致其产生、普遍存在和延续,也就是导致其产生"变革"的种种因素。希望这种分析,能够从一个侧面加深我们对产生这种制度的近代中国社会经济结构的认识。

---

① 参见邹进文、姚会元《近代股份制的"中国特色"之一——试论清末股份企业的"官利制"》,《中国经济史研究》1996年第4期;张忠民《近代中国公司制度中的"官利"与公司资本筹集》,《改革》1998年第3期。

一 近代中国普遍存在官利制

一般来说,股份公司面向社会招股集资兴办企业时,购买企业股票的股东和企业之间形成的关系,是风险共同承担、利益共同分享的关系。这种关系在利益分配时的体现,是股息视当年利润的多少而定,盈利多则分红多,盈利少则分红少,股息率视利润的多少而上下浮动,并不固定。但是,近代中国存在的官利分配制度,却与这种一般股份制企业的分配方式不同。

"官利",又称"官息",也称"正息""股息""股利",与"余利""红利"对应称呼。它的特点在于:其一,不管是谁,只要购买了企业的股票成为股东,就享有从该企业获取固定利率——"官利"的权利,而不管该企业的经营状况如何。其二,这种固定的官利利率一般以年利计算。其利率虽因企业情况和行业领域不同而有差异,但大体在19世纪七八十年代是年利1分,清末一般在8厘,20世纪二三十年代降低到6厘。因为必须支付官利,所以企业年终结账,不是从利润中提分红利,而是先派官利,然后结算营业利益。不足,即谓之亏损;有余,则再分红利(红利在这里被称为余利或直接称呼红利)。其三,只要股东交付股金,官利即开始计算。虽工厂尚未建成开工,铁路尚未建成开车,官利也需支付。由于企业在没有利润的情况下也需支付官利,所以常常"以股本给官利",或"借本以给官利"。[①] 由于官利具有这些性质,所以股东与公司的关系,就不仅仅只是单纯的企业投资人的关系,而是投资人又兼债权人。股票的性质,也不只是单纯的证券投资,而是兼有公司债券的性质。

从现有史料中,笔者尚未找到近代中国为何实行"官利"分配方式的说明,也没有找到解释"官利"之所以称为"官利"的史

[①] 《大生崇明分厂十年事述》,参见《张謇全集》第三卷"实业",江苏古籍出版社1994年版,第209页。

料。但是，从"官利"分配方式一般都明确刊载于企业章程，甚至某些企业的股票上也明确刊载，而企业章程在清代需经南北洋大臣审查批准，重要企业甚至需经皇帝御准，民国时期同样需经政府有关部门批准来看，也就是说，都要经过"官"的审查批准这一点来看，笔者推测，"官利"的意思就是"经过官方审查批准的利率"之意，目的是要向外界公开宣布，这种利率受官方法律保护，是正式和有保障的，以便于增强社会信用，得到社会的认可和支持，实现招揽社会资金兴办企业的目的。

显然，这种官利制度，与西方股份制企业实行的股息视利润多少而定的分配方式，有着明显的不同。但是，这种官利分配制度，却是整个近代中国股份制企业中普遍实行的分配制度。

据笔者接触的史料，1872年成立的中国第一家股份制企业——轮船招商局首开"官利"分配制度之先例，此后直到1947年出版的《中国股票年鉴》记载的相当部分企业中，都可以找到实行"官利"制度的明确记载。也就是说，这种与西方股份制企业分配方式不同的"官利"制度，至少在中国存在了75年之久。①

1872年成立的轮船招商局，在其发行的股票上明确刊载"当经本局议定，招集股银壹百万两，分作千股，每股银壹千两，先收银五百两，每年壹分生息……"的字样。② 次年轮船招商局的第一届帐略结算中，就有"所有股本，概发官利，长年一分，此外所有盈余，仅二千一百余两，故无从酌提花红"的记载。第六届帐略中对前六届官利的派分有"总共六年已派利六分，与开办章程相符"的总结。1882年轮船招商局决定增加资本，"乃决定再招股本银一百万两，合成二百万两股本"。增招资本的办法是："凡旧股一股得再入一股股本，限光绪八年年底交清，仍按交银之日起计算官利。再第九届

---

① 之所以说"至少"，是根据常理推断，1947年至1949年这种制度仍会延续，但因暂无史料证明，因此称"至少"。

② 参见交通部财务会计局和中国交通会计学会编《招商局会计史》，人民交通出版社1994年版，第187页。

发官利一分，余利一分，旧股东附新股者除此次官利余利不收外，只需再找出银八十两，便可领百两股票一纸"。①

自"招商局开其端"②后，这种新型的企业组织形式在中国逐渐得到了认可和推广，19世纪80年代前后开始，这种新型的股份制企业数量明显增多。③从当时留存下来的文献看，绝大多数企业的招股章程和发行的股票中都有关于官利的明确记载。如开平矿务局招商章程的第六条中有"即将每年所得利息，先提官利一分，后提办事者花红二成，其余八成仍按股均分"的规定。④《申报》1883年1月14日刊登的《徐州利国矿务招商章程》中，关于分配股息的第四条中有内容几乎完全相同的规定："每届一年结算一次，先提官利壹分，下余花红银两，以二成酬劳办事诸人，八成按股均分。"上海机器织布局招商章程中有"股本宜提官利也。今集股四十万两，官利照禀定章程周年一分起息，每年共计九八规银肆万两"的规定。山东登州铅矿的招商章程中有"收银之日起，先行派分庄息，俟熔炼发售之后，长年官利一分，并找足以前庄息不敷一分之官利"⑤的规定。上海平准股票公司的章程中同样规定有"本公司股本官利议定长年一分"。⑥

引人注目的是，这一期间兴办的新式企业特别是官督商办企业中的官款或官股，在利益分配上与商股相同，也实行官利制度。如轮船招商局开办时从直隶练饷局借用官款制钱20万串，"名为官本，公家只取官利，不负盈亏责任，实属存款性质"。⑦但也有稍示区别的。如1896年张謇创办南通大生纱厂领用折旧官机时，与江宁商务

---

① 见《国民政府清查整理招商局委员会报告书》及《新报》，转引自聂宝璋编《中国近代航运史资料》第一辑下册，上海人民出版社1983年版，第972、975—977页。
② 《中国股分极宜整顿说》，《申报》1883年10月21日。
③ 参见朱荫贵《近代上海证券市场上股票买卖的三次高潮》，《中国经济史研究》1998年第3期。
④ 参见孙毓棠编《中国近代工业史资料》第一辑下册，科学出版社1955年版，第630页。
⑤ 上引见孙毓棠编《中国近代工业史资料》第一辑下册，科学出版社1955年版，第1044、1121页。
⑥ 《授录平准公司章程一十八则》，《申报》1882年9月28日。
⑦ 《交通史航政编》第一册，1935年刊印，第269页。

局签订的合同中就明确规定:"商务局将南洋纺织局现有纱机四万七百余锭,连同锅炉引擎全副,作为官本规银五十万两。大生招集商本规银五十万两,……合计成本规银一百万两,按每股一百两,作为一万股,官商永远合办。逐年获利,按股均分;如有亏折,亦按股摊认,利害相共,两无异说。"在这里,在官利的分配上官本与商股相同,但是在余利的分配上官本对商股还稍示优待:"逐年所得利息,除按每股提付通年官利八厘外,余利议自开厂之第一第二第三年,凡官股应得之余利均缓提交,全数存厂贴补厂中添购机件。缓至第四年起至第七年止,再将前三年积存余利匀分四年带缴。至第四年起,官股应得余利,仍逐年随同官利提缴。"① 广东自来水公司的情况也与此类似,"广东自来水公司开办三年,垫付股本官息,为数不赀,现又公议以宣统元年以前为创办年分,官股暂不支息,宣统二年起,官商一律照支。此项暂不支息之官股,俟公司获有盈余,再匀作六年分还"。这种做法的动机,据说是"公家不苦子息,此则与商业整顿之中,仍寓官力维持之意"。②

　　成立于1890年的汉阳铁厂,是一家官办企业。1896年因资金困难转为官督商办性质。在汉阳铁厂转为官督商办时的招商公告中,督办盛宣怀明确宣布汉阳铁厂分配方面的规定是:"自入本之日起,按年提息八厘,余利一年一派"。1908年该厂性质又为之一变,由汉阳铁厂、大冶铁矿和萍乡煤矿合并组成完全商办性质的"汉冶萍煤铁厂矿公司"。在其改为完全商办公司的招股章程中,同样有"本公司不论优先、普通,长年官息八厘,均于次年三月给发","除官息及各项开支外,结算尚有盈余,是为红利,作三十成开派"的明确规定。③ 这家

---

① 张季直先生事业史编纂处编:《大生纺织公司年鉴(1895—1947)》,江苏人民出版社1998年版,第9页。后因招股不易,次年张謇和盛宣怀议定分领此项官机,除官本改为二十五万两外,其他约款未变。

② 《1909年两广总督袁树勋奏》,见汪敬虞编《中国近代工业史资料》第二辑下册,科学出版社1957年版,第1014页。

③ 湖北省档案馆编:《汉冶萍公司档案史料选编》(上),中国社会科学出版社1992年版,第131、236页。

企业，是晚清企业中体制变动较大的一家。但是，在其体制的两次变动中，关于官利和余利的分配制度均没有发生变化。在现在能够找到的当时留存下来的企业招股章程中，还没有发现没有官利规定的情况。"官利制度显然是这个时代的通行制度，各公司无不如此"。[①]看来，严中平先生对棉纺织行业企业进行研究后得出的这个结论，同样适用于这个时代的其他公司。

引人深思的是，近代中国历经晚清、北洋和南京国民政府三个时期，但是，政治体制发生的变化，并没有对官利制度产生什么明显的影响。从晚清到民国，这种制度一直延续下来。这里可以交通银行为例进行一下观察。成立于1907年的交通银行，是近代中国重要的一家银行。在1949年之前的42年中，该行先后由清政府邮传部、北洋政府财政部和南京国民政府财政部核准颁布过5次章程。这5次章程每次颁布，内容都有相应的调整变化，但是，不管其他内容有多大变动，官利分配方面的规定均变化不大，基本相同。这里不妨将有关官利分配制度的规定进行一下比较：1907年（光绪三十三年十一月初四日）清政府邮传部奏颁的交通银行章程第十六条规定："该行所集官商股本，定为常年官息六厘，半年结算一次，年终结帐一次。先分官息，如有余利，汇结得有实在数目，除公积、花红外，余按入股之迟早均分。"1925年8月交通银行奉交通部转咨财政部核准备案的章程第五十五条规定："本银行股利定为六厘。"第五十六条规定："纯益中除提公积金及付股利外，尚有盈余作为十成分配，以一成为特别公积金，六成为股东红利，三成为行员酬劳金。"1928年11月交通银行奉财政部核准备案的章程第六十四条规定："本行股利每年正息六厘"，第六十五条规定："净利中除提公积金及付股利外，尚有盈余作十成分配，以三成为行员酬劳金，余为特别公积金及股东红利，由行务总会议定之"。1935年6月交通银行奉财政部核准备案的章程第六十七条规定："摊派股利依交通银行

[①] 严中平：《中国棉纺织史稿》，科学出版社1955年版，第145页。

条例第六条及第七条之规定,官股每年正息五厘,商股每年正息七厘。其摊派次序先付商股股利,后付官股股利"。第六十八条规定:"净利中除提公积金及付股利外,如尚有盈余,作十成分配,以三成为行员酬劳金,余为特别公积金及股东红利,由行务总会提交股东总会议定之。"1944年2月财政部令交通银行修正的章程关于分配的第六十七和第六十八条规定,与上述1935年的章程规定完全相同。① 从上述交通银行章程关于官利分配的有关规定中可以看出,在官利的名称、官利的利率、官商股官利的多少和余利的分配方式方面,几次章程的规定有某些不同,但在官利始终存在、官利先于余利分配等基本方面,政治体制的变动对其没有明显影响则是可以肯定的。

还需提请注意的是,进入民国以后,这种官利制度不仅得以延续,还在国家颁布的法规中正式出现。例如,1914年北洋政府颁布的《公司条例》第186条规定:"公司开业之准备,如须自设立注册后,二年以上,始得完竣。经官厅许可者,公司得以章程订明,开业前分派利息于股东";"前项利息之定率,不得超过长年六厘"。② 此后,1929年和1946年修订的公司法都保留了这一有关"官利"的规定,只不过1929年的《公司法》将年利降到了五厘,③ 1946年的《公司法》只载明了公司可在营业前分配股利的条款,而删去了具体的年利率规定。④ "官利"在有关股份公司的法规中出现,使官利制度具备了一定的法律依据,给官利制度的存在和延续提供了相应的法律保障。

但是,民国时期特别是20世纪三四十年代的官利制度与晚清时期相比,也出现了一些变化。这些变化主要表现在以下几方面:

其一,官利和余利的名称有所变化。"我国公司常于章程上规定

---

① 参见交通银行总行和中国第二历史档案馆编《交通银行史料·第一卷(1907—1949)》,中国金融出版社1995年版,第173、206、215、225、234页。
② 沈家五编:《张謇农商总长任期经济资料选编》,南京大学出版社1987年版,第47页。
③ 转引自上海市档案馆编《旧中国的股份制》,中国档案出版社1996年版,第300页。
④ 参见沈祖炜主编《近代中国企业:制度和发展》,上海社会科学院出版社1999年版,第54页。

每年支付股利之定率,名曰官利,或曰股息。设某年获利甚巨,除支付定额官利外,尚可支付额外股利,此项额外股利,名曰红利"。①"官利"名称虽在1947年出版的《中国股票年鉴》一书中还可见到,但已较为少见。三四十年代后,"官利""余利"的提法大多已改称为"股息"和"红利"。

其二,公司章程中仍然有派分官利的规定,但同时也出现了当企业无盈余时不得把股本作为股息派发的明确规定。如1927年上海济南泰康罐头食品有限公司章程中规定:"本公司股本官利定为长年八厘,如无盈余,不以本作息"。1931年浦东商业储蓄银行股份有限公司章程中规定:"本银行股息定为常年八厘,但无盈余时不得提本充息。"1934年大中华橡胶兴业股份有限公司章程中规定:"本公司股息定为长年八厘。红利之分配规定于本章程第三十九条。惟公司无盈余时,不得以本作息或分派红利。"②

其三,《公司法》和公司章程中虽有关于官利利率的规定,但法律效用却有逐渐弱化的趋势。"章程中有官利率之规定,其作用至多不过在公司理财上予公司当局以某种规范,使其每年分发股利,应努力维持此项定率,在获利丰厚之年,不使过分超过此项定率以发给股利,而于营业衰落之年,则又应酌量情形,拨提原已积存之盈余,以维持此项定率,是亦为平均股利之一种手段与标准而已"。③因此,在30年代末期至40年代的股份制企业中,我们可以看到有官红利合并计算发给的现象,有同一企业几年中股息出现变动高低不等的记载,也有极少数企业出现未发股息的记载。④

虽然官利制度出现这些变化,但这些变化没触及也没有改变官利的根本性质。30年代后期变动较大的现象,看来与抗日战争全

---

① 王相秦编著:《华商股票提要》,上海兴业股票公司,1942年,第188—189页。
② 参见上海市档案馆编《旧中国的股份制》,中国档案出版社1996年版,第341、358、369页。
③ 王相秦编著:《华商股票提要》,上海兴业股票公司,1942年,第189页。
④ 参见王相秦编著《华商股票提要》,上海兴业股票公司,1942年,以及吴毅堂编《中国股票年鉴》(1947年)所附各企业情况介绍中"股息"栏的内容。

面爆发有直接关系,1947年出版的《中国股票年鉴》的记载中,官利发放与30年代末期相比较为正常就是证明。

但无论如何,官利制度作为一种分配方面的通行制度,在近代中国股份制企业中普遍存在了70多年应是没有疑问的。那么,导致这种分配制度在近代中国普遍存在和长期延续的原因是什么呢?

二 官利制度在近代中国出现和长期延续的原因

通过上文的分析,我们可以清楚地知道,官利制度是普遍存在于近代中国股份制企业分配方面的一种制度。当近代中国股份制企业筹设开办,需要面向社会筹集资金时,不得不面对的"国情"之一,就是这种事先需要作出承诺,并在利益分配时给予保证的官利制度。显然,这种制度是西方新型股份制企业组织形式引进中国时,中国社会给其打上的一种颇具中国特色的"印痕"。

那么,为什么会出现这种制度呢?一般来说,一种制度得以存在,必然有使其得以存在的种种原因,也必然受制于当时社会环境和经济结构的种种规定性。官利制度的存在也不例外。从根本上来说,官利制度的存在,是由近代中国社会资本较为缺乏,是一个高利贷社会的性质所决定。众所周知,传统中国社会资金的流向是土地、高利贷、旧式商业和房地产业。金融机构和民间的放款利率都很高,1899年,张謇在筹设大生纱厂资金困难时被迫向钱庄借贷,而钱庄的贷款月息高达一分二厘就是一例。[①] 时隔30多年,1933年济南银行业的放款仍然高达月息一分九厘又是一例。[②] 而且,这种贷款的高利率现象并非存在于一时一地,而是近代中国较为普遍的现象。据日本人1910年的一份调查,中国23个主要城市金融机构的放款年利率如表1所示:

---

① 参见大生系统企业史编写组《大生系统企业史》,江苏古籍出版社1990年版,第16页脚注3。
② 吴承禧:《中国的银行》,商务印书馆1934年版,第58页脚注1。

表1　　　　　　中国各地金融机构放款年利率　　　　　单位：厘

主要地区	放款年利率	主要地区	放款年利率
营口	9.6	沙市	12.0
北京	6.6—12.0	宜昌	12.0—18.0
天津	8.4—9.6	重庆	10.0—12.0
芝罘	10.0—20.0	南昌	11.0
上海	7.2—9.6	宁波	6.0—8.4
汉口	9.6	福州	8.0—20.0
镇江	8.4—9.6	厦门	10.0—25.0
南京	12.0	汕头	12.0
芜湖	12.0	温州	15.0—30.0
九江	9.6—18.0	广州	18.0—36.0
长沙	9.6—11.0	梧州	12.0—15.0
湘潭	6.0—7.2	平均	12.5—14.8

资料来源：转引自汪敬虞编《中国近代工业史资料》第二辑下册，科学出版社1957年版，第1016页。

从这份调查表调查的23个城市来看，1910年时中国金融机构放款年利最低的为6厘，最高的为3分6厘，"其平均利率在12%至14%，与欧美各国比较起来看，其利率之高，实在惊人"。[①]

遗憾的是，使调查者惊叹的调查结果，时隔二十多年同样没有改变。1933年，中央研究院社会调查所对银行放款给南方七省纱厂的年利率进行调查，其结果有如表2：

表2　　　　中国各地纱厂向银行借款所负之年利率　　　　单位：%

地区	最高	最低
上海	12	6
通、崇、海	11	7
无锡	10.8	7.8

---

① 据东亚同文会的调查报告，1900—1908年英、法、德三国的放款年利率为2.13%—4.59%。

续表

地区	最高	最低
武汉	12	8
其他（包括太仓、宁波、萧山、济南、青岛、九江、长沙等地）	20	6

资料来源：吴承禧：《中国的银行》，商务印书馆1934年版，第58页。

原表还有一个说明，"据我们所知，银行的放款，其取息高至二分的固然少见，但低至七八厘以下的亦实属罕有，大抵均在10%—12%。"也就是说，中国社会中金融机构放款利率经过二十多年后，基本没有变化，仍然维持着相当高的水平。当然，银行放款利率高，又是由存款利率高决定的，20世纪30年代中国的"通商大埠，活期存款的年息，普通仍在四五厘之间，定期存款，一年的多为七厘，二年八厘，亦有高至一分左右的"；"存息既然如此之高，则银行为获得利润起见自然不肯赔贴利息，牺牲成本而以低利与民族工业者相周旋"[①] 就成了必然的结果。但是，中国近代社会的官利制度，却在这种高利贷社会条件下出现、延续并直接影响近代中国新式企业的创办和发展。

一般而言，决定工业投资大小的根本因素，不仅仅是社会资金的绝对数量，还有社会资金的流向。当地租、商业高利贷剥削收入在近代中国社会经济生活中占据支配地位的时候，要想改变社会资金的流向，要想社会资金投到工业上来，就有相当的难度。因为高利贷统治着近代中国的资金市场，高利贷的利息水平自然就决定投资者对投资近代新式股份制企业的态度。

"中国人组织公司、企业时，首先在章程上规定每期支付若干股息，把这叫做'官利'，无论营业上盈亏，都是必须支付的。官利的利率一般为7%—8%至10%。盈利较多的年度，除付给官利、付给职工奖金尚有节余时，则在官利之外另给红利"。这种情况，"反映

[①] 吴承禧：《中国的银行》，商务印书馆1934年版，第60页。

了中国市场利率还很高,中国在运用资本时所追求的利润高度,也可由此推知。中国人在其企业上最少也要要求不小于市场利率的利益"。"因此,投资人与此相比,要求很大的利息,……不支付较高的股息,便难募到资本","必须事前规定官利的保证,然后招募股本才有可能"。① 这些看法,是日本调查者站在圈外的评论。

1909年两广总督袁树勋为广东自来水公司给清廷的上奏中说:"按照定律,公司未有盈余,不得移本作息,然吾国风气未开通,各省商办实业,公司自入股之日起,即行给息,以资激劝,而广招徕",此种做法"属不得已之办法"。②

张謇在创办大生纱厂招股集资的过程中,亲身经历了筹集资本金的种种困难,1914年,他在就任农商总长后向政府提出的奖励工商业法案中,对于官利制度存在原因的看法是:"吾国利率常在六厘以上,银行钱庄定期贷付之款,有多至九厘或一分以上者。各种公司招股,有定为官利七厘或八厘者,此无它,市场之情势然也。"因为"不发官利,则无以动投资者之心"之故。③

可见,近代中国资金市场上普遍存在的高利贷,是官利制度必然产生的根本前提。在近代中国,要成为企业家,要面向社会筹集资金兴办近代企业,面对的社会现实,就是这种普遍存在的高利贷利率。要改变社会资金的一般流向,改变传统的投资途径,使出资者愿意把资金投向新式企业,把资金投向对他们来说还是新的、不熟悉而又有一定风险性质的事业时,只能在当时社会环境规定的条件下,靠自身作出一定的调整和适当的修改,否则不仅无法改变社会现状,反而会使自己的目标根本没有实现的可能。

其次,官利制度之所以得以在近代企业中普遍存在和长期延续,

---

① 转引自汪敬虞编《中国近代工业史资料》第二辑下册,科学出版社1957年版,第1011、1015、1016页。

② 《申报》1909年12月25日,转引自汪敬虞编《中国近代工业史资料》第二辑下册,科学出版社1957年版,第1014页。

③ 张謇:《向国务院提议奖励工商业法案》,参见沈家五编《张謇农商总长任期经济资料选编》,南京大学出版社1987年版,第18页。

还与中国企业特殊的资金筹集和运作方式有关。一般而言,企业在经营过程中,仅以自有资本为范围,局限在狭小规模和框架内活动的企业极为少见。借入资金,乃为公司理财政策方面常见之举措。从英美等资本主义各国情形看,企业借入资金的来源,不外商业信用、银行放款、商业票据、公司债券等数项。但是,近代中国企业的资本结构和资金筹集方式由于国情迥异、金融资本市场尚未完善等缘故,与欧美等国有很大的不同,其中,"尤以收受存款一项为唯一之特色"。中国近代"普通之公司商号皆自行吸收存款,以为资金之调节","其历史悠久基础厚实者,存款在运用资金中所占之地位亦更见重要"。① 第一家股份制企业轮船招商局在创办和经营过程中,除借用大量官款外,还吸收和运用大量公私存款就是明显之一例。

表3　　　　　轮船招商局借款构成(1873—1893年)　　　单位:两,%

时间	官款		私人往来				
	金额	占总计比重	绅商存款	往来存款	保险股款	小计	占总计比重
1873—1874年	123023	100.00					
1874—1875年	136957	21.08	465354	47284		512638	78.92
1875—1876年	353499	24.58	238328	646530	200000	1084858	75.42
1876—1877年	1866979	57.73	335776	681333	350000	1367109	42.27
1877—1878年	1928868	50.50	1472404(两项合计)		418430	1890834	49.50
1878—1879年	1928868	61.52	624088(两项合计)		582632	1206720	38.48
1879—1880年	1903868	62.28	533029(两项合计)		619849	1152878	37.72
1880—1881年	1518867	57.96	1101662(三项合计)			1101662	42.34
1881—1882年	1217967	34.43	2319545(三项合计)			2319545	65.57
1882—1883年	964292	28.92	2370345(三项合计)			2370345	71.08
1883—1884年	1192566	52.52	1078286(三项合计)			1078286	47.48
1886年	1170222	53.93	82641	316827	600000	999468	46.07
1887年	1065254	56.60	24525	292453	500000	816978	43.40

---

① 陈真编:《中国近代工业史资料》第四辑,生活·读书·新知三联书店1961年版,第60、59页。

续表

时间	官款		私人往来				
	金额	占总计比重	绅商存款	往来存款	保险股款	小计	占总计比重
1888 年	793715	55.97	20175	304126	300000	624301	44.03
1889 年	688242	54.60		272293	300000	572293	45.40
1890 年	90241	12.02		360318	300000	660318	87.98
1891 年				485490	200000	685490	100.00
1892 年				464825	200000	664825	100.00
1893 年				345735		345735	100.00

注：1. "往来存款"：包括钱庄信贷和个人存款。其中 1875—1876 年度钱庄贷款为 613238 两，个人存款为 33292 两；1876—1877 年度钱庄贷款为 593448 两，个人存款为 87884 两；其余各年帐略上并未分别载明。

2. "保险股款"：指保险招商局和仁和保险公司之股本存款。

资料来源：轮船招商局各年度资产负债表和损益计算书。转引自张国辉《洋务运动与中国近代企业》第 171 统计表，中国社会科学出版社 1979 年版。

实际上，吸收存款的现象并非始自轮船招商局，在中国，这种工商企业吸收存款的现象有着悠久的历史渊源。据刘秋根教授在《明清高利贷资本》一书中的研究，早在明清时期，经营"存款"这种金融业务的现象就已在中国社会中普遍存在。除典当、钱庄、票号等金融机构经营存款外，"也有一般工商店铺如盐店、布铺、米铺、杂货铺、珠宝铺等兼营的存款"，甚至"一些在地方家产殷实且经济信用较好的财主有时也接受他人寄存，并付给薄息"。"从存款客体来看，既有各级官府，也有各类社会性团体如宗祠、会社等，更多的则是私人家庭和个人。从存款的具体内容看，既有按期提息，用于种种专项用途的基金性质的存款，也有因工商经营、日常生活消费而引起的以寄存和生息为目的的存款。"①

显然，这种现象到了近代并没有改变，而是顺理成章地运用到中国近代的股份制企业中。不仅轮船招商局吸收存款，其他企业吸

---

① 参见刘秋根《明清高利贷资本》，社会科学文献出版社 2000 年版，第 138、139 页。这些存款的利息高低不一，根据不同情况有月息 1 分的，也有年息 1 分以上的，见同书第 141 页。

收存款，就是到了20世纪二三十年代，这种现象仍然持续存在，并有进一步发展的趋势。譬如，1928—1929年，上海的一般公司，甚至"有设立存款部，公开登报招揽存款者"，以至于当时的研究者认为，"吸收存款为我国企业界特异之现象"，但是，"其运用几普及于各种企业及工商组织"。[①] 1940年，有学者对1932—1939年上海、浙江等9地的10个行业100家企业的资本构成情况进行了调查统计，其中，借款及个人存款在这些企业中的构成情况及所占百分比如表4：

表4　1932—1939年100家企业自有资本与借款及存款之占比

资本等级	家数（家）	自有资本		借款及存款		总数（元）
		金额（元）	占比（%）	金额（元）	占比（%）	
300万元以上	24	184302146	59.76	124129983	40.24	308432129
100万—300万元	31	56977706	62.33	34440045	37.67	91417751
50万—100万元	22	15114091	50.07	15071933	49.93	30186024
50万元以下	23	5812824	54.38	4876572	45.62	10689396
合计	100	262206767	59.49	178518533	40.51	440725300

资料来源：转引自陈真编《中国近代工业史资料》第四辑，生活·读书·新知三联书店1961年版，第62页。

从表4可知，借款及存款在这些企业中普遍存在，不仅数量大，接近于企业的自有资本，而且与企业的行业和资本额的多少都没有明显的关系。显然，这种企业吸收存款付给利息的制度长期广泛地存在，必然形成一定的社会习惯和规范，制约着近代企业的创办人和投资者，必然使得近代企业创办时，不得不遵循和参照以往的商事习惯。在一般的投资者看来，购买股票投资近代企业，与把资金寄存于企业相比，同样是把资金的使用权进行了转让，那么，获取相应的利率回报正是理所当然。企业经营得好，另有红利再好不过；

[①] 陈真编：《中国近代工业史资料》第四辑，生活·读书·新知三联书店1961年版，第59、61页。

如经营得不好，固定的利息是断不可少的。从这个意义上看，"官利"又称"官息""正息"，正是对其性质恰如其分的表述。

另外，股票的转让和变现不易，应该说在某种程度上也强化了官利制度存在的必然性。我们知道，股份制企业与独资和合伙等企业组织形式相比，有其自身的明显优越性，但是，这些优越性得以正常发挥，需要有证券交易所和银行的相互配合。证券交易所和银行的存在可使股票作为有价证券的流通属性得到正常发挥，并能激活资金的运转，增大资金的效用，使其循环转运于市面，使金融活泼无阻滞。但是，中国第一家银行成立于1897年，比第一家股份制企业——轮船招商局的成立晚了25年，第一家证券交易所成立于1918年，比轮船招商局的成立更晚了将近半个世纪。在这种情况下，中国近代企业的股票无论是转卖还是抵押，其不便和困难的程度可想而知。这种不便，还因企业自身的种种规定而更为加重。我们可以举交通银行的规定为例：1907年清政府批准的交通银行章程第三十二条规定："如商股东欲将股票卖给或让与他人，须由原主函知该行核准，再行通知本人，将卖给或让与之契据，两造签名画押，连股票送至该行登注股份总册，并由该行人员于后面格内签字画押。此外有执持股票来行自称股东者，该行均不承认，惟认曾经注册者为实在股东。"[①] 在这种种不便的情况下，投资者如果连些少官利也拿不到，又怎会有积极性向股份企业投资呢？

由以上这些分析可知，西方股份制企业在引进中国时，中国社会的高利贷性质、历史上形成的商事习惯以及社会各部门走向近代化的步伐不一等，必然使得这种西方股份制企业的组织形式难以一成不变地应用于中国，而会使其产生与中国相适应的变异。官利制度的出现和存在，就是当时中国资本市场环境条件的派生物。它既可以说是无奈之举，也可以说是近代中国企业家为向社会筹集资金、适应社会环境而不得不进行的一种主动的"变革"。

---

① 交通银行总行和中国第二历史档案馆编：《交通银行史料·第一卷（1907—1949）》，中国金融出版社1995年版，第176页。

三 如何评价官利制度

但是，正因官利是近代中国高利贷资本市场条件下的派生物，正因官利具有"自入股之日起，即行给息"、"且股息固定"的性质，因而，官利制度必然加重近代中国股份制企业在创办期的资金紧张状况，导致"以股本给官利"或"借本以给官利"现象的出现，也必然加重企业在今后发展过程中的利息负担。因此，官利制度具有的这些性质，也就决定了在以往的研究中，大都对其持否定态度。例如，以对张謇创办的大生企业集团的研究为例，有的学者在研究中就认为，官利制度减少了大生"企业的资本积累，增加了企业的困难"，是大生企业集团衰落如此之快的根本原因之一。[①] 另有学者认为，"它对企业的正常发展影响极为恶劣"，"严重影响企业素质的提高"，"严重影响了大生纱厂扩大再生产的规模，日益蚕食大生资本的积累"，"从内部蛀空了大生纱厂"。[②] 还有的学者认为，"官利制的最大弊端在于扭曲企业制度，……尤其是利润分配问题，直接导致企业实施'有利尽分'政策，祸害企业无穷"。[③]

确实，大生纱厂在筹办的44个月中，资金极度紧张，多次使大生纱厂到了夭折的边缘。创办者张謇曾自称到了"仰天俯地，一筹莫展"的地步。在资金如此紧张的情况下，除"应归入成本"的费用外，"用去不返者止五万余"。其中，必须发给的"各股官息"即占"一万七千余"，[④] 合1/3强。这个事例，就是官利分配制度在企业筹办期加重企业负担、加剧资金紧张状况的典型一例。

---

① 参见《论张謇——张謇国际学术研讨会论文集》，江苏人民出版社1993年版，第362页。
② 参见《论张謇——张謇国际学术研讨会论文集》，江苏人民出版社1993年版，第189、190页。
③ 参见《近代改革家张謇——第二届张謇国际学术研讨会论文集》（下册），江苏古籍出版社1996年版，第733、734页。
④ 《承办通州纱厂节略》，载《张謇全集》第三卷"实业"，江苏古籍出版社1994年版，第14页。

那么，作为当事人的张謇又是怎么看待官利制度的呢？在《大生崇明分厂十年事述》中，张謇有一段话比较典型地表明了他对这个问题的看法。在对崇明分厂开工六届的帐略说略进行总结时，他说："未开车前，专事工程，无从取利，即以股本给官利。自甲辰至丁未三月初四，共付官利九万一千四百七十余两。开办费所谓九万六千五百四十余两，非纯费也，官利居多数也。开车以后，虽始营业，实则失利，乃借本以给官利。计自丁未三月初五至戊申年终，又付官利十二万三千七百九十余两。而两届之亏，十二万零五百五十余两，非真亏也，官利占全数也。凡始至今，股东官利，未损一毫，递迟发息，则又利上加利。"在笔者接触到的史料中，官利制度对企业开办期加重资金负担和企业营运的不利影响，以张謇的这段总结最为典型和清楚。但就在这样的情况下，令人深思的是，张謇依然对有人提到国外没有官利制度即"有谓泰东西各国商业，获利若干，皆以本年营业为准。赢利若干，即派利若干，提奖若干，无所谓官利，即无所谓余利"这一点不表赞同，他说，"各国自有习惯，有他国之习惯，乃有他国之公例，乌可以概中国？"接着他说的一句话，可谓对官利制度在近代中国存在的客观必然性，起到了画龙点睛的解答作用："且亦赖依此习惯耳。否则资本家一齐猬缩矣，中国宁有实业可言？"①

显然，一种制度得以存在，必然有使其存在的社会基础、条件和要求。当社会上存在多种投资途径的时候，在"追逐利润是资本天职"的市场经济规律的作用下，拥资者必然会作出对自己最可靠和回报率最高的选择。事情十分清楚，在整个社会已形成高利贷投资环境的条件下，当"不发官利，则无以动投资者之心"时，社会的现实是：不接受官利，就根本不可能筹集到兴办企业的社会资金。因此，从这个角度出发进行分析，我们就不难理解张謇"且亦赖依此习惯耳。否则资本家一齐猬缩矣，中国宁有实业可言？"的感叹背

---

① 《大生崇明分厂十年事述》，载《张謇全集》第三卷"实业"，江苏古籍出版社1994年版，第209页。

后所隐含的内容了。

当然，这里同时需要说明，官利作为一种社会存在，是一种利益比较后的选择，在当时的社会中有其客观必然性和一定的合理性。而改变这种制度，也并非一人一厂单独行动所能奏效，需要从整个国家和社会经济制度方面入手。因此，张謇虽然发出上述感叹，但并不表明他不同意改变官利制度。实际上，1914年，当他就任农商总长后很快推出的《公司保息条例》，正是他力图利用国家权力对企业实行"保育"，希望利用国家的财力给企业3年筹办期以补助，改变企业在筹办期因无利润而使企业家创办企业热情低落、工商业难以发达的状况，这是他试图改变官利制度的一种尝试。他在《与财政部会拟保息条例给大总统呈文》中说："凡民间集股结合公司，三年之内，多不能获利，以现今金融之耗竭，利率之腾贵，使投资者三年之间，无利可收，则群情观望，企业者无所借手，商业之隆，盖无可望。"因此，"今以保息之法，由国家指定的款，专备保息之用，民间能结合公司资本达若干万元以上者，每年给予若干元，以为其资本之息。冀投资者对于将来，有无穷之希望，对于现在，又有自然之收入，庶几集股较易，而公司之成立较多，公司当三年之内，不须剥蚀资金，以应股本之息，则发达较速"。① 然而，由于北洋政府财政极度困窘，张謇制定并极力想推行的这项措施，并未得以实行，官利制度也依然得以延续。

当然，对于能够存在并延续70多年的一种经济制度，我们在看到其存在的必然性和具有一定合理性的同时，还应当注意其多方面的影响，而不应当将注意力仅仅局限在资金领域。譬如，由于官利制度存在而导致的股东对企业主持者约束力的弱化，就很值得我们关注。一般来说，按照正常情况，拥资者购买股票成为某企业的股东后，与该企业之间便形成了利益相同利害与共的关系。为保证股东投资获得回报，制度上对企业主持者有相应的种种规定。如企业

---

① 参见沈家五编《张謇农商总长任期经济资料选编》，南京大学出版社1987年版，第16页。

经营的大政方针有股东会和董事会等参与决策，有监事会和查账员对企业主持者进行监督和检查等。可由于官利制度的存在，却弱化了上述这些关系，弱化了股东对企业的关注和监督。"从股东方面来看，他们所关心的只是如何收受股息，对于企业的经营并不感兴趣，只考虑股息愈大愈有利，毫不关心企业的经营情况如何。其结果，必然使得中国的公司、企业基础不稳固。这种制度一天不改变，中国的公司、企业便不可能有稳固的发展"。① 在对欧美考察归来之后，梁启超对中国股份制企业分配方面的评论是："凡公司必有官利，此实我国公司特有之习惯，他国所未尝闻也……故我国公司之股份，其性质与外国之所谓股份者异，而反与其所谓社债者同。夫持有社债券者，惟务本息有着，而于公司事非所问，此通例也。我国各公司之股东，乃大类是，但求官利之无缺而已……以其官利有着也，则习而安之。"② 张謇主持的大生纱厂在成立十二年以后才召开第一次股东会，张謇在会上所说的"历届虽有说略、帐略奉报，然始终不知厂在何处、作何状者，股东中殆十居八九"③ 的情况，虽可能有其特殊的原因，但应该说并非个别现象。

显然，在近代中国产生的官利制度，是一种利弊共生的结合体。我们尽可以从其利或弊的方面找到例子。但是，如果跳出这个思维框架，从更深的层面思考，我们可能会发现更多的东西。譬如，从官利制度在近代中国产生以及普及延续的状况看，传统社会经济体制结构的影响和制约力量决不能漠视。它的存在和潜移默化的作用，往往导致某些东西发生变异，尤其是外来或引进的事物，更容易产生变异。但是，中国社会经济结构中的内在动力，是否能，或者说怎样与外来的有优越性的东西结合，应当更多地吸引我们的注意和

---

① 转引自汪敬虞《中国近代工业史资料》第二辑下册，科学出版社1957年版，第1012页。
② 梁启超：《敬告国中之谈实业者》，《国风报》1910年第27期，转引自上海市档案馆编《旧上海的证券交易所》，上海古籍出版社1992年版，第269页。
③ 张季直先生事业史编纂处编：《大生纺织公司年鉴（1895—1947）》，江苏人民出版社1998年版，第85页。

考察，因为，有生命力的经济模式，必然是最适合国情的模式。

总之，笔者认为，对于存在达70多年的这种经济制度的认识，不能简单地停留在给其下一个价值判断上，我们更应当关注的，是使其产生的社会经济结构、使其得以生长的历史文化土壤，是这种长期存在的经济制度对今天的潜移默化的影响，① 对这些因素进行探讨，可能会使我们的研究更加富于时代的意义。

（原载《近代史研究》2001年第4期）

---

① 尤其20世纪80年代改革开放后，在东南沿海一带的乡镇企业的筹资活动中，重新出现与历史上"官利"制度极为相似的"保息分红"等筹资分配方式，就很值得人们关注和深思。

中国近代股份制企业的特点

——以资金运行为中心的考察

近些年对中国近代股份制企业的研究日益受到学术界的关注,[①]这既与社会科学研究整体深入相关,也有改革开放后国有企业改革改制的推动因素。

1872年轮船招商局成立后,股份制逐步发展演变成中国近代企业的主流形式。[②] 回顾和研究这段历史,难以回避的问题是:这种新型的企业制度在中国运行和发展,是否受到过中国传统经济因素的影响或吸收了中国经济运行的要素?显然,回答这个问题,并非只有学术上的意义,当前中国国营企业的股份制改革改造,也必然可以从中得到有益的启示。

从本质上来说,股份制是一种资本的组织和运行方式。因此,资金的运行和变化最能反映出股份制企业的特点。从经济发展的角度出发,可以发现中国近代股份制企业在资金运行方面有着十分明显的特点。

[①] 这里所说的近代股份制企业,一般具有以下几种主要特点:得到政府批准、有章程、面向社会公开发行等额股票筹集资金、股票可以买卖、是法人组织等。这方面的研究既包括学者的多篇专题论文,也包括专门的史料集如上海市档案馆编《旧中国的股份制》(中国档案出版社1996年版),等等。

[②] 据刘大钧等人20世纪30年代调查,"大多数之工业皆由独资及合资经营,此二者在全国共占63%,而股份公司仅占25%"。(转引自陈真编《中国近代工业史资料》第四辑,生活·读书·新知三联书店1961年版,第19页)另据南京国民政府主计部统计局编印的《中华民国统计年鉴》(1948年)第15页数字,1928年1月至1947年6月止,全国各省区历年登记设立的公司总数为8088家,其中股份有限公司达6283家,占登记总数的77.7%,每家平均实交资本达5454.57万元,均占各类公司登记数的第一位。可见随着时间的推移,股份公司在中国近代企业发展趋势中已逐渐占据主流地位。

一 对政府进行"报效"

顾名思义,"报效"是指某些地位低的个人或集团向地位高的个人或集团所做的无偿贡献或贡赋。股份制企业在中国近代出现后,具有的第一个特点,就是需要对政府进行"报效"。

总体看,晚清时期中国的股份制企业数量并不是很多,且大多采取"官督商办"的体制。企业对政府的报效,大体可以分为三种类型。

第一种是成立时就已经明确为股份制企业的类型。这种类型的企业向晚清政府进行报效的状况可以轮船招商局、漠河金矿和电报局为代表。表1就是这三家企业对晚清政府报效资金的情况统计。

需要说明的是,由于外国列强在华轮船企业的竞争和国内社会环境的严酷,轮船招商局成立后很长一段时期股本难招,内外债务压力沉重。尽管如此,当经营状况有所改善后,在所借官款尚未归还完毕的1890年,[①] 就不得不向政府进行报效了。电报局和漠河金矿分别成立于1882年和1887年,这两家企业也都是在成立两年后的1884年和1889年就开始报效的。

表1   轮船招商局、漠河金矿、电报局报效晚清政府资金统计

年份	轮船招商局	漠河金矿	电报局	备注
1884			17250—66666	见说明3
1885			17250—66666	
1886			17250—66666	
1887			80450—129866	见说明4
1888			63200	
1889		9000	63200	

---

① 参见《国民政府清查整理招商局委员会报告书》下册(原书非公开出版物,故无出版年及出版地,1891年帐略"经济概况"栏中有"局中原欠官款,至本年年底悉已还清。唯尚欠汇丰原本五十三万五千零,保险局二十万,往来帐四十八万五千零……"的记载,由此可知轮船招商局所借清政府的官款,在1891年年底才还清。

续表

年份	轮船招商局	漠河金矿	电报局	备注
1890	20000	9000	63200	
1891	100000	15000	63200	
1892		12000	63200	
1893		15000	63200	
1894	55200	108000	63200	
1895		396300	63200	
1896	80000	300000	63200	
1897	80000		63200	
1898	80000	97094	63200	
1899	140000	163847	116533	
1900	150000	21860	116533	
1901	140000		116533	
1902	194800		116533	
1903	80000			
1904	110000			
1905	85500			
1906	105500			
1907	85500			
1908	85500			
1909	85400			
1911	11000			

注：1. 统计表中数字的单位，轮船招商局和漠河金矿的单位为银两，电报局的为墨西哥银圆。

2. 为简明起见，表中列出的数字，都是企业各项报效数字的合计。如轮船招商局1904年的报效数字，是当年轮船招商局向南洋公学、北洋公学、北洋兵轮、商部和其他地方报效数字的总和。

3. 这里出现两种数字，是因为有最高和最低两种估计的缘故。

4. 这年数字偏大的原因是，该年是清政府规定一等官报免费和一等官报半价的交替年份。这里可能有重复计算，因而数字偏大，但并不影响对报效现象的总体观察。

5. 漠河金矿的报效数字截至1900年，是因为这一年俄国趁八国联军侵华之机，派兵占领了漠河金矿，直到1906年才撤军，以后的情况不明。电报局1902年以后的报效情况限于资料缺乏，不详，但据盛宣怀1908年宣称，电报局在此前的5年间又报效了20多万两白银（见盛宣怀《愚斋存稿》第23卷，1939年，电奏，第27页）。

资料来源：轮船招商局的数字见朱荫贵《国家干预经济与中日近代化》，东方出版社1994年版，第130—131页。漠河金矿的报效数字见何汉威《清季的漠河金矿》，载香港中文大学《中国文化研究所学报》第八卷第一期，1976年12月。电报局的数字见［美］费维恺《中国早期工业化》，虞和平译，中国社会科学出版社1990年版，第262页，统计表20。为简明起见，这里的数字均是从上引资料中经过合计处理后的统计数字。

第二种是成立时是官办企业,后在经办过程中改变性质吸收商股成为股份制企业的类型。这种类型的企业,清政府除了在改制时对其中官款的归还明确规定外,同时对报效也有明确规定。

汉冶萍煤铁厂矿公司是这种类型企业中典型的例子。汉冶萍煤铁厂矿公司的前身汉阳铁厂原是官办,后因经费困难加上官费难筹,遂由湖广总督张之洞奏准清政府于1896年吸收商股改为商办。清政府在批准将其改为商办时,对过去官办时期已经花费的官款"库平银5586415两","概由商局承认,陆续分年抽还"。具体做法是,"俟铁路公司向汉阳铁厂定购钢轨之日起,即按厂中每出生铁一吨,抽银一两"的办法,"将官本数百万抽足"。与此同时,又明确规定,在官本还清以后,"仍行永远按吨照抽,以为该局报效之款"。① 这种报效方式并非首创,而是沿用了此前清政府对电报局和上海机器织布局的某些规定和做法。

电报局在成立前,先由李鸿章派盛宣怀在天津设电报总局,另在紫竹林、大沽、济宁、清江浦、镇江、苏州、上海等处设分局,由北洋军饷筹垫费用,从1881年4月开始架设电线,准备在电线建成后仿照轮船招商局章程,招集商股,采用官督商办方式经营,并分年缴还此前清政府垫借的官款。此后1881年电线架设完竣,12月投入使用。1882年年初,盛宣怀和郑官应受清政府委派邀集商人筹议章程,议定于1882年4月起将电报总局改为官督商办股份制企业。对于此前清政府垫借的官款,则规定从1882年5月起,先归还官款六万两,以后在五年内分期续缴二万两,免计利息。剩余官款垫款(约九万八千余两)则以军机处、总理衙门、各省督抚及出使大臣的洋务、军务电报作为头等官报,将其应收的电报费"陆续划抵"剩余官款垫款,② 待将垫借的官款归还完毕,"别无应还官项"之时,"则前项官报",仍然"毋庸给资,以尽(商人)报效之忧……"③

---

① 《张文襄公全集》奏议第47卷,中国书店1990年影印本,第1册。
② 参见张国辉《洋务运动与中国近代企业》,中国社会科学出版社1979年版,第234页。
③ 《李文忠公全集》奏稿第45卷,1908年石印本。

上海机器织布局在经过多次波折于1890年投产后,1893年即因火灾被焚。事后清查该局官私股本及债款约计110万两,但火灾后所余机器、地基和所存花布等项合计不过值40余万两,损失达70余万两。① 李鸿章事后在恢复纺织厂的计划中,除了准备在上海再建立一个"官督商办"的纺织厂外,还计划在上海、宁波、镇江等地"招集华商分设十厂",将上海机器织布局"被焚无着各款"的损失,采取"悉归以后商办各厂,按每出纱一包提捐银一两"的办法,"陆续归交"。②

可见,上述这种类型股份制企业不仅要承担报效清政府的责任,还要承担此前企业官办或有官款垫借时遗留下来的债务和损失。

如果说清政府要求以上这两类企业报效,是因为这些企业在开办和发展的过程中,曾得到过清政府垫借资金和某些特权优惠的话,③ 随着时间的推移和社会条件的变化,此后某些仅仅要求清政府给予其开办权的股份制企业,也被要求报效,并把有无报效条款和报效额的多少作为批准企业开办与否的主要前提。这种企业可视为近代股份制企业报效政府的第三种类型。这种类型的企业主要出现在1895年《马关条约》签订后。以中国通商银行和内河小轮船企业的申请开办最具典型性。

1896年10月,盛宣怀上奏清政府准许开办中国通商银行并呈送开办章程22条,清政府总理各国事务衙门在批复此章程的回文中,就公开责问:"又第九条报效国家之款,于每年拨给八厘官利并公积花红以外,按十成分派,以二成报效,试问国家能得几何?自应于官利花红之外,按十成分派,应提五成报效公家。其铸银钱一项,所获利益应别订章程,另提加成报效,自不必在银行报效之内……"除此之外,还提出,"又闻英国国家设有要需,或数百万,或数十

---

① 参见严中平《中国棉纺织史稿》,科学出版社1955年版,第105页。
② 《李文忠公全集》奏稿第78卷。
③ 如轮船招商局在开办过程中得到清政府垫借资金和贷款,获得漕粮专运权利;上海机器织布局和电报局获得一定期限的专利权,以及某些减税和免税的优惠措施等。

万，以一二厘利息责成汇丰，便可咄嗟立办，现在银行开设后，能否照此办理？"① 商人原来就害怕银行开办起来后会遭到清政府的勒索而不敢投资。这样一来，十余天的功夫，好容易招集的股本出现了"商股退出六七十万"② 的情况，筹办中的中国通商银行面临垮台的危险。在此情况下，盛宣怀为了挽回颓势，一方面向李鸿章、翁同龢、王文韶、荣禄等支持他的清朝大员去电请求向清政府进行疏通，强调"华商气散胆小，本不易合，原议悉照汇丰初开时办法，势难过于抑勒。此事若使聚而复散，铁路招股更难"。要求"俯念商务成败所关，迅赐核准见复，俾得早日晓谕华商赶紧收股开办……"③ 另一方面，盛宣怀再向总理各国事务衙门去电，说明"据律师云，西国银行并无余利报效国家……西国索取商民之利最为烦苛，而于银行不索报效者，因银行关系通国商务枢纽，国家得其无形之利甚宏。如有亏空赔累皆在股商，国家不任其害。如一有苛索，必致商人裹足……"又说，"据汇丰云，伦敦国家从无向汇丰借款数千百万之事。并再次强调："其各条扼要之处皆详询问管银行之大班律师，复与各总董及大班再四考订，凡可通融者，悉已劝谕遵行，实有窒碍者，势难过相抑勒，致使已成之局堕于半途，则今日之商情既沮，将来之纠合愈难。"④ 同时，盛宣怀还采取以退为进的办法，以从此不管银行事务为要挟。此时由于英、俄等外国势力加紧了觊觎中国金融权益的活动，清政府担心外国银行势力乘虚而入，才使得总理各国事务衙门不再坚持要中国通商银行增加报效份额。如此，中国通商银行在原定开办日期推迟一个多月后，终于得以成立开业。

1895 年签订的《马关条约》中，有允许外国轮船企业进入中国

---

① 转引自中国人民银行上海市分行金融研究室编《中国第一家银行——中国通商银行的初创时期》，中国社会科学出版社 1982 年版，第 75 页。
② 盛宣怀：《愚斋存稿》第 91 卷，第 20 页。
③ 盛宣怀：《愚斋存稿》第 26 卷，第 16 页。
④ 上引均见陈旭麓、顾廷龙、汪熙主编《盛宣怀档案资料选辑之五·中国通商银行》，上海人民出版社 2000 年版，第 67—69 页。

长江以外的内河"附搭行客,装运货物"的条款,① 在此情况下,清政府也电令各省督抚准许"内河行小轮以杜洋轮攘利",② 但同时却又附带种种条件和限制条款。其中,要求新设立的企业报效就是一种。湖广总督张之洞接到清政府准许内河设立小轮公司的电令后,他的看法就是:"此举乃于商轮大有利益之事,只有令其捐助饷需,方准承办。"他针对江浙一带商人申请集资招股开办小轮公司较多的情况致电上海黄道台,要求他设立一个总局和四个分局以便统管,对于新设立的公司,除"厘金于上轮及到岸时两头分收"外,每年利益还要"以一半报效充饷,行浙之轮其捐款与浙省各半分解",并强调"不入此局者不准行驶"。③ 限于史料,以报效为开办条件的企业当时有多少难以统计,但这种现象并非个别则是可以肯定的。

　　以上所举这些事例,仅是当时报效状况的一部分而非全部,④ 从中可见,晚清时期股份制企业向政府的报效,首先是涉及面广。涉及交通、矿业、电报、纺织、银行、钢铁等行业。实际上,当时经营稍有成效或清政府认为有利润的企业,均需提供报效。其次,报效的数额相当大。除表 1 所反映的情况外,按照每出生铁一吨抽银一两的规定,汉冶萍煤铁厂矿公司,到 1911 年时,报效数额据说已达到 800 万两。⑤

　　值得注意的是,晚清企业向政府的报效出现了制度化的趋势。如果说,像电报局、上海机器织布局和湖北汉冶萍煤铁厂矿公司的报效都还带有某些特定原因的话,那么,1899 年清政府派遣钦差大

---

① 王铁崖编:《中外旧约章汇编》第 1 册,生活·读书·新知三联书店 1957 年版,第 616 页。
② 《张文襄公全集》第 147 卷,电牍二十六,中国书店 1990 年影印本,第 3 册。
③ 《张文襄公全集》第 147 卷,电牍二十六,中国书店 1990 年影印本,第 3 册。
④ 之所以说这些仅是报效状况的一部分,是因为上述提到的报效金额,仅是当时企业报效政府的一部分而非全部。例如轮船招商局为政府运输漕粮,因清政府低减运费,使得招商局在 1899—1911 年的 12 年中,就因漕粮运输运费太低的缘故积亏 984800 余两白银(见《国民政府清查整理招商局报告书》下册,1911 年帐略"运漕损失"),实际上这也是报效的形式之一。又如轮船招商局为清政府运输官物、军队和赈粮等时,有时是免费白运,有时是比正常运费低减很多的折扣运费,实际上也属于一种"变相报效"。
⑤ 转引自汪熙《论晚清的官督商办》,《历史学》1979 年第 1 期。

臣刚毅"彻查"盈利比较明显的轮船招商局和电报局，规定两局"除股商官利外，所有盈余之款均著酌定成数提充公用"，具体规定为：除每年报效南北洋两公学常年经费8万两外，每年再报效清政府实银6万两（主要用于北洋兵轮费），合计每年14万两，按余利70万两的二成计算，如余利超过70万两，"照数加捐"，"如遇亏折不敷"商股官利，"此项报效展至下年分摊补缴"。① 对企业报效数字和报效方式作出明确规定的做法，就是朝制度化的方面迈进了一大步。而中国通商银行和内河小轮公司没有报效或报效数字达不到清政府的要求就不许开办的事例，表明新兴的股份制企业需要向政府报效这一做法，已经成为晚清朝野的共识。

进入民国后，在朝野收回利权、实业救国与列强进行"商战"呼声日高的情况下，形成制度的直接报效表面上看受到了遏制，但政府对企业进行勒索的变相报效却以更加恶劣的方式表现出来。例如1926年7月北洋政府"征发招商局全部江轮专供军用"，九艘江轮全被扣用。10月，又有三艘轮船招商局海轮在汕头被扣，使得轮船招商局"南北洋各船相继停驶"。这些被征调的轮船不仅得不到运费，反而还得承担发生意外造成的损失，结果，该年给轮船招商局直接造成的亏损即达173万余两之巨。②

再如1932年南京国民政府强行收购轮船招商局，将之改造成国营企业时，以不到十分之一的代价，就将这家中国最大的轮船航运股份制企业收归手中，如果不是利用政府权力从上至下强行操作，显然是不可能做到的。③ 1935年南京国民政府以一纸债券作为官股，强行加入中国银行和交通银行，进而一举控制这两家股份制企业的事例，④

---

① 盛宣怀：《愚斋存稿》第3卷，"遵查轮电两局款目酌定报效银数并陈办理艰难情形折"。
② 参见《国民政府清查整理招商局委员会报告书》下册，1926年、1927年帐略，第106、108页。该年不仅轮船招商局轮船被扣，还发生江永轮货运军火爆炸，死难海员88人的重大事故。
③ 参见朱荫贵《1927—1937年的中国轮船航运业》，《中国经济史研究》2000年第1期。
④ 关于这方面的研究成果已经很多，代表性的如［美］小科布尔《上海资本家与国民政府（1927—1937）》，中国社会科学出版社1988年版，第七章；洪葭管主编《中国金融史》，西南财经大学出版社1993年版，第五章第三节等。

同样可以看成是政府利用强权勒索企业的一种表现，是要求商民回报政府的一种变相报效的反映。

二 股息分配中普遍存在"官利"制

面向社会大众筹集资金创办企业是股份制企业的重要特征之一。近代中国，是一个没有经历过资本原始积累阶段，社会资金比较贫乏的农业国家。股份制企业对于近代中国人来说，是一种过去没有出现过的新型企业组织形式。因此，如何吸引社会资金参与创办这种新型的股份制企业，是一个困难而又必须解决的问题。为激发社会大众的投资意愿，筹措兴办企业的资金，中国近代股份制企业的创办者们采取了一种在企业结算时，保证分配一定比例利润给股东的被称为"官利"的分配制度。

"官利"，又称"官息"，也称"正息""股息"和"股利"；与"余利""红利"对应称呼。它的特点在于：其一，不管是谁，只要购买了企业的股票成为股东，就享有从该企业获取固定利率——"官利"的权利，而不管该企业的经营状况如何。其二，这种固定的官利利率一般以年利计算。利率虽因企业情况和行业领域不同而有差异，但大体19世纪七八十年代是年利一分，清末一般在八厘，20世纪二三十年代降低到六厘。因为必须支付官利，所以企业年终结账，不是从利润中提分红利，而是先派官利，然后结算营业利益。不足，即谓之亏损；有余，则再分红利（红利在这里被称为余利或直接称呼红利）。其三，只要股东交付股金，官利即开始计算。虽工厂尚未建成开工，铁路尚未建成开车，官利也需支付。由于企业在没有利润的情况下也需支付官利，所以常常"以股本给官利"，或"借本以给官利"。① 由于官利具有这些性质，所以股东与公司的关系，就不仅仅只是单纯的企业投资人的关系，而是投资人兼债权人。

---

① 《大生崇明分厂十年事述》，《张謇全集》第三卷"实业"，江苏古籍出版社1994年版，第209页。

股票的性质，也不只是单纯的证券投资，而是兼有公司债券的性质。

从现有史料中，尚未找到中国近代股份制企业为何实行"官利"分配方式的解释，也没有找到说明"官利"之所以被称为"官利"的史料。但是，从"官利"分配方式一般都明确刊载于企业章程，甚至某些企业在股票上也明确刊载官利的相应条文，而不论是清末还是民国时期，企业章程都需要经过政府有关部门批准来看，笔者推测"官利"的意思是"经过官方审查批准的利率"之意，目的是要向外界公开宣布，这种利率受官方法律保护，是有保障的，以便于增强社会信用，得到社会的认可和支持，实现吸引社会资金创办企业的目的。显然，这种官利分配制度，既不同于西方股份制企业分配制度中的优先股，也不同于普通股，而是具有中国特色的一种分配制度。

引人深思的是，从1872年轮船招商局成立开始到1956年中华人民共和国对资本主义企业进行全面公私合营时为止，这种与西方股份制企业分配方式不同的官利制度，一直在中国近代的股份制企业中存在了80多年。①

另外，在近代中国制定颁布的有关公司法律中，对"官利"分配制度有明确的条文规定。如1914年北洋政府颁布的《公司条例》第186条规定："公司开业之准备，如须自设立注册后，二年以上始得完竣。经官厅许可者，公司得以章程订明，开业前分派利息于股东"。"前项利息之定率，不得超过长年六厘"。此后，1929年和1946年修订的《公司法》都保留了这一有关"官利"的规定，只不过1929年的《公司法》将年利降到了五厘，1946年的《公司法》只载明了公司可在营业前分配股利的条款，而删去了具体的年利率规定。"官利"在有关股份公司的法规中有明确记载，使官利制度具备了法律依据，给官利制度的存在和延续提供了相应的法律保障。

那么，为什么近代中国的股份制企业在筹措社会资金兴办企业

---

① 参见朱荫贵《引进与变革：近代中国企业官利制度分析》，《近代史研究》2001年第4期；《从老股票看20世纪50年代的股份制企业》，《当代中国史研究》2005年第3期。

时,需要通过这种制度来激发投资者的投资意愿呢?

首先,从根本上来说,官利制度的存在,是近代中国社会资本较为缺乏、高利贷盛行的实际所决定的。据日本调查者1910年的一份调查,中国23个主要城市金融机构的放款年利率如表2所示:

表2　　　　1910年时中国各地金融机构放款年利率　　　　单位:厘

主要地区	放款年利率	主要地区	放款年利率
平均	12.5—14.8	湘潭	6.0—7.2
营口	9.6	沙市	12.0
北京	6.6—12.0	宜昌	12.0—18.0
天津	8.4—9.6	重庆	10.0—12.0
芝罘	10.0—20.0	南昌	11.0
上海	7.2—9.6	宁波	6.0—8.4
汉口	9.6	福州	8.0—20.0
镇江	8.4—9.6	厦门	10.0—25.0
南京	12.0	汕头	12.0
芜湖	12.0	温州	15.0—30.0
九江	9.6—18.0	广州	18.0—36.0
长沙	9.6—11.0	梧州	12.0—15.0

资料来源:转引自汪敬虞编《中国近代工业史资料》第二辑下册,科学出版社1957年版,第1016页。

调查表明,1910年中国金融机构放款年利最低的为6厘,最高的为3分6厘,"其平均利率在12%—14%,与欧美各国比较起来看,其利率之高,实在惊人"。①

遗憾的是,使调查者惊叹的调查结果,时隔二十多年并没有改变。1933年,中央研究院社会调查所对银行业放款给南方七省纱厂的年利率进行调查(见表3)。原表还有一个说明是:"据我们所知,银行的放款,其取息高至二分的固然少见,但低至七八厘

---

① 据东亚同文会的调查报告,1900—1908年英、法、德等三国的年利率为2.13%—4.59%。

以下的亦实属罕有，大抵均在10%—12%"。也就是说，中国社会中金融机构放款利率二十多年后，基本没有变化，仍然维持着相当高的水平。

表3　　　　　　中国各地纱厂向银行借款所负之年利率　　　　单位：%

地区	最高	最低
上海	12	6
通、崇、海	11	7
无锡	10.8	7.8
武汉	12	8
其他（包括太仓、宁波、萧山、济南、青岛、九江、长沙等地）	20	6

资料来源：吴承禧：《中国的银行》，商务印书馆1934年版，第58页。

因为高利贷统治着近代中国的资金市场，高利贷的利息水平自然就决定拥有资金者对投资近代新式股份制企业的态度。对此，日本调查者认为，"中国人组织公司、企业时，首先在章程上规定每期支付若干股息，把这叫做'官利'，无论营业上盈亏，都是必须支付的。官利的利率一般为7%—8%至10%。盈利较多的年度，除付给官利、付给职工奖金尚有节余时，则在官利之外另给红利"。这种情况，"反映了中国市场利率还很高，中国在运用资本时所追求的利润高度，也可由此推知。中国人在其企业上最少也要要求不小于市场利率的利益"。"因此，投资人与此相比，要求很大的利息，……不支付较高的股息，便难募到资本"。因此，"必须事前规定官利的保证，然后招募股本才有可能"。

清朝末年著名的实业家张謇在创办大生纱厂招股集资的过程中，亲身经历了筹集资本金的种种困难，1914年，他在就任中华民国农商总长职务后提出的奖励工商业法案中，说出了他对中国社会存在官利制度的原因以及他的看法："吾国利率常在六厘以上，银行钱庄定期贷付之款，有多至九厘或一分以上者。"在这种情况下，各种公司招股,"有定为官利七厘或八厘者,此无它,市场之情势然也"。因为"不发官利,则无以动投资者之心"之故。① 这是中国有过创办股份制企业经验者的看法。可见,近代中国资金市场上普遍存在的高利贷,是官利制度产生的必然前提。

其次,传统中国社会资金的流向,是土地、高利贷、旧式商业和房地产业。投资创办新式股份制企业,对投资者来说,是一种陌生而有风险的事业。当地租、商业高利贷剥削收入在近代中国社会经济生活中占据支配地位的时候,要改变社会资金的一般流向,改变传统的投资途径,使出资者愿意把资金投向新式股份制企业,股份制企业的创办者只能在当时的条件下,靠自身调整,给予投资者一定的回报作为保证,否则不仅无法筹集到社会资金,也会使自己创办企业的目标无法实现。应该说,这同样是官利制度得以出现的重要原因。

三 面向社会直接吸收社会存款

一般而言,企业在经营过程中,仅以自有资本为范围,局限在狭小规模和框架内活动的企业极为少见。借入资金,应视为公司理财政策方面常见之举措。从英美等资本主义各国情形看,企业借入资金的来源,不外是通过商业信用、银行放款、商业票据、公司债券等数项方式筹集。但是,中国近代股份制企业的资本结构和资金筹集方式却有不同,由于国情迥异、金融资本市场尚未完善等缘故,中国"公司企业之资本构造,与欧美先进国家显有不同",其中,"尤以收受存款一项为唯一之特色"。中国近代"普通之公司商号皆自行吸收存款,以为资金之调节"。"其历史悠久基础厚实者,存款在运用资金中所占之地位亦更见重要"。② 这种不是通过向银行贷款或其他融资渠道借

---

① 张謇:《向国务院提议奖励工商业法案》,见沈家五编《张謇农商总长任期经济资料选编》,南京大学出版社1987年版,第18页。
② 陈真编:《中国近代工业史资料》第四辑,生活·读书·新知三联书店1961年版,第60、59页。

入资金,而是面向社会大众直接吸收存款,乃至像银行一样开办储蓄部,发放存折吸收社会零散资金以供企业作为营运资金的方法,与欧美企业相比,确实可以说是中国近代企业独特的地方。

轮船招商局在创办和经营过程中,除借用大量官款外,吸收和运用大量公私存款就是明显之一例。其中,晚清时期通过各种方式吸收的私人存款就始终占轮船招商局营运资本的40%以上。① 实际上,不仅轮船招商局吸收存款,其他企业也吸收存款,就是到了20世纪二三十年代,这种现象不仅仍然存在,并且有进一步发展的趋势。譬如,1928—1929年,上海的一般公司"颇有设立存款部,公开登报招揽存款者"。②"沪市各商号如书局、药房、百货公司等等,竟以兼办储蓄为招揽营业之揭橥,宣传广告触目皆是……"③ 以至于当时的学者对这种现象总结为,"吸收存款为我国企业界特异之现象","其运用几普及于各种企业及工商组织。以其重要性言,有时且驾凌行庄借款而上之"。④ 1940年,有学者对1932—1939年上海、浙江、江苏等地的10个行业100家企业的资本构成情况进行了调查统计如表4。

表4　1932—1939年100家企业自有资本与借款及存款之百分比

资本等级	家数（家）	自有资本		借款及存款		总数（元）
		金额（元）	百分数（%）	金额（元）	百分数（%）	
300万元以上	24	184302146	59.76	124129983	40.24	308432129
100万—300万元	31	56977706	62.33	34440045	37.67	91417751
50万—100万元	22	15114091	50.07	15071933	49.93	30186024

---

① 参见张国辉《洋务运动与中国近代企业》,中国社会科学出版社1979年版,第171页统计表。
② 陈真编:《中国近代工业史资料》第四辑,生活·读书·新知三联书店1961年版,第59页。
③ 《国民政府财政金融税收档案史料》,中国财政经济出版社1997年版,第669页。
④ 陈真编:《中国近代工业史资料》第四辑,生活·读书·新知三联书店1961年版,第61页。

续表

资本等级	家数（家）	自有资本		借款及存款		总数（元）
		金额（元）	百分数（%）	金额（元）	百分数（%）	
50万元以下	23	5812824	54.38	4876572	45.62	10689396
合计	100	262206767	59.49	178518533	40.51	440725300

资料来源：王宗培：《中国公司企业资本之构造》，《金融知识》1942年第3期。

从表4可知，借款及存款在这些企业中普遍存在，不仅数量大，接近于企业的自有资本，而且与企业的行业和资本额的多少都没有明显的关系。显然，这种现象的出现应该是多种原因造成的，其中经济比较利益应该是最重要的一个因素，否则，这种现象不可能在广泛的时空范围内得以存在。

除了方便、可以增强企业的凝聚力和具有一定的广告效应外，从比较经济利益因素的角度看，企业自己吸收储蓄存款一定具有比通过其他渠道融通资金成本低的比较优势。这一点，我们可以举近代经营面粉业和纺织业著名的荣氏企业集团为例。荣氏企业集团1928年准备设立"同仁储蓄部"，面向社会吸收储蓄存款时，设立的理由中，除"可免受制于人、仰承金融资本家的鼻息"外，就有"估计每年可节省利息支出二十万至三十万元"[①]的预测。当然，要强调的是，近代中国社会对兴办金融机构的准入门槛很低，没有多少限制因素，这也是这些企业能够顺利设立储蓄部等金融机构吸收社会资金的重要原因。

四　企业集团内部的资金调拨

进入20世纪以后，特别是在第一次世界大战期间和其后，近代中国出现了大生企业集团、刘鸿生企业集团、荣家企业集团、永安集团等一批跨行业、跨地区的企业集团。

---

① 上海社会科学院经济研究所编：《荣家企业史料》上册，上海人民出版社1980年版，第277页。

在资金运行方面,这些企业集团内部存在一种互相调拨资金调剂有无,以达到共同发展的方式。举以郭氏永族为中心的永安集团为例。1931年时,永安集团已成为以商业为中心,涉及工业、金融保险业和服务业等10多个企业、跨地区跨行业的大型资本股份集团。① 在永安集团中,成立于1922年的上海永安纺织公司逐步扩展成为拥有5个棉纺工厂(其中2个包括织布厂)、一个印染工厂和一个机器工厂的纺织印染企业。

时值第一次世界大战结束,国内大多数棉纺织企业在亏损、倒闭的风险中苦苦挣扎,永安纺织公司却有一定的发展。从1922年开办到1927年为止,工厂就由1个扩展到2个;纱锭从1922年的30720枚扩展到85920枚;线锭新增了4800枚;布机从1924年的510台扩展到760台;职工人数由1922年的1000余人增加到6350人;产品产量也有相应的增加。② 此后到1936年为止,永安纺织公司有了更大的发展,已扩展成为拥有5个工厂,纱锭数增加到256264锭,工人数1.1万人,自有资本1835万余元(登记资本1200万元)③ 的大型纺织企业。永安纺织公司能够在不景气的社会环境中取得这样的成绩,与永安集团内部各企业调拨的联号资金支援有很大的关系。参见表5。

表5　　　　　上海永安纺织公司历年借入联号资金统计　　　单位:万元

借入联号资金	1923年	1924年	1925年	1928年	1929年	1930年	1933年	1934年	1935年	1936年
上海永安百货	84.0	119.8	213.3	544.5	616.1	750.3	755.9	876.2	777.8	403.2

---

① 上海社会科学院经济研究所编著:《上海永安公司的产生、发展和改造》,上海人民出版社1981年版,第19页。
② 上海市纺织工业局等编:《永安纺织印染公司》,中华书局1964年版,第48页。
③ 上海市纺织工业局等编:《永安纺织印染公司》,中华书局1964年版,第135页表3。

续表

借入联号资金	1923年	1924年	1925年	1928年	1929年	1930年	1933年	1934年	1935年	1936年
上海永安银业部					337.6	500.4	360.4	296.9	180.9	128.3
香港永安百货				57.3	241.8	487.4	607.2	135.2	-40.7	-66.7
香港永安银业部							108.0			
永安保险公司									6.3	1.3
永安人寿保险公司									50.8	54.1
悉尼永安公司				1.9	0.2	0.2	-0.09	-0.09	-0.1	0.07
借入联号资金战借入资金的百分比（%）	98.09	70.78	51.00	72.48	95.91	91.30	75.50	80.46	83.50	35.05

资料来源：根据永安公司各年度结算报告书、帐略和"各埠永安暨分庄往来"账册分析整理。转引自上海市纺织工业局等编《永安纺织印染公司》，中华书局1964年版，第176页。

从表5看，上海永安纺织公司对企业集团内部各联号企业资金的运用，在1935年以前一直占企业历年借入资金的绝大比重。以各年所用联号资金的数量而论，1923年最少，为80多万元，从1928年以后就不断增加，而以1933年为高峰，此后逐年下降。联号资金的消长变化与企业的发展和衰落大致符合。显然，联号资金的支持使上海永安纺织公司渡过不少难关。

上海永安纺织公司获得的联号资金，主要来源是香港和上海两处百货公司、银业部以及保险公司。永安企业集团联号资金的调拨具有以下三个特点：

首先，联号资金的调拨，是由郭氏家族中的负责人郭乐以各个永安联号企业"总监督"的地位，统一安排调度，采取"内部往来"性质的"各埠永安暨分庄往来"的科目处理，只凭他的一句话，不需对外商讨奔波，一般也不需要任何手续，比向外界取得用款远为方便。

其次，在资金调拨时，永安各联号采取互相存贷的方式，即将资金以存入的方式调拨到需要资金的分号。利息一般为周息 7 厘左右，而且存欠双方同一息率，并无差别。而当时对银行钱庄的借款，"债息高者达 12%，最低亦在 8%—9%"。显然，企业内部的资金调拨，在利息方面远比向银行钱庄贷款负担为低。

最后，使用内部的调拨资金，用款条件非常宽松。一般来说，企业使用集团内部调拨的资金，既没有严格的时间限制，又不需提供抵押品，利息半年结算一次，平时累计在往来账上。大多数情况下是在联号企业需用款项或永安纺织公司有盈利、资金有余时才偿还，对企业的生产和经营活动很少产生负面影响。①

可见，联号资金对永安纺织公司来说，事实上是一笔可以长期利用的无抵押、无期限、低利率的资金。这种优势是一般同业纱厂所没有的。

这种企业集团内部的资金调拨现象，晚清时已普遍存在。例如，晚清官督商办股份制企业大多由盛宣怀经管，这些企业的资金筹集流动，采用的就是这种方式。用盛宣怀本人的话来说，就是"臣兼管之上海纺织总厂、汉阳铁厂、萍乡煤矿、通商银行所集商股，即是船电两局之华商挹彼注此，盈虚酌剂"。② 后来他在给张之洞的信中对此点有进一步的解释："招商、电报、铁路、银行皆属笼罩之

---

① 参见上海市编织工业局等编《永安纺织印染公司》，中华书局 1964 年版，第 177—179 页。

② 盛宣怀：《愚斋存稿》第 4 卷，第 22 页。

中，不必真有商股，自可通筹兼顾。"① 再如张謇在创办南通大生纱厂获利后，从1899年至1911年间，又在南通集资创办和投资了27家企业，资本额累计达399万元之多。② 而这些企业的周转金，按张謇自己的话来说，是"謇之营通州各公司也，周转之资，诚以大生厂公积款为母……"③ 针对有些股东对张謇"以厂公积营他公司者"的议论，张謇则很坦然地表示"事则诚然"。④

民国时期荣家企业集团在多年的经营中，同样长期靠面粉厂系统和纺纱厂系统互相接济。荣家企业集团设在汉口的纱厂申新四厂，从投产后就遭受不景气的影响，申新四厂能够生存下来，就在于该厂与荣家集团面粉系统的福新五厂同处一地，"福新五厂年年有利，申新（四厂）依赖福新（五厂）财力常年挹注，虽在事业亏累之中，仍不断扩充生产设备，对外亦以福新关系，周转灵活"。⑤ 据统计，申新四厂对福新五厂的常年欠款在百万元以上，1932年年底的欠款达226万元。⑥ 无锡唐保谦等人经营的庆丰纱厂和九丰面粉厂的资金运用，"火柴大王"刘鸿生企业集团的资金运用同样如此。⑦

五 中国近代股份制企业的资金运行与传统经济因素

中国近代股份制企业的报效、官利、面向社会吸收存款以及资金调拨等特点，都是吸收或者说继承了中国传统社会经济中固有的

---

① 转引自汪熙《论晚清的官督商办》，《历史学》1979年第1期。
② 转引自汪敬虞编《中国近代工业史资料》第二辑下册，科学出版社1957年版，第1069页。
③ 转引自汪敬虞编《中国近代工业史资料》第二辑下册，科学出版社1957年版，第1075页。
④ 《大生纱厂第八届说略并帐略》，转引自《张謇全集》第三卷"实业"，江苏古籍出版社1994年版，第73页。
⑤ 李国伟：《荣家经营纺织和制粉企业六十年》，《工商史料》（1），文史资料出版社1980年版，第8页。
⑥ 上海社会科学院经济研究所编：《荣家企业史料》上册，上海人民出版社1980年版，第278页。
⑦ 转引自马俊亚《规模经济与区域发展》，南京大学出版社2000年版，第83页；上海社会科学院经济研究所《刘鸿生企业史料》上册，上海人民出版社1981年版，第282页。

要素。也就是说,在向西方学习和引进股份制企业制度时,中国近代的股份制企业从诞生开始就吸收或者说融合了中国传统经济的要素。

从历史方面看,中国古代有"重农抑商"的传统,"厚农宝谷"被历代封建统治者看成是"帝王所传心法之要"。① 为防止"舍本逐末"现象出现并蔓延,将农民维系在土地上,一方面,统治者对商业和手工业实行严格控制、严格管理。另一方面,对其中某些利润较大特别是有关国计民生的行业或特殊行业,则选择具有特定地位身份的商人在严格控制的基础上授予特权,进行垄断经营。但是,作为交换条件,这些商人需要向政府提供"报效"。

在近代中国股份制企业兴起之前,中国社会中享有这种特权的商人,典型的有经营食盐的盐商、专营对外贸易的广东十三行行商、供应皇室和官府应用物品的皇商、官商等。例如,据何炳棣教授的研究,两淮盐商在1738—1804年间,总共上交清政府报效款3637万余两白银。② 据陈国栋先生对广东十三行行商的研究,1773—1835年,十三行行商向清政府上交的报效款数额是508.5万两等等。③ 另据台湾学者何汉威对晚清广东赌商的研究证明,报效制度同样存在于清朝地方政府和地方商人之间。④ 而且,据现有资料,在湖北织布局和汉阳铁厂这样的新式官办企业的开办资金中,已经有相当部分是广东赌商和两淮盐商的报效款了。⑤ 近代中国股份制企业虽与过去的盐商、皇商、行商等旧式商业组织有所不同,但在得到政府的特

---

① 转引自沈定平《"强本抑末"政策与中国封建社会的长期延续》,载中国史研究编辑部编《中国封建社会经济结构研究》,中国社会科学出版社1985年版,第360页。

② Ping-ti Ho(何炳棣),"The Salt Merchants of Yang-chou: A Study of Commercial Capitalism in Eighteenth Century China", *Harvard Journal of Asiatic Studies*, 17, 1954, p. 154.

③ Kuo-tung Anthony Ch'en(陈国栋), The Insolvency of the Chinese Hong Merchants, 1760 - 1843, *Monograph Series*, No. 45, Nankang: The Institute of Economics, Academia Sinica, 1990, p. 93.

④ 参见何汉威《清末广东的赌商》,载台湾《史语所集刊》第67卷第1分册,1996年。

⑤ 湖北织布局开办资金中有广东赌商报效款的资料,见汪敬虞《中国近代工业史资料》第二辑下册,科学出版社1957年版,第572页。汉阳铁厂开办资金中有两淮盐商报效款的资料,见《张文襄公全集》第47卷,奏议,第15—17页。

许和享有某些特权及行业专利方面却有共同之处。① 也正因如此，清政府要求这些企业提供报效也就不足为奇。

官利制度作为一种利润分配方式，同样早在中国前近代如"合伙""合股"等经济组织中就已存在。也可以说，官利分配制度是前近代中国社会中长期存在的一种经济制度。日本满铁上海事务所调查室1941年出版的《中支惯行调查参考资料》第一辑，附有晚清及民国时期中国民间经济往来的借据、分家书和合伙合股契约等文书资料。其中，按原文格式和内容附录的民间合股合伙经济组织成立时订立的契约文书有10件。这些文书的订立年代从1865年一直到1919年。每份文书中都有内容几乎完全一样的有关官利分配制度的记载。日本东京大学东洋文化研究所东亚部门编撰的《中国朝鲜文书史料研究》中，除收录了与上引满铁调查资料相同的文书外，还收录立于1867年，在上海经营粮食业的同盛号合同，其中同样载有官利制度。②

这些契约文书分别出自不同的行业和年代，但对于官利、余利和分配方式的各项规定内容几乎完全相同，这种情况说明当时这种制度已经是中国社会中成熟、影响广泛并被普遍接受的制度了。后来股份制企业的创办者只是沿用了中国传统经济制度中对自己创办企业有利的传统，以便于投资者认同和接受。

在中国，工商企业吸收存款的现象有着悠久的历史渊源，并成为约定俗成的被社会普遍认同的不成文规则。早在明清时期，经营"存款"这种金融业务的现象，就在中国社会中普遍存在。除典当、钱庄、票号等金融机构经营存款外，"也有一般工商店铺如盐店、布

---

① 如当时主要的股份制企业在开办方面获得清政府的特许，资金方面得到清政府的某些垫款和借款，轮船招商局获漕粮专运，上海机器织布局、电报局获一定期限的专利权，以及某些减税和免税的优惠措施等。

② 这份文书对官利的记载如下："一，官利按月六厘计算，年终付给。一，每届年终结帐，凡有盈余，按股分派，设遇亏耗，按股照认填足。一，每年除付股息外，获有盈余，作二十股分派，股东得十二股、总经理得一股半、众伙友得花股三股半，其余三股存作公积。"见日本东京大学东洋文化研究所东亚部门编《中国朝鲜文书史料研究》，1986年，第42页。

铺、米铺、杂货铺、珠宝铺等兼营的存款",甚至"一些在地方家产殷实且经济信用较好的财主有时也接受他人寄存,并付给薄息"。"从存款客体来看,既有各级官府、也有各类社会性团体如宗祠、会社等,更多的则是私人家庭和个人。从存款的具体内容看,既有按期提息,用于种种专项用途的基金性质的存款,也有因工商经营、日常生活消费而引起的以寄存和生息为目的的存款……"①

此后,从这种吸收存款的习惯中,甚至发展出一种叫做"附本"的存款方式。这种附本在某些行业如钱庄中又被称为"副本","遇有成本周转不敷时用之。其性质与股东之长期存款相似,故其利息亦预先定议,与庄中盈亏无关系"。② 日本调查者在上海调查后认为,这种附本在运用时甚至可以当成资本金来看待:"在计算合伙钱庄的资本金的时候,应该将本来的资本和被称为附本的资金合计计算",因为这是"出资人在以定期存款相同条件下所出、又附有一定利息、用来补充本来资本不足的资金"。③ 可见,经济组织吸收存款不仅长期存在于中国社会中,而且已发展出某些适应中国社会的特殊方式。中国近代股份制企业面向社会直接吸收存款,也正是这种适应中国社会特殊方式的延续。

至于股份制企业集团内部的资金调拨,虽然因此前尚未出现过大型资本企业集团难以进行同类对比,但我们仍然可以在明清时期中国社会特别是各大商帮存在的商业活动中,发现这种同一系统同一商号之间资金调拨现象的普遍存在。例如,据有的学者研究,在清代商帮的经营活动中,"总号与分号之间、分号与分号之间,不可避免地会发生资本的调拨"。④ 在山西票号的经营活动中,票号凭借广设分号的优越条件,"当一地银根偏紧时,则从其他的地区筹集资金,调往该地以为支援;当一地银根偏松时,则将该地资金调往其他地区。这被称

---

① 参见刘秋根《明清高利贷资本》,社会科学文献出版社2000年版,第138、139页。这些存款的利息高低不一,根据不同情况有月息一分的,也有年息一分以上的,见同书第141页。
② 施伯珩:《钱庄学》第三编第二章,上海商业珠算学社,1931年,第24页。
③ 横滨正金银行上海支店编:《上海金融事情讲话》,1943年,第156—157页。
④ 张海鹏、张海瀛主编:《中国十大商帮》,黄山书社1993年版,第42页。

为'酌盈剂虚，抽疲转快'，以使资金得到最大限度的利用，获得最大的收益"。① 这种在传统社会中普遍存在的经商习惯，与中国近代股份制企业集团内部的资金调拨，应该说有异曲同工之处。

六 小结

中国近代股份制企业的资金运行，吸收和融入了传统中国社会经济的要素，并非偶然。首先，这种新型的企业组织形式，并非中国社会母体中自然孕育成熟的产物，而是通过向西方学习和移植引入的。在这个过程中，必然产生不适应中国国情的情况，并进而产生借鉴中国固有的行之有效的制度的需求。其次，从1872年中国第一家近代股份制企业轮船招商局成立，到1904年中国首个有关近代企业的法律文件——《公司律》颁布，其间有三十多年的法律真空期。而且，在《公司律》颁布以后，有关公司的法律制度也还有一个逐步发展和完善的过程，在长期无法可依而有法又不完善的情况下，吸收融入中国社会中长期存在而又行之有效的制度，不仅能弥补法律制度不全的缺陷并使企业更有成效，而且也顺理成章。最后，从经济理论的角度看，中国近代股份制企业是一种制度创新，任何创新都有社会成本。但是，任何推进制度创新的行为主体都追求收益最大化。因此，制度创新的成本和收益对制度创新本身的成败起着决定作用。在这种情况下，采用社会中原有的行之有效的习惯和制度，即使只是部分利用甚至是借鉴，也必然能减少制度创新带来的社会阻力和交易成本，同时降低社会文化心理在适应新制度时的抗拒和排斥心理。这些因素，应该是中国近代股份制企业在资金运行中形成自身特点的主要原因。

（原载《中国社会科学》2006年第5期）

---

① 董继斌、景占魁主编：《晋商与中国近代金融》，山西经济出版社2002年版，第89页。

"调汇"经营:大生资本企业集团的突出特点

——以大生棉纺织系统为中心的分析

大生资本企业集团（简称"大生集团"）是以大生纱厂（设在南通）、大生二厂（设在崇明）、大生三厂（设在海门）等棉纺织企业为核心建立起来的民族资本企业集团，由晚清状元张謇等人创办。其第一家企业——大生纱厂筹备于1895年，1899年开车投产。该厂开车投产时，资本只有44.5万两。① 此后发展迅速，1910年时已拥有包括纺织、农垦、航运、食品加工、机械等行业在内的10多家企业，近300万两资产，是当时中国最大的民营资本企业集团；民国初年该企业集团继续发展，到1923年时已拥有40多家企业，控制的资本总计2483万余两，各纺织厂拥有纱锭16万枚，布机1340余台。② 而且，南通的企业均直接间接与大生集团有关，这一点，正如大生纺织公司查账委员会报告书中所说："南通实业，咸肇始于大生，故其对内对外经济往来，咸认大生为主体。"③

可是，这家发展快速、资本雄厚的企业衰败起来速度也十分惊人：按照1924年《大生纺织公司查账委员会报告书》的说法是：

---

① 大生系统企业史编写组:《大生系统企业史》，江苏古籍出版社1990年版，第126页。以下简称《大生系统企业史》。
② 《大生系统企业史》，第204—208、143页。
③ 南通市档案馆等编:《大生企业系统档案选编》（纺织编Ⅰ），南京大学出版社1987年版，第179页。以下简称《大生企业系统档案选编》。

"大生自开办以来,历23届,届届获利,在事者初不料一蹶之来,遂至不振"。① 其实何止是"不振",1925年,由中国、交通、金城、上海四银行和永丰、永聚钱庄等大生债权人组织的联合接管机构,以大生负债过重而清算和接办了大生各厂,② 大生集团的辉煌也从此不再。

历经23届财政年度届届获利的大生各厂,为何在短短的一两年时间里就一蹶不振被银行团接管?此前的研究者有的认为大生是"超过本身力量的盲目扩张"所导致;③ 有的学者认为是张謇为实现自己的理想"超负荷地承担'工厂办社会'"的负担所致;④ 有的学者则认为大生分配制度中实行的"官利"制度是罪魁祸首。如有的学者认为,官利制度减少了大生"企业的资本积累,增加了企业的困难",是大生集团衰落如此之快的根本原因之一。⑤ 另有学者认为,"它对企业的正常发展影响极为恶劣","严重影响企业素质的提高","严重影响了大生纱厂扩大再生产的规模,日益蚕食大生资本的积累","从内部蛀空了大生纱厂"。⑥ 还有的学者认为,"官利制的最大弊端在于扭曲企业制度,……尤其是利润分配问题,直接导致企业实施'有利尽分'政策,祸害企业无穷"。⑦

本文认为,上述这些说法虽有一定的道理,可却并未说出根本原因。大生纱厂之所以如此快出现颓势,甚至一败难起,在于此前

---

① 《大生企业系统档案选编》,第179页。
② 《大生系统企业史》,第226页。
③ 《大生系统企业史》第四章第四节的标题就是"超过本身力量的盲目扩张"。
④ 参见姜伟《从大生纱厂的年度财务报表看其兴衰得失——兼论张謇投资决策的得失》,载《近代改革家张謇——第二届张謇国际学术研讨会论文集》(下册),江苏古籍出版社1996年版,第731页。
⑤ 参见杨桐《试论大生纺织企业兴衰原因》,载《论张謇——张謇国际学术研讨会论文集》,江苏人民出版社1993年版,第362页。
⑥ 参见段本洛、单强《大生纱厂的投资环境与对策》,载《论张謇——张謇国际学术研讨会论文集》,江苏人民出版社1993年版,第189、190页。
⑦ 参见姜伟《从大生纱厂的年度财务报表看其兴衰得失——兼论张謇投资决策的得失》,载《近代改革家张謇——第二届张謇国际学术研讨会论文集》(下册),江苏古籍出版社1996年版,第733、734页。

一直长期"调汇"① 负债经营,且所负债款越来越多,这种状况在顺境时企业还可维持,但一遇到逆境,无法筹集到足够的新债款来继续维持企业所需的营运资金,也就是一般所说的企业资金链断裂时,被债主接管就是难以避免的结局。也因此,本文将对此进行一些分析,在阐释大生企业迅速衰败的原因时,也对当时中国企业的生存环境进行一些剖析。

大生所负的债务,主要分为向外部筹集企业的流动资金"调汇"和向企业内部筹集的债务,以下分别进行探讨。

一 来自外部的债务:以大生企业"调汇"为中心

大生企业兴起时,股本的筹集十分困难,不得不从一开始就不断向近代中国金融机构和各方寻求贷款。大生纱厂从 1895 年开始筹办,直至 1899 年才得以开机,"前后五载,阅月四十有四,集股不足二十五万"。② 在兴办过程中,因股本难招资金缺乏,几次面临夭折的艰难处境。③ 也因此,在大生的历届帐略中,均有记载向各方寻求及获得贷款的"调汇"一项栏目,现将大生纱厂从开办到 24 届的"调汇"款目列表于下。

从表 1 中可见,大生纱厂从第一届开始,就有了向外寻求和获取贷款"调汇"的记录。早期几届向外获取贷款的数字还不是很大,

---

① "调汇"是大生纱厂向外筹借资金的一种说法。如第一届说略中有"(1907 年)八月开股东会,十月开董事局会,议增股本二十万两,以利经营,而入股者仅六万余,不能不别为调汇以应用,而拆息洋厘之大,为近年所未有。若因此缩手不调,则更非工商营业之法……"的说法。1908 年 9 月 15 日大生纱厂股东会议事录中也有"调汇有二法:一、各股东群力调助;一、将本厂机器房屋作抵押,可得巨款营运"的记载。见张季直先生事业史编纂处编《大生纺织公司年鉴(1895—1947)》,江苏人民出版社 1998 年版,第 109、115 页。以下简称《大生纺织公司年鉴》。

② 《大生纺织公司年鉴》,第 84 页。另可参见朱荫贵《从大生纱厂看中国早期股份制企业的特点》,《中国经济史研究》2001 年第 3 期。

③ 大生纱厂在招股集资中的种种艰难情状,1907 年大生纱厂在召开第一次股东大会会议时,张謇向各位股东作了回顾,并以经历"四险"的方式作了总结。见《大生纺织公司年鉴》,第 78—86 页。

大约占同时期大生纱厂资本数的一半或以下,可从第八届(1906年)开始就有了明显的增加,从该届开始,大生纱厂向外寻求以及获取的贷款,大多数时间与资本总数接近或超过。大生纱厂的资本数从第五届开始有过几次增加:一是第五届(1903年)增加到113万两,此后1915年即第十七届从113万两增加到200万两,1920年第二十二届又从200万两增加到250万两。在资本数增加的同时,大生纱厂向外寻求和获取的"调汇"数也在直线上升,在1917年第十九届后,就没有少过资本总数,1922年的第二十四届,向外获取的"调汇"数大大超出资本总数。第二十四届帐略中"调汇"所获总数竟然达到惊人的3600余万两。而与此相应,大生纱厂为此付出的"调汇"本利支出数字,也是直线上升。除开始的两届外,都是两位数。1915年开始后的年份,因"调汇"付出的还利数字在大生纱厂总支出中的百分比就没有低于20%,1922年第二十四届时甚至达到43%以上,几乎接近大生纱厂该年总支出的一半。第二十四届"调汇"利息数达到474万余两。这样沉重的负债状况,必然给大生纱厂的发展带来极大的困扰和压力。

表1　　　　　大生纱厂前24届帐略中"调汇"情况　　　　单位:规元两

	资本数	调汇数	各年支出调汇利息数	调汇数占资本总数百分比(%)	调汇利息支出在总支出中所占百分比(%)
1899年第一届	445100	124910.4	8656.1	28.1	—
1900年第二届	519400	163619.4	15529.8	31.5	7.05
1901年第三届	569500	296514.2	19057.1	52.1	7.38
1902年第四届	787500	165023.2	33934.7	21.0	12.24
1903年第五届	1130000	594230.1	60712.6	52.6	18.12
1904第六届	1130000	558397.6	82164.6	49.4	16.04
1905年第七届	1130000	651499.1	81826.8	57.7	15.61
1906年第八届	1130000	1036131.6	152489.4	91.7	23.52
1907年第九届	1130000	1017249.0	123950.0	90.0	22.11
1908年第十届	1130000	1178045.3	105495.7	104.3	19.92

续表

	资本数	调汇数	各年支出调汇利息数	调汇数占资本总数百分比（%）	调汇利息支出在总支出中所占百分比（%）
1909 年第十一届	1130000	1503957.4	107019.0	133.0	18.19
1910 年第十二届	1130000	1282153.6	108185.7	113.5	19.53
1911 年第十三届	1130000	861146.1	101774.0	76.2	19.05
1912 年第十四届	1130000	915578.7	97300.0	81.2	18.32
1913 年第十五届	1130000	1129361.9	99954.0	99.9	17.94
1914 年第十六届	1130000	979384.8	122095.8	86.7	19.65
1915 年第十七届	2000000	1833312.6	136290.4	91.7	22.84
1916 年第十八届	2000000	1836574.5	197599.7	91.8	22.19
1917 年第十九届	2000000	2757621.2	263018.6	137.9	21.34
1918 年第二十届	2000000	2545334.9	348687.6	127.3	26.10
1919 年第二十一届	2000000	2547592.4	398681.4	127.4	23.97
1920 年第二十二届	2500000	2986145.5	445931.5	119.4	26.38
1921 年第二十三届	2500000	4016602.9	584770.1	160.1	29.07
1922 年第二十四届	2500000	见说明 1	1002745.7	372.3	43.82
合计	—	36026509.6	4744732	—	—

注：1. 该届帐略中没有出现"调汇"借入的款项数字，但有"借入抵押款（二厂押款在内）规银 3973750.8 两"和"存借入信用款规银 1360902.2 两"的记载，两者合计共 5334653 两（该数字见《大生企业档案资料选编》第 152 页）。

2. 原帐略小数点后为三位，本表保留一位，一位后数字四舍五入。

3. "调汇数占资本总数百分比"一栏数字为笔者计算。

资料来源：资本数见《大生企业系统档案选编》，第 159—161 页。"调汇数"和"支出调汇利息数"见《大生企业系统档案选编》各届帐略（2—146 页）。"调汇利息支出在总支出中所占百分比"一栏数字见《大生系统企业史》第 150—151 页插表。

下面，我们对这一期间大生纱厂的收益和分配情况做进一步的观察和分析（见表 2）。

表 2　　　　大生纱厂前 24 届收益分配情况　　　　单位：规元两

	资本数	收项总额	"官利"支出	"余利"支出	收项总额与总支出两抵状况
1899 年第一届	445100		38712.776	—	—

续表

	资本数	收项总额	"官利"支出	"余利"支出	收项总额与总支出两抵状况
1900年第二届	519400	298611.304	40623.363	52369.9	78312.725
1901年第三届	569500	364150.208	44402.714	69983.389	105978.406
1902年第四届	787500	464274.232	46188.860	112144.573	187002.402
1903年第五届	1130000	648225.181	79037.579	127600.000	265134.214
1904年第六届	1130000	737490.774	90400.000	135600.000	225124.370
1905年第七届	1130000	1007171.479	90400.000	248600.000	483070.474
1906年第八届	1130000	1048578.399	90400.000	228717.601	400204.641
1907年第九届	1130000	616636.442	90400.000	17789.091	55904.727
1908年第十届	1130000	688461.924	90400.000	81323.280	158852.592
1909年第十一届	1130000	795603.919	90400.000	113131.415	207383.980
1910年第十二届	1130000	619111.465	90400.000	24350.489	65090.684
1911年第十三届	1130000	670278.181	90400.000	72228.970	136120.558
1912年第十四届	1130000	792645.632	90400.000	154703.757	261585.232
1913年第十五届	1130000	859450.354	90400.000	183779.980	302291.972
1914年第十六届	1130000	903365.953	90400.000	172266.971	282173.760
1915年第十七届	2000000	806899.316	151676.424	21578.874	43198.890
1916年第十八届	2000000	793522.574	160000.000	无	-97079.684
1917年第十九届	2000000	1894298.061	160000.000	317780.098	661768.530
1918年第二十届	2000000	1839757.224	160000.000	307669.775	503669.775
1919年第二十一届	2000000	4177614.077	180000.000	1524451.615	2514451.615
1920第二十二届	2500000	3592585.757	200000.000	1207907.445	1902007.445
1921年第二十三届	2500000	2703020.283	200000.000	420171.165	691092.154
1922年第二十四届	2500000	1892227.749	200000.000	无	-396074.049

资料来源：资本数见《大生企业系统档案选编》，第159—161页。"收项总额"和"收项总额与总支出两抵状况"栏目数字见《大生系统企业史》第150—151页插表。"官利"支出与"余利"支出栏数字见《大生企业系统档案选编》，第154—156页。

在大生纱厂24届经营中，收益总项达到2821万余两，可谓不少，其中官利分配占去265万余两，余利占去557万余两，合计822万余两。收益总额中减去分配中官利余利的822万余两，还有近2000万两，可是24届帐略中22届均有盈余，只有两届出现亏损，且亏损总额也不到 50 万两，何以一下就使得大生纱厂"一蹶不振"，以至于落到被银行等财团接管的地步？诚然，这其中有大生纱厂资金被盐垦事业和其他社会公益事业挪用等原因，可这似乎并不是导致大生纱厂困顿的主因，1923 年 7 月 23 日大生纱厂召开股东常会议事时，张謇就表示了不同意见，他说："本厂开立二十四年，亏者二，赢者二十二……今则多以盐垦借调为累，不知在七、八、九年之交，大生得盐垦存款之利亦复不少。"① 1925 年大生纺织公司查账委员会报告书证实了张謇的说法："外间传说大生之厄，厄于垦，其实各垦欠大生往来银一百数十万两，今已逐步收回不少。两年以来营业垫本之需，方恃垦收租花以资周转。"②

客观地说，大生纱厂在 24 届财政年度中筹调了 3600 余万两用于纱厂的流动资金，其中有相当部分是为几个副厂建设筹调和垫付，为这些"调汇"仅付息就付出了 474 万余两，且每年均要为如何筹措"调汇"资金和为还债费心。因此 1925 年查账委员会一针见血地说："嗣因谋增副厂，只收股十余万两，用成本至一百八十万两之巨，纱机亦只一万五千，动力电机尚不在内。公司一旦担此重负，加以二十四、五、六届之积亏，又添九十余万两，成本多而股本少，全恃调款，无怪难支。故就事实推寻，大生之厄，实厄在副厂，而不在各垦。"③ 本身就已负债累累，还要不断地设法"调汇"维持自己的营运和为"副厂"承担债务，这不能不说是导致大生纱厂"一蹶不振"重要的甚至可能是最主要的原因。

在这种背景条件下，大生纱厂的发展基础必然会脆弱不稳，环境正常、生产顺利时还好，一旦外在环境条件改变，"调汇"不利时，企业就会碰上资金链断裂的危险，成为难以克服的障碍。"调汇艰难"的这种隐忧从大生纱厂开工生产时就一直存在，例如第

---

① 《大生纺织公司年鉴》，第 169 页。
② 《大生企业系统档案选编》，第 180 页。
③ 《大生企业系统档案选编》，第 180 页。

二届帐略中就记载有股东将余利存厂的倡议，原因就是股东深知"盖深鉴夫支持之苦，筹调之难"①。1911年第十三届说略中亦有"沪上金融奇窘，达于极点，钱庄倒闭十有八九，以言调汇，不啻缘木求鱼……"的记载。②

此后在历届帐略、说略中也多有关于筹调资金困难的记载，1923—1925年说略中对大生的困境和经营的难局状况，可说描述得最为典型："查本厂纱机九万五千锭，布机七百二十张，连同房屋及各项财产，计达规元六百五十余万两，而股本仅有三百五十万两，两抵不敷三百万两之巨。此外营业流动之金，尚不在内，全恃调汇以资周转。近年金融界鉴于纺织业失败累累，几于谈虎色变，莫肯助力。夫母金匮乏，已竭蹶堪虞，加以筹调不灵，能无大困？"③

更严重的是，为了筹措这些流动资金，大生纱厂还得忍受各种极为不利的借款条件。1922年张謇哥哥张詧在给大生纱厂驻沪事务所所长吴寄尘信中的一段话，对此就表露得十分典型："查去腊中南等银行三十万借款之合同，致以一厂值五六百万之实产全部质押。此三十万一日不清，则五六百万全部之产皆处危险，苛虐、束缚何至于此？"以至于他气愤地表示："此项合同已陷一厂于绝境，今惟有将各项股票、田地、居室、衣物，罄其所有破予个人之产，以偿此三十万两之债……"④

很明显，不断增加的"调汇"债款，使得大生纱厂的各种机器、厂房、土地等逐渐被抵押，严重影响了大生纱厂的生产活动。由于债务越陷越深、债息越背越重，产品成本不可避免地越发升高，经营条件越发不利，互为因果，恶性循环。当第一次世界大战结束后外国势力重新大举进入中国市场，与国内众多在第一次世界大战期间增加的纱厂形成混争的局面，外在环境的变化使得继续借入大量债

---

① 《大生企业系统档案选编》，第5页。
② 《大生企业系统档案选编》，第71页。
③ 《大生企业系统档案选编》，第162页。
④ 南通市档案馆、张謇研究中心编：《大生集团档案资料选编》，纺织编（三），方志出版社2004年版，第158页。

款维持企业运转的局面难以持续,大生纱厂的资金链断裂就成为必然,整个大生集团依赖于大生纱厂企业系统资金挹注的局面同样难以维持时,大生集团的衰落也就会成为无法避免的事实了。

二 化解债务压力:企业延迟分配、利转股及吸收存款

为减轻企业的债务压力,大生纱厂也采取了不少的办法,其中以延迟分配余利、企业利转股和吸收各种存款为中心。以下分别进行一些具体考察。

首先是延迟分配盈利。大生纱厂第二届说略中记述,股东因为深知企业支持艰难,筹措流动资金之难,所以提出企业获得的盈余,延迟一年分配,认为这样做,可以达到"股东迟入一年之盈余,厂中实享数万金之利益"。这种延迟支付的余利,需要付给利息:"兹议周年认息六厘,明春综结本利,归二十七年以前入股者均派(二十七年入股者不与)。"股东会做出决议:"此后余利均递迟一年支付(如寅年付子年之利,卯年付丑年之利)","俟资本充足,再照旧章办理"。①

其次是利转股。大生集团在很大程度上是以大生纱厂所获盈利向内扩大规模和向外投资发展起来的。发展模式是扩张企业首先由老厂投资,老厂投资的资金一般都是此前留存下来的余利,如余利不足,再进行招股,招股不足再由老厂贷款维持。1911年大生纱厂第十三届说略中的记载就很典型地表示了大生内部扩张的方式:"上年八月间,股东会提议,以谋本厂之巩固,益图将来之发达,则布厂之设,断难置为缓图。本厂前置布机二百,拟再添布机,价约需银二十四万两,建筑费约需银六万两,是开办之费需银三十万两。再筹运本三十万两,合成股本六十万两。其开办之三十万,自本届

---

① 上引均见《大生企业系统档案选编》,第5页。

起，尽股东余利提充，另招外股三十万，作营运资本。当经全体股东表决，自应实行。"①

1914年，大生纱厂欲进一步扩大规模时的做法，与1911年一致："本厂添购纺纱机二万锭，织布机四百部及新建厂屋，一切工程约计乙卯（1915）夏秋之交竣工。新棉上市，即可开工纺织。统计购机、建屋成本，需银八十余万两。除以截存余利作股，计银五十六万五千两外，尚不敷银三十万两左右。兹经董事会议决，增加股本银三十万五千两，合之原有股本共二百万两，不分新旧，利益同等，先尽本厂原有各股东按股摊入，以本届发息后一月为限，如不愿加入者，即归他股东认入，附以声明。"②

在扩大自身规模时是如此进行，在增设新厂和新企业时也是如此进行。1920年大生纱厂获利甚多，该年，大生纱厂"股本总额增为规银二百五十万两"。同时，崇明两厂各投资二十万两给海门新设第三厂，"查照五年董事会议决案，通厂所入之股，归一百十三万两之老股东分派；崇厂所入之股，归八十六万两之老股东分派"。除此之外，"两厂上届截存余利，计一厂五十万两，二厂二十万两，合计七十余万两，拨入中、比（比利时）航业贸业公司"，"公决赞成"。另外，"两厂上届余利，每股百两应得五十两内扣入淮海银行股份十元"，"全体赞成"。③

除了采用内部延迟分配余利和利转股这两种降低大生负债的方法外，大生纱厂还不断向内向外吸收存款。企业吸收存款以做企业自身营运资金，在近代中国是普遍的现象。20世纪30年代学者王宗培由于"深感我国公司企业之资本构造，与欧美先进国家显有不同"，"尤以收受存款一项为唯一之特色"，因此他对企业吸收存款问题特别给了关注并做了研究。他对中国近代企业吸收存款的总体看法是："我国以国情迥异，金融制度又未臻完善，普通之公司商

---

① 《大生纺织公司年鉴》，第123页。
② 《大生纺织公司年鉴》，第141—142页。
③ 《大生纺织公司年鉴》，第155—156页。

号皆自行吸收存款,以为资金之调节"。"吸收存款为我国企业界特异之现象。但其运用几普及于各种企业及工商组织","其历史悠久基础厚实者,存款在运用资金中所占之地位亦更见重要","以其重要性言,有时且驾凌(银)行(钱)庄借款而上之"。①

大生纱厂在解决自身资金不足和降低调汇数额时,自然不会不采用这种方法。在大生纱厂第二届帐略中,就有"各记暂存规银6409.156"两②的记载。此后,随着大生企业规模越来越大,经济紧张调汇压力也越来越重时,大生吸收的存款也就越来越多,如1922年大生纱厂第二十四届帐略中就有"存入款规银1139234.741"两,另有"暂时存款规银209511.444"两③的记载。1923年大生纱厂召开第二十五届股东常会,会议决定设立7人查账委员会,根据该查账委员会的报告书,我们对于当时大生纱厂吸收存款的情形可以有一个具体的了解。表3就是根据该报告书制作的各户存款详细情况说明。

表3　　1923年大生纱厂查账委员会报告书中存款户情况

单位:规元两

户名	存款数	户名	存款数	户名	存款数	户名	存款数
正记	10532	慎记	10400	永和	8600	老顺记	2621.889
新顺记	2491.232	恒大昌	5200	瑞昌顺	7000	怡隆	4588.004
祥大源	6600	立发	5000	东莱	3500	顺泰	8700.18
锡记	2600	鼎泰	400	复泰	500.52	元牲	500
协兴	500.651	协泰昌	985.2	大隆	900.9	鼎昶	10000
诚孚	5000	溥益	25720	通商银行	5961.6	致祥	15000
鸿胜	26000	裕丰	16858.5	厚康	3852.72	裕昌	7000

---

① 转引自陈真编《中国近代工业史资料》第四辑,生活·读书·新知三联书店1961年版,第59—61页。另可参见朱荫贵《论近代中国企业商号吸收社会储蓄》,《复旦学报》2007年第5期。

② 《大生企业系统档案选编》,第7页。原文为中国数字,此处改为阿拉伯数字,小数点后以"两"为单位。下同。

③ 《大生企业系统档案选编》,第152页。

续表

户名	存款数	户名	存款数	户名	存款数	户名	存款数
顺余	50000	育记	3000	溪纪	4320	骏记	21855
朱承德堂	23413.279	朱德馨堂	3000	信平	5000	鼎大	3000
澄衷学校	17047.25	袁鸿记	5460.042	郑永记	4256.4	植代堂	720
沈锡记	432	胡德记	10010.067	张尚记	243.158	蒋立记	1014.666
得记	819.72	黄远庸	3826.8	惜阴	6318.72	王穆记	2732.371
乐记	737.28	俞恪记	2160	东记	360	白振民	233.28
徐宋氏	216	旋记	2655.6	蒋季记	1560	宋陵记	322.234
林聚记	2160	庆记	3000	管自修	1271.52	得记	690.48
吴静珠	2068.416	吴静珠	7128.8	吴福记	7735.2	季记	631.296
桂义学堂	1229.804	谷记	1956.557	吴妙云	6277.6	福记	694.4
周少记	9000	公兴铁厂	6003.281	体仁堂	2332.8	裕本堂	8347.519
费定记	794.88	增记	712	程淡记	350	林记	4500
周少记	7257.6	胡二记	7662.133	蔽记	2062.08	黄克裳	786.696
师恒	246.528	婴堂田价	473.472	俞叙伦堂	360	陶瞻记	189.996
闵壁记	4344.192	退寿	900.955	兰记	720	教养公积社	2477.892
贻谷堂	2787.445	任遂记	576	闵之容	136.912	瑞记	2580.986
瑞记	3146.224	大悲庵	504	金记	1023.2	周吉生	157.824
徐钱氏	288	黄树概	725.76	直养斋	8945.28	刘经贤	1451.52
吴少记	797.76	陈午记	2160	刘祖威	731.52	刘祖威	720
经记	216	倪美记	2306.133	徐许氏	1612	朱麟之	227.496
朱陈氏	360	许韩氏	193.536	陈硕记	8945.28	高介记	720
张丙记	648	无逸居	219.893	顾嘉禄	360	德记	2384
育记	1104.768	杨壁记	288	保记	360	秀记	1224
毓记	3000	祝记	739.44	乐善堂	2020.8	硕记	1723.392
乐者堂	2125.33	晋祜逸记	147.033	毅记	4881.589	闵简记	4037.793
闵简记	703.03	张敬记	18743.088	张敬记	22117.586	高邵记	789.12
沈福记	161.28	彭记	3000	憎记	501.84	公记	789.12
白记	403.712	张宜记	1465.288	闵简亭	2089.362	培义堂晴记	777.6
叔记	720	金桃记	1018.933	吴沧围	828.24	章瑞记	1802.88

续表

户名	存款数	户名	存款数	户名	存款数	户名	存款数
鲁记	739.44	尊素堂	1530.72	义记	5000	仁记	4000
贵念记	394.56	增记	1000	傅生来	619.512	篠记	1058.111
公记	577.843	傅通记	199.063	王生荣	504	葵记	368.496
俞延宾	1080	畴记	1440	蒯叔记	2745.641	沈燕记	2177.4
林万记	1080	朱义记	361.56	文记	959.233	霩记	4965.36
协记	2055.688	王牲	720	永中公司	17434.568	各庄期款	68810.75
裕盛隆	64012.476	五金号尾款	1712.607	公债银团	1662.366	带耕堂	10800
养年堂	7200	咏芬堂	8756.898	沈文亮	288	徐积记	32
慎昌	502.96	汉运	598.88	汉运	1304.15	郑伯记	8000
阎记	5000	杨砚记	3500	海门淮海	3852.72	维丁	17361.11
海京	18529.28	具儒堂	23842.523	尊素堂	23842.523	实业同人	8873.772
恒泰当	2428.272	公济当	8205.6	金陵厘捐局	14125.188	梅记	744.853
青龙港河工	328.8	张芝仙	1496	陈兰记	4468.8	商笙伯	4000
江苏教育会	2192	费定生	1104	南通交易所	58273.5		

资料来源：《大生企业系统档案选编》，第195—203页。

大生纱厂1923年吸收储蓄的储户共有198户，总共吸收储蓄101.5万余两。这些储户的来源可谓五花八门：既有个人，也有商店、学校、公司，还有大悲庵这样的宗教组织，最多的是以"某某堂"或"某某记"为名的团体、组织或个人。从储蓄的数额来看，多的有几万两，少的只有几十两，但汇聚到一起，也是不少的一百多万了。这些储蓄存款，只需要付给储户利息，不需要用厂房、土地、机器、棉纱、棉花等作为抵押，相对于向金融机构借贷，对企业来说，当然更为方便和合算。

当然，不管是延迟分配、余利转股还是吸收储蓄，都有一个前提，这个前提就是企业运转正常，有利润可赚。如果企业的负债太多，加上外在环境巨变使得企业亏损，则企业的失败或倒闭就不可避免。大生企业在南通的口碑不错，但也未能避免这种命运，给它最后一击的，是金融机构的集体逼债。

三 金融机构的集体逼债：压死骆驼的最后一根稻草

上面已经提到，1925年，由中国、交通、金城、上海四银行和永丰、永聚钱庄等大生债权人组织的联合接管机构，以大生负债过重而清算和接办了大生各厂，① 那么，这时候大生到底欠了这些银行钱庄多少钱，这些机构又是如何逼得大生无路可走的？这里，我们依然以大生纱厂1923年查账委员会报告书中实在的欠款情况，再结合各金融机构逼债的资料进行探讨，也可从中看出当时银行与企业的某种关系和企业的生存环境。

表4是大生纱厂1923年查账委员会报告书中显示的大生欠金融机构债款以及借贷时用作抵押物的情况。

表4 大生纱厂1923年查账委员会报告书中欠金融机构债款明细

单位：规元两

银行、钱庄名	银数	抵押品情况
永庆公司	75000	借九江路二十二号南通房产公司屋为抵
四行联合处	300000	以一厂七万五千纱锭七百二十张布机作第一债权为抵
交通银行	140000	以一厂全厂纱锭布机作第二债权为抵
上海各钱庄（注1）	353000	以一厂第二债权及大丰公司债权三十万两作抵
中国银行	278000	借二厂纱机三万五千锭为抵
上海各钱庄银行（注2）	315000	同上
上海银行	400000	以副厂厂租作抵

---

① 《大生系统企业史》，第226页。

续表

银行、钱庄名	银数	抵押品情况
中南银行	111800	以吴淞道契及权柄单各十六纸计出浦地五十六亩二分三厘九毫为抵
金城银行	60500	同上
盐业银行	23000	以合德公司部照二百张计田五千亩为抵
大陆银行	18000	同上
兴业银行	95976.51	以吴淞出浦地十八亩四分四厘道契权柄单为抵
信康钱庄	30000	以大有晋债权作抵,已收大有晋南区田照三千亩
德昶润号	50000	以大有晋、大赉债权作抵,已收大有晋东余区田照四千亩、海晏区田照四百亩、大赉北区田照三千亩

注:1. 这里的"上海各钱庄"包括42家各种金融机构,多的一户有2万多两,少的只有二三千两。

2. 这里的"上海各钱庄银行"包括21家各种金融机构。"注1"与"注2"中的金融机构详细名单及所贷金额可见《大生系统企业档案选编》,第187—189页。

资料来源:南通市档案馆、南京大学等编:《大生系统企业档案选编》,南京大学出版社1987年版,第187—190页。

以上向各家银行钱庄抵押借贷的债款总数是225万余两。同报告书中还记载有向各家钱庄用证券抵押的债款221300两,用各种股票债券向各家银行钱庄抵押的借款1088261.606两的明细统计情况,这里因为避免烦琐不再一一列出。以上三种抵押借款的总数是3559838.11两。加上向私人以及各种组织吸收的储蓄1014999.716两,则1923年时大生纱厂的内外负债已达4574837.82两,数额巨大的负债加上当年经营的亏损,使得到期的债款难以偿还,也使得债权人的各家银行钱庄向大生纱厂的催还债款陡然升级。在现有的资料中,1923年到1924年多家银行钱庄向大生纱厂催还欠款的信函电报等连篇累牍,不仅使得大生难以应付,而且预示着大生纱厂已进入危险的经营状态。这里仅举大陆、盐业、金城、中南四银行1924年联合催促大生还款的函件为例,观察这时大生的资金艰难及无法还款的尴尬。

这份四银行联合催款函首先回顾了二月一日接到大生来函的内容，其中说"小厂于十二年十二月三十一号以全厂机器、房屋与宝行订立合同，押借元三十万两。其第六条甲项载明：抵押品之第一债权可由规元三十万两增押至一百六十万两，但此第一债权增押之权，仍为银行所有云云。今小厂因欠交通及各庄借款三十万两不能即还，已与商明，并加入此项抵押品内，惟因此项第一债权是宝行所有，今已与交通及各庄声明，所有第一债权以宝行所借三十万两为限，今增押之三十万两，当作为第二债权，与交通另订契约，似此并未侵占宝行权利，想诸公必可照允，即请与函交通证明"。这封四银行回顾大生纱厂的来函内容中透露了几个信息：其一，是1923年大生纱厂以全厂机器、房屋向四银行抵押借贷了规元三十万两，四银行为第一债权人；其二，是大生纱厂因另借交通银行和各钱庄三十万两无法归还，要将原抵押给四银行的抵押物全厂机器、房屋增加作为给交通银行和各钱庄作为抵押物；其三，将原给四银行的抵押物增加给交通银行和各钱庄作为抵押物，第一债权人仍为四银行，要求四银行致函交通银行表示四银行同意。

可是，大生纱厂的这个要求被四银行断然拒绝，拒绝的理由是"此项借款，自成立迄今已将一载，而借款合同规定各条多未切实履行"，并列举"如第七条，纱厂于本借款未到期之前，凡有其他收入，必须尽先归还本借款之本金全额，或一部分等语。经年以来，计贵厂收入款项数必不少四行等，并未见分文出入酌还一部分，或全额借款则更无其事矣！又如第十条，纱厂每日制成之纱计得若干箱，每箱开除原本，提规元一两五钱归还银行往来欠款外，如有盈余，无论多少，悉数提交银行，立大生第一厂借款筹还户名收存，积至每一个月底，取其整数还付本合同借款之一部分等语。此项纱布之余，从未准贵厂拨存，若谓纱价未见起色，盈余无多，亦应详细报告四行等，俾可了然其真相，乃并一报告而无之。又如第十二条，纱厂应向妥实之保险公司保足火险，银数六十万两，保险单交付银行收执等语，而敝行等仅收到保险单三十万两一纸，未能足额，故敝行等对于此项借款已属惶惑不安。现在此抵押借款行又届付息之期，而可付之息何在？统未据见示"。因此，"四行等综以上各项情形，对于贵厂请求增加押款作为第二债权云云，实不敢承认。或者请查照合同第六条甲项所载，纱厂必须增押时，纱厂可提前还清本借款本息，方得转押他人之办法履行，将本借款本息如数偿清，另行转押，以符合同而资结束。所嘱函与交行证明一节，碍难照办，相应函复查照"。①

此后，大陆、盐业、金城、大陆四银行还在1924年2月16日、5月3日、5月28日、6月18日、6月19日不断催促大生纱厂还款。使得南通大生纺织公司应接颇难。此后，从1924年11月25日四行给南通大生纺织公司驻沪事务所吴寄尘的函中可以看出，此前吴寄尘从南通返沪，"传述啬公（张謇）之意，谓押品可以处分，但须不卖与日本人"，四行的回复是："研究其所谓不卖与日本人者，大似贵厂对于债务本息则延宕不愿清理，对于押品则以国际关系牵制其处分"。断然称"负债方如此用心，债权危险以至极地"。并进而声称"四行本息只欲至期如数归偿，押品当然不必处分，否则，债权者受债务者不能清偿之所迫，以致处分押品，其一切责任悉为债务者负之，债权者不负责也"。②

最终，1925年大生纱厂被中国、交通、金城等银行和永丰、永聚等银行钱庄债权人组织的银行团清算接办，大生纱厂在辉煌了二十多年后，终于黯然谢幕。

从上述的回顾及简述中可以看出，大生集团在创办时，原始资本往往不敷用于固定资产的投资，开工后，流通资金短绌，不得不靠大量"调汇"向外的抵押借款来维持营运。在分配时，为维持股东对企业的支持和今后招股时有号召力，"官利""余利"不得不

---

① 南通市档案馆、张謇研究中心编：《大生集团档案资料选编》，纺织编（三），方志出版社2004年版，第202—203页。

② 南通市档案馆、张謇研究中心编：《大生集团档案资料选编》，纺织编（三），方志出版社2004年版，第205页。

分,在扩大自身规模和发展企业集团时,同样要利用已有企业的支持以及对外借贷来维持,这种发展模式在近代中国民间资本企业中十分普遍,荣家企业集团、刘鸿生企业集团等均是如此。[①] 但是,这种发展模式的最大弱点,就是企业的基础不稳,难以抵抗外在环境大的变化,只要外在环境的变化使得企业难以持续获得"调汇"贷款,资金链断裂时,企业的危机也就来了。大生纱厂的发展以及被银行团清算接办,并非偶然,而是当时中国民间资本企业发展过程中较为典型的案例。

(原载《广东社会科学》2016年第2期)

---

① 参见朱荫贵《中国近代股份制企业研究》,上海财经大学出版社2008年版,第二章。

金融证券与资本市场篇

两次世界大战间的中国银行业

1918年至1937年,即两次世界大战间的这段时期,在近代中国历史上占有特殊地位。许多影响此后中国历史的制度和因素,都可以在这段时期中找到源头。在经济方面,它留下的不仅是近代中国资本主义发展最快的一段记录,而且是外来经济组织和制度在中国土地上成长的独特轨迹。这份遗产,很值得我们去认真地分析和研究。本文通过对这段时期特别是1927—1937年中国银行业的考察,①探讨这种外来金融组织在中国成长的状况和特点,并对导致其发展的因素和条件提出一些不成熟的个人看法。

一 两次世界大战间中国银行业的发展趋势

学术界在涉及此期间中国银行业的发展演变时,一般都用速度较快来形容,但具体如何"较快",其"快"的具体内涵以及银行业的整体状况,在已有的研究成果中,全面反映的却为数不多。因此,笔者首先整理了以下统计表,希望通过这些统计表,对这期间中国银行业的演变全貌,有一个较为明确的数量概念。

首先从银行设立的数量上进行观察。为有一个具体比较,现将中国出现首家银行至1937年四十余年间各年设立和停业的银行数目列表如下:

---

① 1927—1937年的中国银行业,与此前相比,发展变化的特点更为典型和丰富,因此本文将分析重点置于此时期。

表 1　　　　1896—1937 年中国银行设立、停业统计　　　　单位：家

年份	设立银行数	停业数	现存数
1896	1		1
1902	1	1	1
1905	1	1	1
1906	2	2	1
1907	3		4
1908	4	3	5
1909	1	1	5
1910	1		6
1911	3	2	7
1912	14	10	11
1913	2	1	12
1914	3	1	14
1915	7	5	16
1916	4	3	17
1917	10	9	18
1918	10	6	22
1919	16	9	29
1920	16	14	31
1921	27	18	40
1922	27	19	48
1923	25	20	53
1924	7	5	55
1925	9	7	57
1926	7	7	57
1927	2	1	58
1928	16	5	69
1929	11	3	77
1930	18	6	89
1931	16	6	99
1932	13	4	108

续表

年份	设立银行数	停业数	现存数
1933	15	3	120
1934	22	4	138
1935	18		156
1936	5		161
1937	3		164
年月不明者	50	50	

注：1. 这里的中国银行，指除在华外国银行以外的本国银行。
2. 唐传泗和黄汉民先生曾对1925年以前成立的本国银行数量进行过考察（见唐传泗、黄汉民《试论1927年以前的中国银行业》，《中国近代经济史研究资料》第四辑，上海社会科学院出版社1985年版），据他们研究，1925年前成立、停业和存在的银行数量都比银行年鉴统计的数量要多。因此处引用银行年鉴的资料在1927年前变化趋势与唐、黄先生的一致，而这里考察的主要是1927年以后的发展变化，故仍然引用此资料。
3. 中国的第一家银行即中国通商银行的成立时间，一般都以1897年即正式开业为准。这里统计表中出现的时间是1896年，是以清政府批准的时间为准。
4. "现存数"一栏为笔者计算。
资料来源：中国银行总管理处经济研究室编：《全国银行年鉴》，1937年，第A7—8页。

从表1看，在这四十余年中国银行业的发展过程中，晚清时期华资银行的数量不足十家，总体说无足轻重。两次世界大战间有两段时期是银行创立的高峰期，一段是1917年至1923年，一段是1928年至1935年。前一段时期显然受第一次世界大战的影响，即与这次世界大战从外部给中国资本主义发展造成了难得的机遇有关。第二段即本文准备重点论述的1927年至1937年的这段时期，这段时期是银行业数量增长的又一个高峰。1937年《全国银行年鉴》在分析这十年的银行业发展时总结说："在此十年中，新设之银行达一百三十七家，其中已停业者仅三十一家，现存者达一百另六家，占现有银行三分之二强，易言之，现有银行一百六十四家，其中三分之二，均成立于最近十年之内。可见此短短十年实为我国银行史上之重要阶段。"[①] 同时，这时期与上一个高峰期相比还有明显的一点差异，即1917年至1923年成立银行131家，停业95家，停业率达

---

① 《全国银行年鉴》，1937年，第A5页。

72.5%。1928年至1935年成立银行129家,停业31家,停业率只有24%,明显低于1917至1923年时期,表明银行业在第二个高峰期的发展性和稳定性均好于上一个高峰期。表2显示了1934年后分类银行和分支行的数量演变情况:

表2　　1934—1937年银行业分类、分支行及行员变动情况

银行类别	总行数（家）			分支行数（家）			行员数（人）	
	1934年	1936年	1937年	1934年	1936年	1937年	1936年	1937年
中央及特许银行	3	4	4	255	390	491	7341	9195
省市立银行	20	25	26	226	331	464	4329	5540
商业、储蓄银行	80	80	73	372	383	408	8917	8903
农工银行	20	31	36	86	147	173	2529	2515
专业银行	13	15	15	46	51	56	1356	1243
华侨银行	10	9	10	53	30	35	1180	1482
共计	146	164	164	1038	1332	1627	25652	28878

注:1.1934年的"类别"原有10类,现将"国立和特许"银行合为"中央及特许"银行。将"省立"和"市立"银行合为"省市立"银行。将"实业"银行归入"农工"银行之中。故现分类为6类。
2.1934年的统计中无行员数。
资料来源:1934年的数据见《全国银行年鉴》,1934年,第A4页;1936年和1937年的数据见《全国银行年鉴》,1937年,第A10页。

从表2看,这几年总行数的变化不明显,除农工银行数量有较大增长外,其他银行数量均变化不大,商业银行的数量甚至减少了几家,但分支行的数量却有很大变化。其中,除华侨银行的分支行数减少外,其他银行都有不同程度的增加,尤其以中央银行、特许银行和省市立银行的分支行数增加明显,行员数量也有较大增长。特别是中央及特许银行本行只有4家,但分支行数和行员数均占第一位,远远超过其他银行,表明1927年南京国民政府成立后,通过设立中央银行和改编中国银行、交通银行和中国农工银行为特许银行等手段,在银行业中的实力有了明显增强,进而对银行业也有了更强的控制能力。当然,从总体上看,银行业的发展仍然保持着覆盖范围继续扩大、稳中有增的趋势。

下面我们再从资本数量、储蓄存款及纯利润等指标进一步考察这期间银行业的实力变化情况。

表3　　　　1927—1936年银行实收资本统计　　　　单位：万元

类别	1927年	1928年	1929年	1930年	1931年	1932年	1933年	1934年	1935年	1936年
中央及特许银行						5343	5343	13372	15972	15972
指数						100	100	250	299	299
省市立银行						3708	4206	3209	3716	5499
指数						100	113	86	100	148
商业银行						5778	6564	7209	7462	7908
指数						100	114	125	129	137
储蓄银行						344	349	350	250	350
指数						100	102	102	79	102
农工银行						1773	2224	2637	2870	3339
指数						100	125	149	162	188
专业银行						1984	1837	1855	1846	1954
指数						100	93	93	93	98
华侨银行						2560	4560	4788	4731	5028
指数						100	178	187	185	196
共计	11705	14416	14903	15020	15578	21490	25084	33419	36847	40050
指数	100	123	127	128	133	184	214	286	315	342

注：1. 1927—1931年的资料为全国28家重要银行的数字，因无具体的分类项目，故只有"共计"一栏数字。

2. "共计"栏下的指数为笔者计算，经过四舍五入处理。

3. 原表单位为"元"，这里改为"万元"，万元后的数字采取四舍五入的方式处理。

资料来源：1927—1931年的数字见中国银行总管理处经济研究室编《中国重要银行最近十年营业概况研究》，新业印书馆1933年版，第311页。1932—1936年数字见《全国银行年鉴》，1936年，第A19页。

表4　　　1927—1936年银行业各项存款、放款及纯益统计

单位：元

年份	各项存款	指数	各项放款	指数	纯益	指数
1927	976122496	100	908019930	100	11442000	100

续表

年份	各项存款	指数	各项放款	指数	纯益	指数
1928	1123470646	115	1056358175	116	13530294	118
1929	1320151727	135	1221940222	135	18967392	166
1930	1620261033	166	1420540837	156	21591571	189
1931	1860656525	191	1603905114	177	21065553	184
1932	2115667462	217	1857406025	205	29225972	255
1933	2594129555	266	2327086912	256	32522819	284
1934	2981377182	305	2606902211	287	39317532	344
1935	3779417705	387	3185424460	351	36567302	320
1936	4551268962	466	3195598763	352	49916318	436

注：1. 1927—1931 年为中国近代 28 家重要银行的统计数字。
2. 各项指数均为笔者计算。
资料来源：1. 1927—1931 年的数字见《中国重要银行最近十年营业概况研究》，第 314、315、326 页。
2. 1932—1935 年的数字见《全国银行年鉴》，1936 年，第 A56、A61 页。
3. 1936 年的数字见《全国银行年鉴》，1937 年，第 A47、A53、A57 页。

上述这两个统计表中的实收资本、存款放款和纯益数字，均呈现出稳定的增长。其中，十年间实收资本和放款增加 2 倍多，而存款和纯益增加 3 倍多的情况，从不同的侧面和角度表明了这期间中国银行业的快速发展状况和增长水平。下面再将全国银行资产总额的变化情况做成统计表 5，从中可以对银行的实力得到更清晰的印象。

表 5　　　　　1932—1936 年全国银行资产总额统计

单位：元

年份	资产总额	指数
1932	3003282010	100
1933	3657736575	122
1934	4295587071	143
1935	5428652719	181
1936	7275890751	242

资料来源：1932—1935 年的数字见《全国银行年鉴》，1936 年，第 A52 页。1936 年的数字见《全国银行年鉴》，1937 年，第 A42 页。指数为笔者计算。

据统计表5，1932年时全国银行资产总额在30余亿元，1936年时，资产总额已增长到72余亿元。时隔4年资产总额增长近1.5倍，增速不可谓不快。

以上统计显示的是银行业的快速发展情况，但是，这期间银行业发展的缺陷和不足也相当突出，其中最明显的仍然是银行资本金额的普遍不足和银行地域分布的不平衡。表6对1934年以后银行资本级别数的变动情况作出了统计：

表6　　　　　　　　　全国银行资本级别统计

资本级别	1934年		1936年		1937年	
	行数（家）	百分数（%）	行数（家）	百分数（%）	行数（家）	百分数（%）
5万元以下			7	4	5	3
5万—10万元	16	9.4	12	7	13	8
10万—50万元	59	34.7	35	22	34	21
50万—100万元	33	19.4	36	22	36	22
100万—500万元	38	22.4	58	35	56	34
500万—1000万元	10	5.9	8	5	9	5.5
1000万元以上	7	4.1	7	4	9	5.5
未详者	7	4.1	1	1	2	1
共计	170	100	164	100	164	100

资料来源：1934年的数字根据吴承禧《中国的银行》，商务印书馆1934年版，第11页数字计算。1936年、1937年的数字见《全国银行年鉴》，1937年，第A44页。

从表6看，直到1937年，资本在100万元以上的银行数量与1934年相比，虽有一定的增长，但仍只有74家，仅占银行总数的45%，资本在500万—1000万元和1000万元以上的银行分别只有9家。银行总体资本的薄弱状况，仍然是一目了然的事实。

除银行资本的普遍薄弱外，银行地域分布的不平衡现象更为严重。以下整理出的三个统计表从不同的角度反映了银行分布的不平衡状况：

表 7　　1925 年、1934 年、1937 年银行分布情况

省别	1925 年（家）	1934 年（家）	1937 年统计	
			总行（家）	分支行（处）
江苏	44	75	66	421
浙江	9	19	24	151
河北	37	13	10	189
山东	9	7	4	58
河南	1	1	1	72
山西	4	2	1	40
陕西	1	1	2	48
甘肃	1	—	—	5
江西	6	3	3	79
湖北	7	2	3	69
湖南	—	1	4	40
四川	1	8	15	110
福建	2	6	4	70
广东	9	6	7	52
广西	—	1	2	42
云南	1	1	1	6
辽宁	4	8	—	18
吉林	1	6	—	9
黑龙江	—	1	—	3
热河	1	—	—	—
察哈尔	1	—	—	4
绥远	2	1	1	10
安徽	—	—	1	79
西康	—	—	1	—
贵州	—	—	—	4
新疆	—	—	1	8
海外	—	8	7	12
其他	—	—	5	24

资料来源：1925 年和 1934 年的数字见吴承禧《中国的银行》，商务印书馆 1934 年版，第 12 页。1937 年的数字见《全国银行年鉴》，1937 年，第 A17—18 页。

从表 7 看，1937 年，江苏、浙江两省拥有的银行数，总行共 90 家，占全国的一半多；分支行 572 家，也占全国的 1/3 强。全国银行分布不平衡的状况，仅举这样一个例子，就可以得到充分的反映。而银行在各大城市的分布情况，可通过表 8 进行观察。

表 8　　　　　　　　九大城市银行数量统计

城市	1925 年	1934 年	1936 年	
			总行	分支行
上海	33	59	58	182
北京	23	2	3	56
天津	14	10	8	58
汉口	7	2	4	29
重庆	1	8	9	17
杭州	8	6	6	15
广州	1	6	6	16
青岛	—	—	3	20
南京	—	—	2	51

资料来源：1925 年、1934 年的数字见吴承禧《中国的银行》，商务印书馆 1934 年版，第 12 页。1936 年的数字见《全国银行年鉴》，1936 年，第 A16 页。

根据表 8，1936 年时上海一市之银行总行即达 58 家，占全国银行总数的 35%；分支行 182 处，占全国分支行总数的 13.7%。如以上述 9 城市银行数量合计论，则总行达 99 家，占全国银行总数的 61%。如以江浙二省所占的银行数量，再以土地人口所占的比例加以比较，这种不平衡的状况在表 9 中反映得就更为明显。

表 9　　　　　　　　全国银行分布比例　　　　　　　　单位：%

地域	总行百分数		分支行百分数		人口百分数	土地百分数
	1936	1937	1936	1937		
江浙两省	59	55	36	35	16	3
其他各地	41	45	64	65	84	97

续表

地域	总行百分数		分支行百分数		人口百分数	土地百分数
	1936	1937	1936	1937		
共计	100	100	100	100	100	100

资料来源：《全国银行年鉴》，1937年，第A19页。

当时江浙二省人口约占全国人口的16%，土地面积约占全国土地面积的3%，但1936年时，这两省拥有的银行总行数占全国总行的59%，1937年占55%；分支行1936年占全国分支行总数的36%，1937年占35%；仅占全国土地3%和人口16%的江浙二省，其拥有的银行数量占全国银行如此大的比例，则当时中国银行业分布不平衡的状况，实在令人印象深刻。显然，这种现象与当时中国经济发展总体不平衡的状况密切相关，但是有一点我们应当注意，就是从1936年、1937年两年的统计数字看，这种不平衡的状况已开始略有一点改变，这种现象说明什么问题，值得进一步进行探讨。

以上主要是通过统计数字对两次世界大战期间尤其是1927年至1937年银行业发展演变情况所做的大概考察。从这些统计表来看，尽管这期间银行业的发展还存在不少问题，但中国银行业处于一个快速的发展阶段则无可置疑。还在1925年即北洋政府统治的末期，中国华资银行的实力大体就能够与在华外资银行和中国钱庄业相抗衡，成为鼎足而三的一方。① 1927年至1937年，中国银行业的快速发展与外资银行业的基本停滞和钱庄业的衰退更形成鲜明的对照。② 那么，导致此期间中国银行业快速发展的决定性因素是什么？这期间中国银行业的快速发展，反映出什么问题？在前人对此的研究和回答中，还有没有关注不够或者遗漏的地方？提出这样一些问题并进一步深入探讨，无疑对深化认识这期间中国银行业的发展乃至这时期的中国社会有着明显的意义。

---

① 参见唐传泗、黄汉民《试论1927年以前的中国银行业》，载《中国近代经济史研究资料》第四辑，上海社会科学院出版社1985年版。

② 当另撰专文介绍。

检视前人的研究成果,在对这期间银行业的状况进行分析时,大部分都认为这时的快速发展是一种不正常的现象,是一种畸形的"繁荣"。例如,桑润生编著的《简明近代金融史》第 110 页,就用"中国银行业的畸形发展"作为这一节的标题。西南财经大学出版社1993 年出版的高等院校金融类教材《中国金融史》,在叙述这期间金融和银行业发展时,所用章节的标题是"第一次世界大战后中国金融业的迅速发展和战后的畸形发展"。中国金融出版社 1985 年出版的高等财经院校试用教材《中国近代金融史》,除在第 168 页用"银行业的畸形发展和倒闭风潮"作为标题外,还指出其畸形的原因为:"从 1928 年起,曾一度出现过银行的畸形发展。其主要原因是国民党政府滥发公债引起银行业的公债投机,以及从事房地产投机所形成的"。张郁兰编写上海人民出版社 1957 年出版的《中国银行业发展史》,第 66 页指出这期间银行业发展的原因是:"随着帝国主义经济侵略的加深和反映帝国主义矛盾的军阀混战的激烈化,一方面造成国民经济日益陷入破产的境地,另一方面造成都市金融的畸形'繁荣',银行业就在这个基础之上,依然干其投机业务而发展起来。"

整理前人的研究成果可以看出,在分析这期间中国银行业快速发展的原因时,基本是从这期间内地农村破产、现金大量流向城市尤其是沿海大城市后导致城市游资增多;国民党政府成立后高折扣大数量滥发债券,银行从中获取丰厚利益;国民党政府形成金融垄断网,获取超额利润以及银行业从事房地产业投机获取利益等几个方面进行分析的。[①] 应该说,这些分析均从不同的侧面和角度触及了这期间中国银行业快速发展的某些要因,都有其符合事实的一面。但是,与此同时,我们也发现这些研究还存在共同的一个特点,即这些对银行业发展原因进行的研究,大体是从社会环境和外部条件

---

① 其中代表性的著作如张郁兰《中国银行业发展史》,上海人民出版社 1957 年版;桑润生编著《简明近代金融史》,立信会计出版社 1995 年版;《中国近代金融史》编写组《中国近代金融史》,中国金融出版社 1985 年版等。

出发进行的分析，对直接影响和涉及银行业发展的另外一些因素特别是内在因素却重视不够，例如，国民党政府成立后经济金融政策是如何制定的？银行业快速发展在国民党政府统治期间表现得特别突出与这些政策是否有关？这期间银行业自身出现了哪些变化？这些变化对银行业自身发展的状况有什么影响？这期间中国银行业的经营理念和经营方式有什么特点和变化？等等。也就是说，对直接涉及银行业制度和银行业内部变化等方面的因素探讨还很少，这些方面的问题还没有引起研究者足够的重视。但是，这些因素不仅直接影响近代中国银行业的发展变化，而且与近代中国金融业的发展也密切相关。因此，可以说，过去在探讨银行业发展演变的因素时还留有空白，特别是在探讨银行业内在因素方面的空白还较多，这种状况势必导致研究结果不够全面甚至某些结论可能出现偏差。鉴于此，这里将这期间特别是1927年后十年间银行业发展演变的制度因素和内在变化作为分析的重点，希望通过这种分析，对改变此前这方面研究的不足状况有抛砖引玉的作用，目的是使我们对这段历史的了解，能够更为客观和全面。

二 影响银行业发展的制度和政策因素

美国新经济史学派的代表人物道格拉斯·C.诺思特别强调制度变迁对经济发展的作用，认为即使在技术没有发生变化的情形下，通过制度创新或变迁也能提高生产率和实现经济增长。他认为，尼德兰和英格兰地区之所以首先在西方世界兴起，是因为那里最早进行了产权结构方面的变革，从制度上激发和保护了经济领域的创新活动，法兰西和西班牙没有做到这一点，因此它们才在竞争中失败并大大落伍了。[①] 诺思所指的制度，并非"体制"，而是经济学上的

---

① 参见［美］道格拉斯·诺思和［美］罗伯特·托马斯《西方世界的兴起》，厉以平、蔡磊译，华夏出版社1988年版；［美］道格拉斯·诺思《经济史中的结构和变迁》，陈郁、罗华平等译，上海人民出版社1994年版。

制度,"是一系列被制定出来的规则、守法程序和行为的道德伦理规范"。[①] 不管我们是否同意他的看法,经济制度变革因素在经济发展中的作用确实应当给予足够的重视,特别是在一个社会变动剧烈的时期更是如此。

如果我们拿此期间的银行业与此前的银行业进行比较,我们会发现,1927 年后的银行业与此前银行业的最大不同,是银行体制方面发生了相当大的变化。这些变化最直接的外在表现,是形成了以中央银行为首的国家银行和地方银行、专业银行等的不同银行组织体系(尽管这种组织体系仅仅是初步形成),以及一系列有关银行业法律法规的颁布和金融领域中的种种变动如币制改革等等。导致这些变化的直接原因,又与国民党政府的经济金融政策有直接的关系。

第一,经济金融政策的影响。经济金融政策对银行业发展的影响具有整体性和强制性的特点。这一期间南京国民政府经济金融政策的后果之一,是直接推动形成了新的银行业组织体系。我们知道,银行作为一种金融组织形式,是近代中国人在与西方打交道后引进的一种与过去钱庄票号等传统中国金融组织不同的新型金融组织,中国人自己的银行从晚清末年开始兴办,到南京国民政府成立之前的三十余年间,虽然在数量上已发展到几十家,但彼此之间并不成系统,也无特色,相互之间也很难说有分工和统属关系。也就是说,虽然有了银行,但还处于发展的起步阶段。但是,我们看到,本时期这种情况有了相当的改变:一是形成了以中央银行为首的国家银行体系,与国际汇兑银行、地方银行、专业银行构成了上下左右的银行层次,初步形成了近代中国的银行体系;二是在银行的专业领域中初步建立了分工。尽管这些变化与规范意义上的银行组织体系建立和专业分工的状况相比还有相当大的差距,但与此前相比,毕竟有了很大的不同。追溯原因,这种状况与国民政府成立后的经济

[①] 诺思:《经济史中的结构和变迁》,陈郁、罗华平等译,上海人民出版社 1994 年版,第 225—226 页。

金融政策有直接的关系。

在江浙财团支持下建立起来的南京国民政府，与此前的北洋政府相比有很大的不同，特别是在全面抗战爆发前的这十年间，其资本主义色彩更为浓厚应该说是一个不争的事实。这个特点，在其经济金融政策方面反映得更为明显。他们了解金融的重要性，也深知银行是掌控金融的关键。因此，国民政府建立后，不久即召开的全国经济会议和全国财政会议的重要议题之一，就是从制度上对银行业进行宏观规划和改造。例如，在全国经济会议提出的金融议案中，首先就强调银行对国家的重要性，把金融与国家的关系比喻为血液与人身体的关系，认为"金融之于国家，犹血液之于人身，未闻血液浑浊而人身壮健者也，未闻金融紊乱而国家富强者也"，并指出，"方今国事渐平，训政肇始，整顿金融，自属亟不容缓之事"，而"欲期整顿金融，先应规定银行制度，厘定统一币制，整顿纸币办法，斯为急务……"①

由于认定银行的"组织之健全与否，与金融之安稳有极大关系"，因此会议形成决议，认为中国的银行制度应"分国家银行、地方银行及普通商业国际汇兑银行等"类型建立。认为"国家银行组织之健全，为整理金融之前提，其要点在经理国家之收支"。而建立地方银行，则是"因国家银行之设立，太半系在中心地点，不能不有地方银行辅助之"。针对普通商业银行当时已经"设立甚多"的情况，会议提出，"当特设条例以规定之"。至于国际汇兑银行，会议认为，应当"以雄厚之资本作汇兑之事业，免为外国银行所垄断"。② 会议提交的议案中，对于国家银行和国际汇兑银行特别给予强调，认为"整理币制、改良圜法、统一财政及调剂全国金融，均非有健全之国家银行不可"。至于国际汇兑银行，会议将其定位在掌

---

① 全国经济会议秘书处编：《全国经济会议专刊》，商务印书馆代印，1928年，第175页。

② 全国经济会议秘书处编：《全国经济会议专刊》，商务印书馆代印，1928年，第40页。

控对外金融方面，认为"国际上关系当以贸易为最重要"，"非亟谋发展之道不可"，"而发展之方简洁言之，又非以提倡国际汇兑银行不为功"。① 并从对外汇款、汇票贴现，对外借款，调节金银进出口等三个环节进一步阐述设立国际汇兑银行的理由。

会议还分别议决了国家银行案、地方银行案、国际汇兑银行案、储蓄银行条例草案、农工银行条例草案和银行条例草案等议案。在随后召开的全国财政会议上，财政部提出的《整理财政大纲》议案中，同样将改良银行制度置于突出地位，明确提出："银行政策恒与全国金融息息相关"，认为"今日为中国谋银行之发达，须行左列数事"即组织中央银行、筹备汇业银行、提倡储蓄银行。② "确定银行制度"作为新政府经济政策的重要一环，被纳入会议制定的《财政部十七年度财政施行大纲》，具体规定是："甲、组织国家银行以代理国库、发行钞币、整理金融为唯一任务。乙、筹备汇业银行以为国内外汇款划抵周转之枢纽。丙、筹设农工银行以发展农工事业。"③

应当注意的是，这是中国历史上第一次以国家权力对银行体系——这个近代中国社会中新式金融组织的发展进行整体规划和改造，对当时中国银行业发展的规范和作用不可忽视。此后，作为国家银行的中央银行于1928年11月成立，资本金2000万元，1935年增加到一亿元，全属官股，由财政部发行公债抵充。享有经理国库、铸发国币、经理内外债和管理其他银行存放款等权利。同时将中国银行和交通银行改组为国际汇兑银行和实业银行，1935年又进一步增加官股，分别取得中国银行和交通银行50%和55%的股权。同年将1933年设立的豫、鄂、皖、赣四省农民银行改组为中国农民银行。此外还于1930年成立了邮政储金汇业局，专营储蓄汇兑。1934年成立了中央

---

① 全国经济会议秘书处编：《全国经济会议专刊》，商务印书馆代印，1928年，第91、106—107页。

② 详见《整理财政大纲案》，全国财政会议秘书处编《全国财政会议汇编》，大东书局代印，1928年，审查报告一，第18页。

③ 《财政部十七年度财政施行大纲》，全国财政会议秘书处编《全国财政会议汇编》，大东书局代印，1928年，第二类，第4页。

信托局，控制各种出口物资的收购业务和经办信托保险业务。这样就完成了对国家银行体系的建立和改造。其他银行的分类和规划，也没有脱离这两次会议的思路和框架。而且，由于被赋予掌控对内对外的金融功能，国家银行和国际汇兑银行始终占有特殊的位置。

可以说，对于银行体系的规划和设置，是本时期银行制度变化的一大特点。并且，这种对银行制度的干预和规划，并非一时一事的权宜之计。除上述提到的种种内容外，1935 年，国民政府还由财政部出面推出了一个《银行整理大纲》，把整理银行的步骤设定为三段："第一段，先确立银行之性质，将现存银行加以区分；第二段，平均经济保管权限，使资金不致全部集中都市；第三段，实行联立政策，使银行业规率化合理化。"此后，至 1937 年抗战全面爆发前约两年的这段时期内，这个大纲已经在逐步推行。如"关于第二项。各银行之纷在内地设立分支行，已可证明其趋势，而苏浙各地之先后设立县乡银行，尤为此种政策之结果"。第三项"联立制度"，是"为实行（银行）合并政策"而采取的"初步之折衷办法"，实行的目的，是要使"银行的资本增加、势力雄厚"，是使"支出亦可减少"的措施。换言之，是对 1935 年金融危机采取的一种应对办法。"自廿五年七月后，其合并方法与助长计划已在逐渐发动"，"廿五年江浙商业储蓄银行之并于中汇银行，廿六年太平银行之并于国华银行；川康殖业银行、重庆平民银行、四川商业银行合并为川康平民商业银行；广东实业银行、丝业银行之并于广东省银行"，"乃其先导也"。① 显然，在全面抗战爆发前，国民政府对银行业的规划、改造和控制，一直没有停止。

考察这一时期国民政府的一系列经济金融政策，其导致的直接后果之一，就是政府对金融业尤其是银行业的控制能力明显加强。截至全面抗战前，中国银行业的资本总额"共达四万一千二百八十五万余元，其中由中央政府地方政府独资经营，及由政府与民间共同出资者，

---

① 沈雷春编：《中国金融年鉴》，1939 年，台湾文海出版社 1979 年影印本，第 107、116 页。

已超过两万五千万元以上,约占全国银行总资本额之大半。足证近年我国政府,对于为金融机关中枢之银行业,颇有控制之实力"。①

在学术界对近代中国金融业的研究中,有不少人对南京国民政府统治时期的经济金融政策提出批评。其中,尤以对"四行二局"为中心的金融垄断体制提出的批评为多。笔者认为,对于这时期国民政府的经济金融政策,不应采取简单化的方式进行评价,我们在指出其对民族资本银行业的发展有一定压制作用,有利于实现国民党一党一府独裁统治的同时,也应当看到国民政府的经济金融政策,对我国近代银行体系的制定和建立,对这时期整个中国银行业的规划和发展都有一定的推动作用。实际上,成立以中央银行为首的国家银行体制,符合当时银行业发展的国际潮流,设立后,其作用也并非都是负面的,如无这时期国家银行体系的建立和对银行业的整体规划,中国银行业不可能在短时间内脱离发展的幼稚期而成为"重要的发展阶段"。同时,其间金融业中的重大变化,如30年代在金融史上占有重要地位的两次币制改革,即统一货币的废两改元和以纸币取代金属货币的法币改革,如无国家银行体系的建立和货币发行权的集中,在实施的过程中也将会遭遇更多的艰难,路程也会更为漫长。

第二,银行业法律法规的变化。在分析这时期银行业的演变时,还应当特别关注银行业法律法规的变化状况。因为,银行业法律法规既是国家经济金融政策作用于银行业的直接反映,同时也是银行业内在变化的直接体现。这时期制定颁布的银行法律法规数量较多,但其重要和中心的法律是1931年颁布的《银行法》。它与1908年颁布的《银行通行条例》和1924年颁布的《银行通行法》,共同构成近代中国银行业法律法规演变的三个阶段。也就是说,从银行法律法规内容变化的这一侧面,我们可以探索到晚清、北洋和民国时期中国银行业演变的某些轨迹和这期间中国银行业快速发展的原因。②

---

① 沈雷春编:《中国金融年鉴》,1939年,台湾文海出版社1979年影印本,第114页。
② 这三部银行法可参见《全国银行年鉴》,1934年,第五章"银行法规"部分。

1931年颁布的《银行法》共51条，与1908年《银行通行条例》的15条、1924年《银行通行法》的24条相比，在数量方面首先有了明显增加。据主持制定《银行法》的著名学者马寅初介绍，他是从7个方面确定这部《银行法》的立法原则的，即营业范围的确定，巩固银行资本的充实，助长稳健的经营，保护储户的利益，监督调剂银行业，防遏不当的竞争，谋取银行的改善和进步。[①] 因此，这部银行法的很多内容，尤其是在覆盖范围、监督内容及手段等方面，与过去相比，都有了更加具体明确的规定。除此之外，明显的变化还表现在以下两个方面：（1）组织。《银行法》一改前此两个银行法组织范围包罗万象的做法，明确规定，银行应为公司组织。具体形式可分为股份有限公司、两合公司、股份两合公司和无限公司四种。同时规定，凡创办银行须注册者，应先订立章程，载明银行名称、组织、总行所在地、资本总额、营业范围、存立年限、创办人的姓名住所等，如系招股设立的银行，还应订立招股章程，呈请财政部核准才得招募资本。（2）资本。《银行法》规定，股份有限公司、两合公司、股份两合公司组织的银行，其资本额至少达50万元。无限责任公司组织的银行，至少达20万元。同时规定股份有限公司的股东，及两合公司、股份两合公司的有限责任股东，应负所认股额加倍的责任。

摈弃独资、合名和合资的组织方式，明确规定银行必须是公司组织，以及规定银行开办的最低资本额，显然是从如何规范银行业发展的角度提出的，体现了规则制定者"谋取银行的改善和进步"以及"图银行资本充实"的意图。如果说，这种规定与过去相比只是在内容上更进一步、更严格明晰的话，以下条文的规定，却是以往的银行法中没有出现过的新内容，更值得关注。

《银行法》第十四条规定："无限责任组织之银行应于其出资总额外，照实收资本缴纳百分之二十现金为保证金存储中央银行。前

[①] 《普通银行法草案具体说明》，《马寅初经济论文集》第一集，商务印书馆1932年版。

项保证金在实收资本总额超过五十万元以上时其超过之部分得按百分之十缴纳,以达到三十万元为限。前二项之保证金非呈请财政部核准不得提取。"第十六条规定:"有限责任组织之银行于每届分派盈余时,应先提出十分之一为公积金,但公积金已达资本总额一倍者不在此限。"第三十四条规定:"银行对于任何个人或法人团体非法人团体之放款总额,不得超过其实收之资本及公积金百分之十。但有左列情形之一者不在此限:一,超过部分之债务有各种实业上之稳当票据为担保者;二,超过部分之债务附有确实且易于处分之担保品者。"[①] 也就是说,在没有抵押的情况下,银行的放款总额不能超过实收资本及公积金的百分之十。

我们知道,钱庄票号等传统中国金融组织的经营习惯,或者可以说是中国悠久商事习惯中的特点,一是每年获利都分给股东,不作公积金积累;二是讲究商业传统,重视对人的信用,表现在经营上就是重视信用放款,不重视抵押贷款。应该说,这种习惯长期行之有效,但它适应交往相对简单、规模有限的农业社会,是农业社会的产物。而银行是从西方引进的制度,是工业化的产物,讲究的是对物不对人,因此注重抵押贷款;讲究的是扩大再生产,因此注重公积金的积累。《银行法》的制定者把抵押贷款和公积金积累的规定纳入法律之中,作出明确规定,显然已经有了明显的进步。而且,制定者还因为有中西方习惯上的差异,因此在规定中划出了非抵押放款百分比。但无论如何,这种规定是对过去金融传统在制度上的一种突破,是一种创新,对这期间银行业的稳定和实力的增强,显然有积极的作用。

第三,银行业理论的普及与银行业的发展。在分析近代中国银行业的发展和银行制度变革的因素时,社会上对银行理论、银行制度引进、介绍和讨论的作用常常被忽视,实际上,这种理论和舆论方面的准备,对推动银行业制度建设的作用不应低估。

[①] 《全国银行年鉴》,1934 年,第五章,第 E3—E5 页。

西方银行理论自晚清开始传入中国，至北洋政府时期有了新的发展，南京国民政府建立后由于十分重视金融银行，同时也由于中国资本主义工商业有了一定程度的发展，市场扩大、商品流通增长，对资金信贷的需求大大增加，钱庄等旧式金融机构由于自身体制的缺陷无法满足新兴产业对资本的巨量需求等原因，客观上造成了中国银行业发展的良机，也从理论上增强了了解银行业的需求。这段时期，理论界银行界除引进介绍西方银行的理论外，也出现许多针对中国银行制度，如中央银行制度问题、银行专业化问题、省县和地方银行建设等问题的讨论，这些讨论推进社会对银行体制、组织、类型等的认识和接受，客观上对这时期银行业的发展从理论上奠定了基础。

据统计，北洋政府时期共出版了 18 部银行学著作，南京国民政府时期则出版了 42 部。其中翻译欧美名著 15 部，国人自撰 27 部，1937 年前的十年中出版的占绝大部分。这时期理论和银行界对银行理论和制度建设的注意力集中在两个方面，一是翻译、介绍欧美的银行名著，如童致桢译自柯谋的《美国联邦准备银行制度》（1930），李达理译自甘奈·马键的《欧美银行制度》（1934），上海银行调查部经理资耀华编著的《英美银行制度及其银行业之现状》（1936），以及北京大学教授刘冠英编著的《现代银行制度》（1937）等。再一个是苏联的金融政策、理论和银行制度的著作也被翻译介绍过来。苏联的银行理论和银行制度在中国的传播，开阔了中国人的视野，使人在探讨银行体制的构建时，不再仅仅从欧美日等西方国家的银行理论中寻找理论根据，而是将世界银行制度分为资本主义的自由银行制度和社会主义的计划银行制度两种类型，并从这两种类型的对比分析中讨论中国银行体制的弃取。不少人还得出这两种银行制度均存在缺陷，中国不能照搬任何一种类型的银行制度，而应建立适合中国国情和经济制度特点的银行制度的结论。马寅初、吴其祥、吴承禧、崔晓岑等人还对中国自清末以来建立的银行制度进行了检讨，揭示其存在的问题和发生的原因，提出了自己对中国银行建设的看法。①

当然,这时期中国银行业的发展,最终以国民党"四行二局"垄断金融体制的建立而结束,但我们切不可忽视在此前理论界银行界对西方、苏联银行理论和制度的引进、介绍及讨论,以及在此基础上对创建适合中国国情的银行制度的探讨和追求。正是这些努力,直接间接奠定了中国近代银行业发展的基础,推动了这期间中国银行业的快速发展。

三 银行业内在因素的变化与银行发展

两次世界大战期间外国资本主义对华经济侵略压力减轻的因素,加上中国民族资本主义工商企业的快速发展,客观上给中国银行业的发展提供了难得的机遇。但是,事物发展变化的规律往往就是这样,外在的条件和环境再好,也需要有内在因素的呼应和配合,否则难以获得好的效果或取得成功。

分析1937年前的中国银行业,从其内在因素方面考察,可以发现有几个值得重视的特点。这些特点,带有明显的中国社会特色,可以说是特定时期的特定产物。

一支由本国人组成的、数目可观并掌握现代西方银行制度、经营和管理方式的银行家队伍初步形成,可说是这时期中国银行业内在因素中最大的变化和其他变化的基础。当中国第一家银行——中国通商银行成立时,中国人对西方银行了解还不多,对怎样管理和经营新式银行更是一知半解,因此,无论在章程上还是在用人办事上,都是以英国在华的汇丰银行为样板。1896年盛宣怀在向清政府上奏申办通商银行时,他就明确声明:"银行用人办事,悉以汇丰章程为准则。"通商银行成立时,在其制定的章程中也公开表示:"本银行奏明,用人办事悉以汇丰为准。"也因此,"京城及通商大口岸

---

① 参见程霖《中国近代银行制度建设思想研究:1859—1949》,上海财经大学出版社1999年版,第123页。

均用西人为大班,生意出入银钱均归大班主政。"通商银行在上海总行的大班就是"延定英人美德伦"担任。[①] 可以想见,之所以用高薪延聘外国人,[②] 还要将银行经营大权拱手相让,实在是因为缺乏具有专业银行知识的人才才不得已而为之。这种"华人不知务此",[③]"务此"又无人才的尴尬局面,经过多方努力,在20世纪30年代抗日战争全面爆发前已有了明显改观。如前所述,这时,中国自己的银行已从1家发展到164家,在这些中国自己的银行企业中,一批年轻的中国银行家已成长起来。据统计,在近代银行界崭露头角的110名银行家中,出生于1880年以后的就有73人。这些银行家中,多数受过高等教育,还有48人有海外留学经历,[④] 系统接受过西方经济学、财政学、商学和货币银行学等现代专业训练。其中不乏获得学士、硕士乃至博士学位之人。[⑤] 被誉为银行界"四大名旦"的张嘉璈、陈光甫、李铭和钱新之,都是海外归来的留学生。这些人除了年轻,受过西方现代教育,掌握西方现代金融银行知识以外,还不乏立志支持民族工商业发展,与外商争夺市场的有识之士。他们期望以金融资本为核心,结合工矿业、航运、商业等产业,形成大的金融资本集团,走出富国强民之路。这些人既有远大的抱负和开拓精神,又有民族感情和爱国情怀,再加上熟悉国情民风和中国文化,能够在掌握西方现代金融知识的基础上,根据中国的国情文化对银行的经营管理进行变通和改进。他们的知识结构和经营理念,具有这个特定时代的特定痕迹,因此,使得这时期中国银行业的整

---

① 参见陈旭麓、顾廷龙、汪熙主编《盛宣怀档案资料选辑之五·中国通商银行》,上海人民出版社2000年版,第4、49、50页。

② 在中国通商银行与美德伦签订的合同中规定,美德伦每年的薪金为规银九千两,两年后可涨到一万二千两。参见陈旭麓、顾廷龙、汪熙主编《盛宣怀档案资料选辑之五·中国通商银行》,上海人民出版社2000年版,第52页。

③ 盛宣怀语,参见陈旭麓、顾廷龙、汪熙主编《盛宣怀档案资料选辑之五·中国通商银行》,上海人民出版社2000年版,第3页。

④ 徐矛、顾关林、姜天鹰主编:《中国十银行家》,上海人民出版社1997年版,第3页。

⑤ 参见徐矛、顾关林、姜天鹰主编《中国十银行家》,上海人民出版社1997年版。在该书"附录"中,附有100个银行家小传,加上书中的10位共110位。

体素质与此前相比有了明显提高。可以说，这是这时期中国银行业能够快速发展不可或缺的前提条件。

近代中国银行业整体内在素质的提高，必然在其经营文化和经营理念上得到体现，这也使此期间的中国银行业表现出与在华外商银行和传统中国金融机构不同的特色。

首先，他们提出了服务社会的经营理念。把服务社会、服务对象民众化，作为自己银行经营的定位。如新华信托储蓄银行的总经理王志莘认为，"凡储蓄信托一切业务所以运用之者，皆当以平民为目标"。① 上海商业储蓄银行总经理陈光甫多次强调该行的宗旨是"服务社会"。他认为，"本行以社会民众为立场，今日有此地位，是社会民众所赐予，换言之，吾人衣食所需，开支所出，亦为社会民众所赐予"。② 因此他给上海商业储蓄银行定的行训是"服务社会，辅助工商实业，发展国际贸易"。③ 金城银行总处则在致津、京、沪行的函件中告诫："近来银行开设日多，对于顾客莫不力图便利，以广招徕。我行业务现尚未臻繁盛，亟应从各方面努力进行，以求发展。便利顾客一端，尤属不可忽视。"④ 把顾客看成衣食父母，把服务社会作为银行经营宗旨的提法，是在华外商银行和中国传统金融业都没有也不可能提出的口号。这种口号由近代中国银行家的口中提出，与近代中国银行家所受的教育和所处的时代环境有紧密的关系，也与第一次世界大战前中国"银行钱庄，在经济上绝无势力，均仰鼻息于外国银行"，而在华"外国银行及其买办之骄人气焰，实难向迩"有关。这一点，陈光甫的经历就很有代表性。他在留美归国创办上海商业储蓄银行之前，任职于江苏银行，"苟至汇丰汇款，必从后门进

---

① 转引中国人民银行总行金融研究所金融历史研究室编《近代中国金融业管理》，人民出版社1990年版，第252页。
② 上海商业储蓄银行编印：《陈光甫先生言论集》，1949年，第103页。
③ 中国人民银行上海市分行金融研究所编：《上海商业储蓄银行史料》，上海人民出版社1990年版，第58页。
④ 中国人民银行上海市分行金融研究室编：《金城银行史料》，上海人民出版社1983年版，第124页。

内，欲见买办固所不能，即欲见帐房亦不可得……十时即往伺候，须至四五时方得办妥"。这种经历，使他痛感"上海之金融势力，实无华人立足之地位"。因此，1915年他在创办上海商业储蓄银行时，便立志改变这种状况，"于是时提倡服务社会之宗旨，凡事不专以牟利为前提，而必须以代人服务为目的……我行之提倡服务，实开风气之先"。由于这种经营理念得到社会的广泛欢迎，上海商业储蓄银行也取得很好业绩回报，因此，这种经营理念不仅在中国银行业中迅速得到响应和效仿，而且扩展至其他行业，"不特银行均以服务为标榜，即香烟厂亦以服务为号召，无论大小商店无不以服务为言，甚至学校政界亦言服务矣"。[1]

其次，在经营方针上，根据"服务社会"的经营理念和中国社会实际，他们实行与外商在华银行和传统金融机构钱庄不同的经营措施。措施之一，是将目光聚焦在社会闲散资金上。为此，他们推出创新的"一元储蓄"方式，大力吸收社会零散资金。提倡存款哪怕是点滴资金的存款，遂成为这时期中国金融业经营中前所未有的特色之一。中国传统的金融机构钱庄，特点之一是轻视吸收平民存款尤其是社会中的零散资金，在华外商银行也不屑进行这方面的业务，这就给新兴的中国银行业留下了发展的余地和空间。银行这种金融组织的行业特点之一，是支付利息，将分散的社会资金集中起来，再加上贷款利率贷放出去，赚取存贷之间的差价。因此，如何吸收存款和是否能吸收到存款，是银行业能否存在和发展的首要条件。眼光对准传统钱庄和在华外商都不注意的社会民众，努力吸收社会游资特别是广大平民的小额资金，提倡储蓄，不仅成为这时期中国银行业服务社会的重要内容，而且成为中国银行业赚取利润获得发展的重要途径。

"一元储蓄"，开办之初曾被外商银行和中国钱庄嘲笑。上海商业储蓄银行就遭遇过"某地钱庄以100元来索开储蓄折100扣以事

---

[1] 上海商业储蓄银行编印：《陈光甫先生言论集》，1949年，第138—139页。

讥讽"之事，但因社会反响良好，在众多华商银行中迅速得到响应和普及，"不数年，同业均依照办理，成为通常之惯例"。金城银行还到冯玉祥的军队中去开办军人储蓄，一元起存，"吸收存款约五十万元左右"。① 为鼓励储蓄，上海商业储蓄银行特意"添制储蓄盒分发储户"，"即未满一元者，亦可领用储蓄盒，逐日将可储蓄之铜元银毫积贮其中，得有成数即送交本行收入折内"。并将此种办法"多方宣传，使民众了解储蓄之功效，鼓舞储蓄之兴趣"。② 为宣传储蓄，金城银行也"印了宣传的小本子到公园或戏院去散发，以为提倡"。③ 这时期中国银行业还开办了形形色色的储蓄品种，如零存整取、整存零取、存本付息、教育储蓄、婴孩储蓄、婚丧嫁娶礼券储蓄等。上海商业储蓄银行还到大中学校去开办学生储蓄。另外，这些银行还代收牛奶费、水电费、学费等等。想尽办法设立了各种灵活方便的储蓄品种和服务种类，不少都是首创。

此外，他们还打破过去银圆存款不给息的惯例，④ 通过建立和加强与洋商大户及国外银行的联系发展国内外汇兑业务等，为自身成长发展开辟道路。为规避经营风险，在经营中厚提公积以及实行高额准备的华商银行也不在少数。

中国银行业实行的这些举措，很多不同于在华外商银行和传统中国金融机构，使人耳目一新，也使得中国银行业的储蓄存款额得以持续上升，实力不断壮大。如上海商业储蓄银行 1915 年成立时资

---

① 中国人民银行上海市分行金融研究室编：《金城银行史料》，上海人民出版社 1983 年版，第 146 页。
② 中国人民银行上海市分行金融研究所编：《上海商业储蓄银行史料》，上海人民出版社 1990 年版，第 111 页。
③ 中国人民银行上海市分行金融研究室编：《金城银行史料》，上海人民出版社 1983 年版，第 146 页。
④ 过去商业惯例，存款一般按规元记账，不按银圆收受存款，钱庄即使在"迫于事实需要及顾客情面，有时亦收受银圆存款"时，经同业公议，也"不能计после利息"，且"牢守旧例，不肯改变"。上海商业储蓄银行为吸收存款，首创规元和银圆均可开户的方法，并且银圆存款也给利息，"银圆付息，本行实开其端"。且上海商业储蓄银行实行以后，"无一家银行有对银圆存款不给息之说"。上述引文均见中国人民银行上海市分行金融研究所编《上海商业储蓄银行史料》，上海人民出版社 1990 年版，第 95、96 页。

本总额仅 10 万元,实收不过 8 万余元,1927 年存款即达 3132 万余元,1936 年更达 16901 万余元,是同期资本金 500 万元的 33 倍多。①

在与中国资本主义近代工矿业间的关系方面,近代中国银行业经历的是一个日趋密切的发展过程。第一次世界大战前,与中国传统金融机构相比,中国近代银行业并不占优势。其中原因除了此时中国近代工矿业的数量不是太多,银行业的力量也相对有限外,还与中国悠久的商业历史中,传统金融机构已经奠定下雄厚的基础并创立了一套顺应中国商人经营的习惯有关。第一次世界大战期间及其后,中国近代资本主义企业和银行业都经历了一个快速发展时期,在这个过程中,如前所述,中国近代银行业已具有相当规模,并在中国近代金融市场上逐渐占据了主导地位。此时,中国近代银行业对近代工矿企业的融资规模和范围都有显著增加,② 如金城银行1919 年对工商企业和铁路的放款达 281 万元,1923 年增为 759 万元,1927 年又增为 1532 万元。③ 上海商业储蓄银行 1926 年年末对工矿企业的放款也达 360 万余元,"占全部放款总额的 19.9%"。④ 但更明显的变化出现在 1927—1937 年。这种变化不仅表现在前述中国近代银行业实力的增长方面,更表现在银行业的业务范围不断拓宽、与国民经济的联系越来越密切上。

据统计,上海 15 家重要银行 1930 年对工矿企业的放款总额是9149 万余元,1933 年增为 16338 万余元,1936 年又增为 29125 万余元,7 年间增长约 2.18 倍。⑤ 王宗培曾对 1932—1939 年的 100 家企

---

① 中国人民银行上海市分行金融研究所编:《上海商业储蓄银行史料》,上海人民出版社 1990 年版,第 701 页,统计表 6。
② 参见李一翔《近代中国银行与企业的关系(1897—1945)》,东大图书公司 1997 年版,第一章。
③ 中国人民银行上海市分行金融研究室编:《金城银行史料》,上海人民出版社 1983 年版,"前言"第 14 页。
④ 中国人民银行上海市分行金融研究所编:《上海商业储蓄银行史料》,上海人民出版社 1990 年版,第 161 页。
⑤ 李一翔:《近代中国银行与企业的关系(1897—1945)》,东大图书公司 1997 年版,第 65 页表 13。

业资本构成情况作过调查,这100家公司自有资本总额262206767元,其中从银行借入的资金(包括少量钱庄借款)为114846975元,借款占自有资本的32.95%。① 在对近代工商企业的放款中,民族资本银行始终占据重要地位,金城银行对工矿企业的放款一般占其放款总额的20%以上,上海商业储蓄银行大体在30%以上,浙江兴业银行占的比例更高,一般在50%左右,最多达到61.9%。② 引人关注的是,进入30年代以后,中国银行和交通银行对工商企业的放款也出现了大幅度的增加,中国银行的"工商业贷款每年增加投放3000万—5000万余元。1936年年底的余额,工业贷款8022万元,商业贷款4亿元"。③ 交通银行"截至二十五年度年终止,全体工商放款总额为6922万元,比较二十四年度激增至3555万余元,以与二十一年度总额相比较,则增多之数,竟达十倍左右"。④

值得注意的是,在银行业的放款活动中,除放款额稳步增加外,放款时还根据中国国情,实行抵押和信用放款相结合而以抵押放款为主等灵活多样的方式。抵押放款是以货物证券、土地、房屋等实物为凭信,借款人如不能按期归还借款,债主可以处分抵押品以之抵债。因此这种放款属于"对物"信用。信用放款则并无任何抵押品为之保证,纯凭借款人之信用为保证,是"对人"信用。与西方不同,信用放款在我国具有悠久历史。这一点,正如上海钱业公会会长秦润卿所说:"银钱两业虽同为金融机关,然实有根本不同之点。盖钱业放款,凭对方信用,故称信用放款,

---

① 陈真编:《中国近代工业史资料》第四辑,生活·读书·新知三联书店1961年版,第67页表9。
② 参见李一翔《近代中国银行与企业的关系(1897—1945)》,东大图书公司1997年版,第67页表14。
③ 中国银行行史编辑委员会编著:《中国银行行史(1912—1949)》,中国金融出版社1995年版,第255页。
④ 交通银行总行、中国第二历史档案馆合编:《交通银行史料》第一卷,上册,中国金融出版社1995年版,第289页。

历来如是。"① 为适应中国社会的经商习惯，不少银行自己设立调查处，对贷款对象进行信用调查，在有一定把握的情况下，适当地进行信用放款和透支业务。这种做法，不仅增大了业务范围和服务对象，也为自己的发展开辟了更多的途径。30年代，"沪津汉各埠银行同业，更设有中国征信所，专任各业信用之调查，报告银钱同业，以备参考"。②

中国近代银行业实力上升和地位独立的另一标志，是银行业票据交换所和票据承兑所的成立。"近代信用发达，工商交易，全凭票据行之，现金交付，仅十之一"。③ 票据的汇划交换和贴现可以节省成本，提高资金运用效率。随着近代中国银行业的发展，特别是在经济学界和银行界同人的积极倡导下，1933年1月，新成立的上海银行业同业公会联合准备委员会设立了票据交换所，结束了此前银行业票据清算仰赖钱业汇划总会的历史，同时也表明中国近代的银行业发展摆脱了对其他行业的依附，进入了一个新的阶段。

总之，两次世界大战间中国银行业的快速发展和演变，表现在多个方面，我们在看到其发展中确实有不符合常规的一面也就是有"畸形"一面的同时，应当充分重视在半殖民地半封建近代中国的社会总体环境下，任何新生事物的发展，都必然在当时的种种条件制约下进行这一点，其成长和完善需要一个过程。而且，在此过程中，我们还应重视取得的成就和中国人付出的努力，因为任何社会的进步，都有一个逐步积累的过程。从这个角度看，近代中国银行业的发展，是内外因素共同作用及金融界、政界、理论界人士共同努力的结果，它的快速发展，有其必然的一面。分析近代中国银行业发展演变的历史，可以给我们留下不少的启示。

（原载《中国社会科学》2002年第6期）

---

① 中国人民银行上海市分行编：《上海钱庄史料》，上海人民出版社1960年版，第215页。
② 杨荫溥：《中国金融研究》，商务印书馆1936年版，第159页。
③ 中国通商银行编：《五十年来之中国经济》，1947年，第23页。

1937 年前的外国在华银行

——以南京国民政府时期为中心

在近代中国，外国在华银行业始终是一支重要的金融侵略势力，[1] 凭借不平等条约和租界的保障，它们在中国经营存贷款、把持汇兑、发行钞票、投资企业以及通过对中国政府的贷款等手段，成为帝国主义国家从金融上控制掠夺中国，把中国变成殖民地半殖民地的重要工具。与此同时，我们也看到，外国在华银行势力的发展演变并非一成不变，依时代及国别的不同而有起伏。南京国民政府成立后，外国在华银行业的演变出现两种趋势：一是关内的外国在华银行除日本的势力有所增强外，其他国家的银行势力出现了某些停滞以及衰退的迹象。另一种趋势是，日本金融势力在日本政府对华侵略政策的支持下，在关内和关外都有明显增强，在关外发展更是迅速。1931 年"九·一八"事变后，关外日本银行势力在此前凶猛增长的基础上，进一步扩张成为一统金融的局面。

鉴于过去对南京国民政府成立后特别是 20 世纪 30 年代外国在华银行的整体演变状况尚无专文介绍，[2] 本文拟以此时期为中心作粗浅分析，以为引玉之砖。

一 外国在华银行业的演变

外国在华银行业的活动，可以追溯到 19 世纪 40 年代。中国出

---

[1] 这里所指的外国在华银行，不包括中外合办的银行。
[2] 1927 年前外国在华银行的发展演变状况，可参见汪敬虞《外国资本在近代中国的金融活动》，人民出版社 1999 年版。对 1927—1937 年外国在华银行业的专文研究似尚未见。

现最早的外国金融机构,是英国的东方丽如银行。1845 年,英国占领香港仅仅 3 年,英商丽如银行就在香港设立了分行,在广州设立了分理处。1847 年,丽如银行继续北进,在上海又设立机构,而当时刚开埠的上海,"还只有三名外国医生,律师们的脚步还没有踏上这块土地"。① 中国第一家银行——中国通商银行 1897 年成立时,距这家英商外国银行在上海的成立已整整落后了半个世纪。在丽如银行之后,相继设立开业的是英商麦加利银行和汇丰银行的分行。1900 年以前,除了这几家银行以外,其他外国银行在中国境内设立分行的还有法国的东方汇理、英国的有利、德国的德华、日本的正金、俄国的华俄道胜等银行。1900—1912 年,美国的花旗银行、比利时的华比银行、荷兰的荷兰银行等又相继在中国成立分行。② 第一次世界大战之后,外国银行的数量增加的更多,其中重要者如英国的大英银行、沙逊银行,美国的大通银行、运通银行、友华银行、友邦银行,日本的住友银行、三井银行、三菱银行,荷兰的安达银行,意大利的华意银行等,大部分都在 1925 年前来到中国。

除日本外,1936 年前外国在华银行历年设立情况可见统计表 1:

表 1　　　　　外国在华银行历年设立情况统计　　　　单位:家

时间	英国		美国		法国		德国		俄国		意大利		比利时		荷兰	
	总	分	总	分	总	分	总	分	总	分	总	分	总	分	总	分
1894 年前	4	12	—	—	1	1	2	2	—	—	—	—	—	—	—	—
1895—1913	—	5	1	4	3	12	—	11	1	14	1	1	2	8	1	1
1914—1926	2	9	9	25	2	11	—	—	—	—	2	3	—	—	1	2
1927—1930	—	—	2	4	—	—	—	—	—	—	—	—	—	—	—	—
1931—1936	2	2	1	1	—	—	—	—	—	—	—	—	—	—	—	—

---

① 上海《字林西报》1867 年 1 月 16 日,转引自汪敬虞《十九世纪西方资本主义对中国的经济侵略》,人民出版社 1983 年版,第 185 页。
② 参见吴承禧《中国的银行》,商务印书馆 1934 年版,第 105 页。

续表

时间	英国		美国		法国		德国		俄国		意大利		比利时		荷兰	
	总	分	总	分	总	分	总	分	总	分	总	分	总	分	总	分
历年设立总数	8	28	13	34	6	24	2	13	1	14	3	4	2	8	2	3
1936年存在数	5	25	5	16	2	7	1	5	1	1	1	1	1	4	2	5

注：1. 表中"总"代表外国在华银行的"总行"，"分"代表外国在华银行的"分行"。
2. 表中未包括"中外合办银行"的统计数。
资料来源：1. 统计表中数据除"历年设立总数"和"1936年存在数"栏外，均转引自吴承明《帝国主义在旧中国的投资》，人民出版社1955年版，第40页。
2. "1936年存在数"一栏数据为笔者据1936年《全国银行年鉴》第九章"外商银行"的统计资料计算。

日本在华银行的设立和数量情况是：1894年前有1总行1分行，1895—1913年有4总行29分行，1914—1930年有28总行75分行，根据吴承禧《中国的银行》一书"附录二"中所载，1934年日本在中国（包括东北）的银行总行有32家，分行71家。1936年日本银行数根据1936年《全国银行年鉴》的统计，日本在关内有9家银行总行和42家银行分行。另据1937年出版的财政金融大辞典"附录五"的统计表，日本在华银行（包括东北）有29家总行71家分行，另有8家信托公司和1家储蓄会。①

以上的数据来源不一，未必精确，但仍有两点值得注意：一是从表1看，1926年可以看成是除日本外外国银行在中国势力的一个转折。在1926年以前，无论是外国银行的总行还是分行，其数量在所列的几个时间段上均保持着强劲的增长势头。但到1927年后，外国银行的这种强劲增长势头受到了抑制，1927年到1936年的十年间，外国银行的总行仅增加了5家，分行增加7家。到1936年，外国银行除日本以外的实际存在数，为总行18家分行63家，分别是外国银行历年设立总数的一半，也就是说，到1936年为止，历年在

---

① 关于日本银行，1934年前的数据引自吴承明《帝国主义在旧中国的投资》，人民出版社1955年版，第40页；1934年的日本银行数据引自吴承禧《中国的银行》一书"附录二"；1936年的数据根据1936年《全国银行年鉴》第九章的统计计算。另见张一凡、潘文安主编《财政金融大辞典》，世界书局1937年版，"附录五"。

中国设立的日本以外的外国银行，已减少了一半。数据可能不太精确，但这种趋势大体是成立的。二是上面的分析，没有包括日本，实际上，所有的外国银行中，增长最快的是日本。1894 年以前，日本在中国只有一家银行，到 1934 年，日本的银行在中国已发展到总行 32 家分行 71 家，到 1936 年时，不算日本控制的伪满洲国，在关内也有 9 家总行 42 家分行，可以说是进入 20 世纪后所有在华外国银行中势力增长最快的一个帝国主义国家。

二 外国在华银行的演变

进入 20 世纪以后，中华民族的觉醒，救亡图存、收回利权运动和中国民族资本主义企业的发展以及本国银行业的兴起等等，都对外国银行的演变产生了影响，这在表 1 外国金融力量的发展受到一定遏制中已有体现。特别是中国银行业实力在 20 年代后的增强，更成为制约外国在华银行扩张的重要力量。① 在这种大的时代背景下，在中外银行之间的力量对比和发展趋势方面，逐渐出现了某些值得注意的动向和变化。

首先，这种变化明显地体现在中外银行数量的对比上。

例如，1900 年前，中国自己兴办的银行只有中国通商银行一家，经营实权还操纵在外国人手中。而同期在华外国银行已有英、德、法、俄、日等国的银行 7 家；但是到了 1936 年时，中国的银行数量已达到总行 164 家分行 1332 处，② 与表 2 显示的外国在华银行（不包括东北）的总行 30 家分行 127 处相比，就数量而言，以往那种喧

---

① 参见王业键《中国近代货币与银行的演进》第三章，"中研院"近代史研究所，1981 年；宫下忠雄《中国银行制度论》，严松堂书店 1941 年版。宫下忠雄认为，南京国民政府时期国家银行地位的增强和发展，是对外国在华银行取得优势地位的重要原因。见该书第三部分。中国银行业的发展情况也可参见朱荫贵《两次世界大战间的中国银行业》，《中国社会科学》2002 年第 6 期。

② 《全国银行年鉴》，1937 年，上篇第一章，第 A10 页。1937 年分行数进一步增加到 1627 处，从业人数从 1936 年的 25652 人增加到 28878 人。见《全国银行年鉴》，1937 年，上篇第一章，A10 页。

宾夺主之势，显然已有明显改观。

其次，从中外银行的实力来看，由于中国银行的发展较快，到1925年时，据唐传泗、黄汉民先生的研究，从银行资力的角度看，中国银行、外国在华银行和中国的钱庄之间大体就已形成了一种三足鼎立的局面。中国银行的力量已可抗衡在华的外国银行。见唐、黄先生所做的统计表2：

从表2看，1925年时，中国银行的实收资本与公积金数量与外国在华银行的实收资本与公积金数量相比虽略有不如，但在资力估计一栏已超过在华外国银行，达40.8%，如再加上钱庄的资力，则在近代中国金融势力的力量对比中，1925年时，在中外力量的对比天平上，已出现了向中国一方的倾斜。

表2　　　　　中外银行和钱庄资力的比较（1925年）

类别	实收资本与公积金		资力估计	
	金额（百万元）	百分比（%）	金额（百万元）	百分比（%）
外国在华银行	193.8	35.4	1141.2	32.1
其中：外商银行中外合办银行	48.2	8.8	162.7	4.6
小计	242.0	44.2	1303.9	36.7
中国银行	40.0	7.3	540.8	15.2
其中：中国、交通银行其他156家银行	165.5	30.2	912.9	25.6
小计	205.5	37.5	1453.7	40.8
钱庄	100.0	18.3	800.0	22.5

资料来源：唐传泗、黄汉民：《试论1927年以前的中国银行业》，《中国近代经济史研究资料》第四辑，上海社会科学院出版社1985年版。

南京国民政府成立后，由于以下几种现象的出现和作用，这种倾斜变化应该说更加明显了。

首先，南京国民政府成立后，由于种种因素的制约，能够借到的外债很少，弥补财政赤字的方式主要转为依靠发行内债来进行，过去外国在华银行多次组成多国银行团对中国政府进行借贷，从巨额外债中获取利益和特权的渠道已基本消失。① 其次，作为以往中国政府财政主要收入来源之一的关税和盐税，由于成为过去抵借外债的抵押和还债的基金，长期以来被汇丰、道胜、德华、汇理、正金等外国在华银行保管，后来基本上落入英国汇丰银行之手保管，这不仅提升了外国银行尤其是汇丰银行的信用，还无形中给其提供了一大笔无利息的流通资金，供其以低利借贷给外商，发展对其有利的在华投资。但是，被汇丰银行长期保管的这笔关、盐税收，在关税收回自主的运动中逐步得以收回，1930年后这笔税收资金已基本被中央银行收回保管，② 使得这项利权转入中国银行业手中。再次，过去长期被外商银行垄断并获取厚利的外汇汇兑业务，③ 也开始逐步转到中国银行业方面。1934年中国银行经手的国外汇兑业务总量已达98900余万元，比1933年的95600余万元增加330余万元。1935年比1934年又增加70%以上。1936年达144700余万元。④ 中国银行能够取得这些成绩，与南京国民政府1928年将中国银行定为特许国际汇兑银行后，在国内外多处设立分支行发展国内外汇兑有关。1934年后南京国民政府征收白银出口平衡税和成立外汇平准委员会等措施，对中国银行外汇业务的发展也有帮助。在多种因素的共同作用下，"就连强大的外国银行也难以同中央银行相抗衡，这就攻破了外国银行多年经营难以摧毁的堡垒的正门，（中国方面）终于大部分收回了外汇方面的利权"。⑤ 从时任日本三井银行上海分行行长土屋计对此发出的感叹中，我们可以感受到中国银行业确实取得了一

---

① 关于南京国民政府成立前在华外国银行团的活动，可参见汪敬虞《外国资本在近代中国的金融活动》（人民出版社1999年版）一书，第349—367页。

② 参见吴承禧《中国的银行》，第107页"脚注"。

③ 据陈光甫《上关税会议意见书》中所言，从1921年到1925年，"吾国受汇丰结算上之损失，达189万余两之巨"。转引自杨荫溥《上海金融组织概要》，商务印书馆1930年版，第184页。

④ 见中国银行1934、1935、1936年度营业报告，《全国银行年鉴》，1935年，第9章，第84页；《全国银行年鉴》，1936年，第22章，第V6页；《全国银行年鉴》，1937年，第22章，第V4页。

⑤ 参见久保亨《币制改革以后的中国经济》，载《中国近代经济史研究资料》第五辑，上海社会科学院出版社1986年版，第58页。

定的进步。最后,外国银行在华发行的纸币数量被迫减少。纸币发行,本是一国主权政府独有的特权。外国银行在中国发行纸币,既无条约规定,又未得到中国政府特许,实是一种侵犯中国国家主权的行为。外国银行在中国发行纸币,是"吸收吾国现金之唯一良法","以一纸钞币流通市面,以吸收资金另为周转,流弊孰甚";外国银行发行钞币是"希冀厚利为唯一目的"。因此,外国银行在中国发行纸币历来受到中国有识之士的反对。杨荫溥曾总结过外国银行发行纸币的六大弊害,呼吁中国政府予以禁止。①

中国有关方面调查,1935年年初外国在中国发行钞票的银行,"计有汇丰、汇理、花旗、麦加利、正金、华比、荷兰、有利、德华等九家",其发行的钞票数目,"以民三至民十为最盛,总额约达一万万元……截至现在,九家流通市面钞票,共为五百万元,以汇丰最多,约在五十万元以上"。②另据日本方面调查,从1930年到1935年外国银行在上海发行的纸币情况如表3:

表3　　　　　　上海外国银行纸币发行额

时间	发行额(元)
1930年12月	5185000
1931年12月	3981000
1932年6月	4000000
1933年6月	3174000
1934年2月	2060000
1935年1月	2976000
1935年2月	3571000

资料来源:宫下忠雄:《中国银行制度论》,严松堂书店,1941年,第177页。《上海纸币流通现状》,《银行周报》第757号。

从统计表看,外国银行在上海发行的纸币额,总体是逐步减少

---

① 杨荫溥:《上海金融组织概要》,商务印书馆1930年版,第195—197页。
② 《外行发行钞票概数》,载江西省政府秘书处统计室编《经济旬刊》第4卷第6期,1935年2月25日出版,"经济要闻"第11页。

的。从 1930 年的 500 余万元逐步减少到 1934 年的 200 余万元，1935 年 1、2 月增加的原因，主要是作为"与白银恐慌相伴出现白银外流的对应措施，汇丰和麦加利两行增发纸币"以弥补现金之不足，但这"只不过是一时的现象而已"。"从 1925 年开始，外国银行发行银行兑换券（纸币）就进入了衰颓的时期"。①

据当时学者唐庆永估计，1933 年时上海纸币流通数额在 3.2 亿元左右，"而外国银行纸币仅占百分之一，与清末民初时之盛况实不可同日而语"。② 长期在上海日本金融机构中任职的滨田峰太郎认为，外国银行在华发行纸币减少的主要原因，是"中国银行业的基础逐步稳固，中国国民民族观念日益浓厚"③ 这两种因素导致的结果。实际上，除"中国新式银行的兴起也是减少外钞发行的原因"④ 外，外国银行信用的下降⑤和"五四""五卅"等反帝爱国民族运动因素的作用，也是重要的原因。例如，正金、台湾、朝鲜 3 家在华实力最为雄厚的日本银行就是由于反帝爱国运动拒用日货的影响，导致民众拒用日本钞票，使得这 3 家在华日本银行，不得不"早在数年前就停止了钞币的发行"。⑥

根据宫下忠雄收集的资料进行观察，到 1937 年时，外国银行势力在我国的分布情况如表 4 所示：

---

① 宫下忠雄：《中国银行制度论》，严松堂书店 1941 年版，第 177、176 页。
② 唐庆永：《近几年来吾国之纸币》，《经济学季刊》第七卷第四期，第 143 页，转引自卓遵宏《中国近代币制改革史（1887—1937）》，"国史馆" 1986 年，第 211 页。
③ 滨田峰太郎：《中国最近金融史》，东洋经济新报社，1936 年，第 168 页。
④ 王承志：《中国金融资本论》，光明书局 1936 年版，第 125 页。
⑤ 杨荫溥在《上海金融组织概要》，商务印书馆 1930 年版，第 194 页中指出："自德华以欧战受接收，中法以总行停闭受牵累，菲律宾银行以货币买卖而停闭"之后，其结果是外国银行的信用，"遂受一大打击"。相反，由于 1916 年中国银行断然拒绝袁世凯"停兑令"，继续兑现，以中国银行为首的华资银行的信用"获得增大，与此相伴，还可以看到从外国银行取出存款转移到华资银行的现象"。见宫下忠雄《中国银行制度论》，第 101 页。
⑥ 滨田峰太郎：《中国最近金融史》，东洋经济新报社，1936 年，第 167 页。上引杨荫溥《上海金融组织概要》195 页也有"上海正金、台湾等行之钞票，自中日交涉，拒绝行使，市上且已绝迹"的记载。

表4　　　　　1937年时外国银行在我国的分布　　　　　单位：家

国别	满洲	华北（北平、天津、青岛、烟台）	华中（上海、汉口、厦门、福州）	华南（香港、广东、九龙、汕头、昆明）	合计
日本	71	11	12	6	100
英国	2	7	9	8	26
美国	5	6	6	5	22
法国	2	2	3	3	10
德国		2	2	1	5
荷兰			3	2	5
法比合办		1	2	1	4
比利时		1	2		3
俄国	2		1		3
意大利		1	1		2
合计	82	31	41	26	180

资料来源：宫下忠雄：《中国银行制度论》，严松堂书店1941年版，第180页。

从统计表看，在中国银行业快速发展的这段时期，[①] 外国在华银行的整体扩张势头虽已不如此前凶猛，其长期称霸中国金融业的局面在20年代后受到中国银行业的有力挑战，尤其是30年代后，发展势头受到一定的遏制，但是，外国银行的实力不可小视，仍然是中国国土上一支强大的金融侵略力量。[②] 特别是从表4看，外国在华银行中，日本银行势力无论在数量和地区分布上，都已取代过去的霸主英国，形成在华外国银行中一国独大的状况，尤为引人注目。其在华北和华中，都占有明显的优势，尤其是在日本控制的伪满洲国，更是占有垄断的地位。英法银行势力在华中和华南、美国银行

[①] 关于中国银行业尤其是南京国民政府时期快速发展的状况，可参见朱荫贵《两次世界大战间的中国银行业》，《中国社会科学》2002年第6期。

[②] 例如，1932年上海"一·二八"事变后，"上海银行业所组织之联合准备委员会，亦推举汇丰银行经理郝区、花旗银行经理哈格、麦加利银行经理莱纳加入保管委员会。1933年政府废两改元后组织之审查新币委员会，又聘请汇丰、麦加利、花旗、东方、汇理、华比、意华、德华、荷兰、沙逊等银行之经理加入为委员。"这些事实无非说明中国金融资本与财政都非依助于外资不可，而外资正是中国金融与财政的操纵者"。参见王承志《中国金融资本论》，光明书局1936年版，第52、53页。

在华北和华中，也有一定的优势。而且美国紧随英国，已成为在华第三大金融势力。这些现象和数字说明，中国银行业虽然有了一定的发展，但仍然没有取得对外国在华银行的明显优势地位。因为，这些外国银行在中国的优势地位，是以其"本国在中国政治、经济地位形成的实力地盘为基础"① 而建立的，因此，这种局面不改观，外国在华金融势力的地位是不可能从根本上得到改变的。

日本金融势力在东北的扩张，就十分典型和突出地证明了这一点。

三 日本银行势力在东北的迅猛扩张

1900 年 1 月，日本横滨正金银行在牛庄开设支店，这是最早进入中国东北的日本金融机构。1903 年正金银行开始发行银行券，成为日本在东北最早发行的钞票。当时在东北的外国货币中，俄国货币占有最大份额。1904 年日俄战争时，日本政府发行了 1.9 亿元的军用手票，在满铁一线流通。以此为契机，当年 8 月在大连，第二年 5 月在奉天设立了正金银行的支店。1906 年，日本政府发布 247 号敕令，作出调整，由正金银行发行一元为基础的银行券，兑换和收回日俄战争时期的军用票，强制在东北通用。正金银行遂"成为日本在满洲名实相符的代表机关"。此后正金银行又陆续增设了旅顺、辽阳、铁岭、安东、长春和哈尔滨等地的支店。②

在横滨正金银行之后，陆续又有多家日本银行在东北成立或进入东北。截至 1930 年年底，日本在东北的金融机构计有银行本店 15 处，分店及出张所 49 处，经营地产的金融业 1 处（东洋拓殖株式会社），无尽业者（与中国的做会机构相似）9 家，当铺约 240 家，南满、安奉沿线金融合作社 20 余处。其中，主要银行机构的情况如表 5 所示。

---

① 宫下忠雄：《中国银行制度论》，严松堂书店 1941 年版，第 180、181 页。
② 陈经：《日本势力下 20 年来之满蒙》，上海华通书局 1931 年版，第 109 页。

表5　　　　1930年年底日本在东北银行机构情况统计
（资本及公积金）　　　　　　　　　　　单位：日金元

银行名称	设立时间	已交资本	公积金	本店所在地	在东北主要支店
正隆银行	1908	5624375	109602	大连	哈尔滨南满安奉沿线共十一处
满洲银行	1923	2906662	565000	大连	永吉及南满安奉沿线共十五处
大连商业银行	1918	2000000	277000	大连	
大连兴信银行	1900	200000		大连	
长春实业银行	1917	400000	165486	长春	
满洲殖业银行	1920	500000	8700	沈阳	
南满银行	1919	375000	28931	鞍山	
安东实业银行	1913	125000	116101	安东	
协成银行	1918	250000	100872	安东	
商工银行	1913	275000	10900	辽阳	
振兴银行	1918	500000	139050	营口	
日华银行	1918	500000	53819	铁岭	
吉林银行	1920	75000	21600	永吉	
平和银行	1920	200000	53622	永吉	
哈尔滨银行	1921	500000	59320	哈尔滨	
正金银行	1880	100000000	117292830	日本横滨	哈尔滨及满铁沿线共六处
朝鲜银行	1909	25000000	2901026	朝鲜京城	滨江及南满安奉沿线共十一处
东洋拓殖株式会社		50000000		日本东京	哈尔滨、大连、沈阳
无尽业者		435000	142227		共九处均在满铁沿线

资料来源：雷雨：《东北经济概况》，北平西北书局1932年版，第50—51页。

到1930年年底，东北的金融业者中，"中国方面大小共计约一千五百处，外国方面大小共计约五百五十处；但中国方面之资本，估计不过约一万万元现大洋，外国方面有数字可考者，即已有四千八百万元左右。约及中国者之半。存放款项及汇兑数目，大抵同此比例"。① 也就是说，在 1931 年"九·一八"事变爆发前，日本在东北的金融势力一直处于持续和迅速的增长之中。

日本在东北金融势力进展之快和力量之强，还可从朝鲜和正金两家日本银行发行日币钞票的情况中得到证明。1917 年，为全面实行对中国的侵略，日本政府对中国东北的日本金融机构进行了整合和分工，将横滨正金银行的金券发行权及日本国库事务，"均移归朝鲜银行管理"。② 由此，朝鲜银行遂成为日本在中国东北金融侵略势力的领头羊。此后，朝鲜银行发行的纸币成为日本在东北钞票的主要代表。正金银行尽管减少了发行数量，但发行钞票的行动并未完全停止。

朝鲜银行在 1918—1927 年发行钞票的情况如下：

表 6　　日本朝鲜银行在东北发行钞票情况（1918—1927）　　单位：千元

年份	在东北发行额	总发行额	东北发行占总发行的比例（%）
1918	19098	115523	16.5
1919	37066	163600	22.7
1920	42342	114034	37.1
1921	46775	134360	34.8
1922	34251	100544	34.2
1923	39174	110233	35.5
1924	45190	129113	35.0
1925	42190	120540	35.0
1926	38829	110939	35.0
1927	43584	124527	35.0

注："东北发行占总发行的比例"一栏为笔者计算。
资料来源：陈经：《日本势力下 20 年来之满蒙》，上海华通书局 1931 年版，第 115 页。

从表 6 显示的朝鲜银行发行货币的情况看，朝鲜银行从 1918 年开始在东北发行金票，当年数额就达到 1900 余万元，从 1920 年之

---

① 雷雨：《东北经济概况》，北平西北书局 1932 年版，第 53 页。
② 陈经：《日本势力下 20 年来之满蒙》，上海华通书局 1931 年版，第 110 页。

后，在东北发行的钞票数额一直稳居于其总发行数额的35%。到了1927年，朝鲜银行发行的金票数额已达到4000余万元，正金银行发行的银券数量也达到400余万元，而我国中国银行和交通银行在东北发行的钞票，加起来也不过"只达到四千与五千万余元"，与这两家日本银行在东北发行的钞票大体相等，加上日本在中国东北的其他力量，"从此日本就操纵着满蒙金融界的实权，而把纵断的南满铁道沿线做扩充一切经济的根干"，"在满蒙皆推行使用金票，以尽量扩大它的货币势力"。在1931年"九·一八"事变爆发之前，实际上已成为"垄断了满蒙货币的势力"。①

总起来看，从20世纪初开始到20世纪30年代初，从通货史的角度进行考察，东北金融领域中的大体演变脉络是：首先，俄国和日本分别在自己掌握的北满和南满铁路沿线，设立金融机构和发行钞票，构筑扩大自己的势力范围。与此相对，中国的通货金融在日俄势力范围之外的地区也有一定的推进。这时，大体北满铁路沿线是俄罗斯、南满铁路沿线是日本，其他地区是以东北官银钱号为中心的中国金融控制区域。然而第一次世界大战和俄国革命使得情势为之一变：俄罗斯势力后退，日本金融势力北进，分别与北满中国方面哈大洋票系统和南满张学良政权下的现大洋票系统发生冲突，②在此时期爆发的"九·一八"事变，导致此后伪满洲中央银行设立，中断和掠取了中国方面此前金融方面的发展和成果，使得整个中国东北的金融，被纳入日本的势力圈。可见，"东北中国货币之受日金支配，则为整个之财政及政治问题，非仅金融一方面所能包括矣"。③

1931年，日本帝国主义在沈阳发动了侵略中国的"九·一八"事变，大举向中国进攻，在短短时间内就占领了东三省。1932年3月1日，日本炮制的傀儡政权伪"满洲国"正式成立，东北成了日

---

① 上引均见陈经《日本势力下二十年来之满蒙》，上海华通书局1931年版，第115页。
② 据安富步的考证，20世纪20年代以后，张作霖在北满以"哈大洋"票、张学良在南满以"大洋票"试图统一币制的努力都取得了一定的进展。见安富步《"满洲国"的金融》，"序章"第29—33页。
③ 雷雨：《东北经济概况》，北平西北书局1932年版，第53页。

本帝国主义的殖民地。此后直到1937年抗日战争全面爆发为止，东北日本金融势力的扩张大体循着两条线路发展：一是建立日本控制的伪"满洲中央银行"，用以统合东北中国方面的各种金融机构以及币制，目的是"确立日本方面对金融的支配"。另一条是日本本国金融势力在东北的发展，其中又可分两个阶段：1935年10月前确立以朝鲜银行发行的钞票占据统治地位，此后朝鲜银行的钞票退出满洲，由日元与伪满洲中央银行按1∶1的比例直接挂钩，最终将伪满洲中央银行钞票纳入日本货币圈，完成了对中国东北金融的彻底改造和控制。

先看中国方面金融机构的演变："九·一八"事变发生时，东北境内的中国金融机构有被称为四大金融机构的东三省官银号、吉林永衡银钱号、黑龙江省官银号和边业银行。中国银行和交通银行在东北也设有支行。这些金融机构都发行钞票，且钞票种类很多，加上地方小银行和钱庄等发行的纸币和硬币等等，币制十分复杂。"九·一八"事变爆发时，日本关东军迅速封锁和接管了中国的这四大金融机构，并决定设立伪满洲中央银行来接收和领有这些金融机构。并强行集中这些银行的发行准备，作为伪满洲中央银行成立时的准备。1932年1月，关东军统治部设立的"币制及金融咨问委员会"发布《货币及金融制度方针案》和《货币及金融制度关系法案》，在朝鲜银行、横滨正金银行和满铁的协助下，3月15日通过了《货币法》《满洲中央银行法》《满洲中央银行组织办法》。决定发行称为"国币"的伪满洲国中央银行纸币，并以之统一满洲的中国货币。①

1932年7月1日，以被强行改组的中国四大金融机构为基础设立的伪满洲国中央银行正式成立。总行设于长春，并在沈阳等大城市设立分行，县以上城市设立支行和办事处，"总分支机构达128处。该行成立时资本定为伪币3000万元，实交750万元，最后又增资到伪币10000万元，实交2500万元"。②

---

① 安富步：《"满洲国"的金融》，日本创文社1997年版，第39—41、48页。
② 洪葭管主编：《中国金融史》，西南财经大学出版社1993年版，第260页。

伪满洲中央银行成立后，即将所谓整理回收过去的旧币定为首要的任务。7月1日伪满洲中央银行开业当日，即颁布实行《旧货币整理办法》，规定从即日起，在两年内收兑原四大金融机构发行的15种货币，其他各种钞币也限期收回。东北原流通的营口过炉银、安东镇平银也禁止发行和流通，并限期兑换成伪满洲中央银行的纸币。"在收缴'旧币'中，有意压低兑价"。如东三省官银号发行的奉天票被强行按50∶1（后又改为60∶1）的比价兑换；吉林永衡官银钱号发行的"官帖"，流通额约有103.1亿吊，被日伪极力贬低价值，规定360吊换伪币1元，几天后又规定500吊换伪币1元，仅此一项，东北人民即被盘剥了800多万元（以伪币计）。① 对黑龙江省官银号发行的"官帖"，更以1680吊比伪币1元的比价收兑。到1934年，伪满收回各种旧币合伪币14223余万元。此外，还收兑了大量白银，仅在整理安东镇平银时，就用伪币搜刮白银约500万两。②

伪满洲国的成立对东北金融的影响是巨大的。在日本政府控制我国东北金融的侵略政策下，这种所谓货币兑换，实际已变成了对中国人民的一次掠夺。到1934年6月时，原有的各种东北旧币已被收回93.1%，1935年6月收回率更高达97.1%。③ 这时，日本政府通过伪满洲中央银行及其强制推行的钞票，已控制掌握了我国东北的金融机构和金融命脉。

在日本侵略者通过成立傀儡政府伪满洲国和成立伪满洲中央银行，对"九·一八"事变之前存在的中国东北方面的金融机构实施控制的同时，原有日本在中国东北的金融机构和势力中，除有代表性的两家银行朝鲜银行和正金银行外，1935年6月时，以正隆银行为代表的日本其他民间银行共有13家。这13家银行共有实收资本1913万元，公积金246万元，各项存款中金票2.6亿元、钞票897

---

① 吉林省金融研究所编：《伪满洲中央银行史料》，吉林人民出版社1984年版，第9页。
② 洪葭管主编：《中国金融史》，西南财经大学出版社1993年版，第263页。前引满洲事情案内所编《满洲通货及金融的过去和现在》，第93—97页。
③ 安富步：《"满洲国"的金融》，日本创文社1997年版，第41、48页。

万元、国币 2540 万元；各种贷出项目中金票 2.4 亿元、钞票 603 万元、国币 3066 万元。① 与记载 1930 年时日本银行数量的统计表 5 相比，日本民间银行的数量减少了两家，但日本政府的代表银行朝鲜银行的势力却有明显的增长。从 1931 年 6 月末开始到 1936 年年末，朝鲜银行在东北开设了 8 家支店，使得朝鲜银行在满洲的支店数达到 22 家，职员数从 215 名增加到 329 名。1935 年 12 月时，朝鲜银行发行的金票总数额中有 60% 即 1.2 亿—1.3 亿元在满洲流通，② 与 1928 年时朝鲜银行在东北流通的钞票 4 千余万元相比，增加了 2 倍。1932 年 12 月到 1936 年 12 月间，朝鲜银行的存款从 1.2 亿元增加到 2.71 亿元，贷款从 6 千万元增加到 1.22 亿元，在 4 年间均增长了 1 倍左右。③ 1934 年时，在对东北特产品领域的贷款中，正金银行占 46%，朝鲜银行占 26%，而伪满洲中央银行只占 1%。④ 由此可以想见，日本通过本国银行对东北物产的直接控制，已达到了完全垄断的程度。

然而，即使如此，日本政府仍然不满足，利用 1934—1935 年白银上涨日元放弃金本位制的机会，日本大藏省次官津岛寿一和伪满洲国财政部长星野植树共同声明：在 1935 年 12 月 10 日开始的"这个时点"，将"满洲国编入日本元金融圈"。这个声明，实际是直接将满洲的金融纳入日本金融势力范围中，与日本金融合成一体的公开宣布。

从以上介绍的史实可知，在南京国民政府时期，由于多种因素的交互作用，特别是中国银行业力量的增强和民众爱国图强意识的觉醒，外国在华银行业的发展状况在一定程度上和某些领域内受到

---

① 这些数字中的金票为朝鲜银行发行的以金为本位制的货币，钞票为正金银行发行的以银为本位制的银圆券，国币为满洲中央银行发行的货币。上述数字见满洲事情案内所报告 36：《满洲通货及金融的过去和现在》，满洲事情案内所发行，1936 年，第 201 页。
② 转引自安富步《"满洲国"的金融》，日本创文社 1997 年版，第 96 页。
③ 朝鲜银行研究会编：《朝鲜银行史》，东洋经济新报社 1987 年版，第 440—444 页，转引自安富步《"满洲国"的金融》，日本创文社 1997 年版，第 97 页。
④ 满洲国实业部临时产业调查局编：《特产交易事情》（上卷），1937 年，第 530、538 页，转引自安富步《"满洲国"的金融》，日本创文社 1997 年版，第 97 页。

了一定的遏制。但是，无论在关内还是在关外，享有不平等条约特权并依托本国强大实力支持的外国在华银行的统治地位并未得到根本的改变，仍然是重要的金融侵略势力。得到日本政府大力支持的日本银行业的迅猛扩张，更是这期间极为引人注目的现象。1931年后，从性质上看，伪满洲国中央银行已成为日本的殖民地银行，而日本在东北设立的本国银行，更成为全面统治垄断东北的金融力量。

（原载《中国经济史研究》2004年第4期，文章名有改动）

试论近代中国证券市场的特点

证券市场，或者统称资本市场，是指有价证券（政府债券、公司债券及股票）的发行和流通的市场，是信用制度和商品经济发展到一定历史阶段的产物。具体而言，证券市场是指在一定的时间、一定的场所，按照一定的法律、通过一定的方式，对有价证券进行交易的场所。证券市场是按照上述规定，通过证券的发行和流通，以达到活用资金、促进经济发展的目的。证券市场上买卖的商品，是股份公司为筹集资金发行流通的股票、是政府和企业为筹集资金发行流通的债券。

在近代中国历史上，如果从1872年中国第一家近代股份制企业——轮船招商局成立，发行和买卖该企业的股票开始算起，到1949年中华人民共和国成立为止，发行和买卖有价证券的近代中国证券市场存在了77年；如果从1918年北京证券交易所成立开始营业时算起，到1949年为止，近代中国证券市场存在的时间也有31年。在这不算短的时段里，近代中国证券市场作为社会经济发展中占有重要地位的资本市场，其发展的外在社会环境和内在的运作各有什么特点？近代中国的最大变化，是从传统农业社会转向近代工业社会，在此进程中，作为社会经济发展中的资本市场，近代中国证券市场发挥了什么作用？对于这些问题，以往的研究成果不多，全面进行评价的成果更是难见。笔者不揣浅陋，从全面分析评价近代中国证券市场特点的角度出发，提出一点粗浅之见，以作引玉之砖，冀望为推动这方面的研究尽一点微力。

近代中国证券市场除上海以外，其他地区和城市存在的证券市场时间都不长,大多数甚至只是昙花一现,因此本文的论述对象主要以上海证券市场为主进行。①

一 特点之一:扭曲的外部环境

在近代中国证券市场存在的时期里,如果从其产生和演进的外部环境看,远非正常。这种不正常的特点集中体现在以下四方面:

其一,在华外国股票的买卖早于中国。从 1843 年上海开埠起,外国资本和外国企业就在上海相继成立,这些相继成立的外国轮船公司、保险公司多采取股票公司的组织形式,因而买卖外国企业股票的现象在上海开始出现。当时上海的《北华捷报》《字林西报》上,已经出现外国在华企业股票的行情报告。例如,1866 年的《字林西报》就曾登载过英商利华银行面值 10 英镑的股票市价曾高达 25 英镑的消息②。1869 年还出现过办理外国厂商企业股票买卖或从中居间代客办理股票转让业务的专业商号——长利公司③。《上海新报》自 1871 年 2 月 23 日以"长利洋行"的名义开始发布外商在华公司股票行情,例如 1871 年 2 月 23 日《上海新报》头版头条就是"上海股份行情纸",而在这条"行情纸"的下面,分列了包括汇丰银行旧股、新股,美商旗昌轮船公司旧股、新股,英自来火公司、法自来火公司等 20 种洋商公司的股票市场行情。此后,每逢星期二、四、六出版的这份报纸开始连续刊登股票行情④。而中国最早发行和买卖的是 1872 年成立的轮船招商局股票,落后于外国在华的股票买卖。

---

① 上海以外,存在时间最长的是北京证券交易所,1918 年开办,1933 年停业,存在了 15 年。南京、青岛、天津、汉口等地都发起或成立过证券交易所,但时间都极短,有的甚至尚未开业即已停闭。参见朱荫贵《1918—1937 年的中国证券市场》,《复旦学报》2006 年第 2 期。

② 《字林西报》1866 年 7 月 5 日,转引自洪葭管、张继凤《近代上海金融市场》,上海人民出版社 1989 年版,第 135 页。

③ 《上海西商证券交易所之略史》,《银行周报》1919 年 9 月 16 日第 3 卷第 34 号。

④ 《上海新报》1871 年 2 月 23 日。

其二，中国自己的华商股票发行和买卖不仅晚于在华外商，中国的证券交易所法的颁布和证券交易所的成立，也是千呼万唤始出来。中国的第一部证券交易所法，在北洋政府时期的1914年颁布，此时距1872年中国轮船招商局发行和买卖股票，已经过去了42年。此后又过了4年，1918年才有北京证券交易所成立，此时距华商股票的出现和买卖，已经过去了46年，接近半个世纪。

其三，民间对建立证券市场的积极性远高于历届政府。在1872年轮船招商局成立之后几年，由于轮船招商局"纠股集资"成立企业和股票买卖的示范效应，1880年前后，先后有将近40家中国企业通过在市场上发行股票筹集资金得以成立，掀起了洋务运动中兴办新式股份制企业买卖股票的一个小高潮。在此期间，上海还出现过一家专门代客买卖各家公司股票的民间专业公司——上海平准股票公司。① 这与直到进入20世纪后的1914年，新成立的北京民国政府才颁布规范证券交易的《交易所法》，直到1918年，才有北京证券交易所、上海证券物品交易所和上海证券交易所先后获得批准成立的状况相比，民间与政府对证券市场的态度和热情的不对等，对比十分清楚。

其四，在近代中国证券市场上，除中国自己的证券交易所外，长期存在外国在华证券交易所，而且不止一家。这就是日商上海取引所和上海西商众业公所（Shanghai Stock Exchange）。日商上海取引所是怀有"执中国金融牛耳"的野心而成立的证券交易所，于1918年在上海成立，后在中国朝野的抵制和自身问题的双重制约下，于1927年停业，存在了9年②。

上海西商众业公所是帝国主义列强在近代上海兴办的一所证券交易所，是外商尤其是英美商人创办和控制、以买卖外国及外商在华所设各公司股票和各种债券的证券交易所。上海西商众业公

---

① 参见朱荫贵《近代上海证券市场上股票买卖的三次高潮》，《中国经济史研究》1998年第3期。

② 关于上海日商证券交易所兴起和停业的具体情况，可参见虞建新《日商上海取引所及其与上海华商交易所之关系》，《档案春秋》1995年第1、2期。

所的来历,据1935年《上海市年鉴》记载为:上海有交易所之组织,始于西商。清光绪十七年(1891)西商成立"上海股份公所"(Shanghai Sharebrokers Association),实则西商证券掮客公会,已具交易所之雏形。至光绪三十年(1904),西商又有组织上海证券交易所之动议,至次年而正式开办,定名为"上海众业公所"(Shanghai Stock Exchange),即证券交易所。宣统二年(1910),遵照相关股份有限公司条例登记。1929年,"上海股份公所"并入"上海众业公所",前者之名称随之撤销。据上述史料,西商众业公所的历史如果从1891年的"上海股份公所"算起,至1941年12月太平洋战争爆发日军进入上海租界,西商众业公所停业为止,整整存在了50年。如果从1905年"上海众业公所"算起,到1941年也有36年,远超过中国人自己兴办的证券交易所存在的时间。也就是说,近代上海西商众业公所喧宾夺主,成为近代中国证券市场上出现最早、历时最久、涉及范围最广的证券交易所这一点,已是不争的历史事实。①而按国际惯例,任何一个主权独立的国家都是不能允许其他国家在自己的领土上成立证券交易所的。

如上所述,近代中国证券市场的外部环境是扭曲和不正常的,特别是外商证券交易所在近代中国社会长期存在的事实,更是集中体现了近代中国证券市场外部环境的特殊性和殖民地性。

二 特点之二:病态的内部运行

除外部社会环境的不正常外,近代中国证券市场的内在运行过程同样充满了病态,这种病态的运行特征主要体现在两方面:

第一个特点,运行呈间歇性,交易呈波峰浪谷状,投机性极强。

---

① 关于上海西商众业公所还可参见上海市档案馆编《旧上海的证券交易所》,上海古籍出版社1992年版,第339页。中国第一家证券交易所为1918年成立的北京证券交易所,在上海成立的第一家华商证券交易所为1920年开业的上海证券物品交易所,后由于战争和其他原因,存在时间断断续续,但将存在的时间相加计算,也没有西商众业公所存在的历史长则是肯定无疑的。

在近代中国证券市场存在的 77 年中，由于政府不重视，加上战争、政权更迭等原因，近代中国证券市场的运行时断时续。但是，在其存在的 77 年中，曾出现过 6 次证券买卖的高潮期，但时间都不长。

这 6 次高潮期的时段分别是：第一次高潮发生于 1882 年 6 月至 1883 年 12 月，买卖标的物为洋务运动时期中国新式工矿业企业股票，后因 1883 年年底的金融风潮而中断；第二次发生于 1909 年 10 月至 1910 年 7 月，买卖标的物为外国在华橡胶公司股票，旋以国际橡胶价格暴跌而结束；第三次即习惯所称的滥设信托局和交易所酿成的"信交风潮"，时间是 1921 年 6 月至 1922 年 2 月；第四次是发生于全面抗战时期上海成为"孤岛"的 1940 年 1 月至 1941 年 12 月，买卖标的物是西商众业公所的外国在华公司股票，后因 1941 年 12 月太平洋战争爆发日军进入租界而中断；第五次为 1941 年 2 月至 1943 年 12 月，此是西商众业公所停业后上海投机资金汇聚形成的投机中国企业股票热潮，后因日伪当局打压而停止；第六次发生于 1945 年 4 月至 1945 年 8 月上旬抗战即将结束前，是带有"回光返照"的投机潮。①

这六次高潮中，有两次交易的标的物是外商企业股票（第二、四次）；时间最长的不满两年（第四、五次，但其中都有时段不等的下跌期），最短的不到半年（第六次）；只有一次是在中国合法证券交易所存在时期发生（第三次），其余不是民间自发行为，就是特殊时期特殊地点所发生（第四、第五、第六次均发生在战争时期的上海）；在交易高潮期间，社会参与阶层众多，"股疯"现象类似，投机性极强。

下面略举几段时人对"股疯"现象出现后的描述文字，从这些描述文字中，可以想象近代中国股票交易高潮出现后的疯狂情景。

---

① 前三次高潮可参见朱荫贵《近代上海证券市场上股票买卖的三次高潮》，《中国经济史研究》1998 年第 3 期。第四次可参见朱荫贵《孤岛时期的上海众业公所》，《民国档案》2004 年第 1 期。第五和第六次可参见朱荫贵《抗战时期的上海华商证券市场》，《社会科学》2005 年第 2 期。

一家新闻报纸对 1882 年上海出现通过买卖股票筹集资金的高潮的描述："自春徂冬,凡开矿公司如长乐、鹤峰、池州、金州、荆门、承德、徐州等处,一经准招商集股,无不争先恐后,数十万巨款,一旦可齐。"①《申报》刊登文章评论："现在沪上风气大开,每一新公司起,千百人争购之,以得股为幸。"② 1882 年 9 月 27 和 28 日两天连续在《申报》上刊登的《上海平准股票公司叙及章程》中描述："人见轮船招商与开平矿务获利无算,于是风气大开,群情若鹜,期年之内,效法者十数起。每一新公司出,千百人争购之,以得票为幸,不暇计其事之兴衰隆替也。"③

1910 年 3、4 月间,第二次股票交易高潮即买卖"橡胶股票"的热潮已上升到顶点,这时,虽然"可异者市中尚有不知橡皮为何物者",但是"橡皮市面大盛"的局面已经形成。④ 为争购橡胶股票,有人"投出多年的积蓄尚且不以为足,进而变卖家人的衣装、首饰等物,竞相购买橡胶股票"⑤。上海市面上此时有《南洋一百二十二橡皮公司中西名目股份原值表说》和"定价每本大洋二元"的《上海橡树公司一览表》等书推出出售,⑥ 从这类书需提前交钱购买"预约券"⑦ 来看,橡胶股票交易当时在上海已进入何等"热狂"的状态。这一点,正如其后有人描述的那样："不知怎样,那时人心忽然对南洋树胶大发热狂,只要有一洋人,刊布一种计划书,说'在某处地方,购得一所橡胶园,或者还是一块待垦的荒地,可种橡胶若干枝,几年之后,可以获利若干万,而且利益是年年加增'",就"自然会有人辗转委托,向他加价买进股票,而且还加价卖得出去"。⑧

1921 年夏秋之间,上海出现了一哄而起竞相成立交易所和信托

---

① 《字林沪报》1883 年 1 月 22 日。
② 《申报》1882 年 8 月 12 日。
③ 《申报》1882 年 9 月 28 日。
④ 《时报》1910 年 4 月 8 日。
⑤ 《通商汇纂》1910 年第 59 号:《上海经济界的恐慌经过》。
⑥ 《时报》1910 年 4 月 3 日、5 月 30 日。
⑦ 《时报》1910 年 4 月 3 日。
⑧ 朱斯煌主编:《民国经济史》,银行周报社编,台湾 1970 年影印本,第 141 页。

公司，进而抢购交易所和信托公司股票进行投机的"信交风潮"。对于这次投机热潮，时人有一段文字刻画颇为生动："一人唱之，百人和之。千百十万之股本，可于坐谈之顷，抢认足额。盖公司之名称方出，公司之股价已涨。苟能侧身发起之林，抢认若干股，则一转瞬间，面团团作富家翁矣"。在交易所热中，甚至出现"即仅挂一筹备招牌，其一元一股之认股证，执有者亦居为奇货"的现象。"至能得发起人之以原价相让时，则身受者恩感再造矣"。① 此时，从行业看，除公债、股票、标金、棉纱等之外，其他各种适合不适合的行业都成立了交易所，连布、麻、煤油、火柴、木材、麻袋和烟、酒、砂石、泥灰等行业都成立了交易所，有的还不只一家两家。从时间上看，除白天进行营业的交易所外，还有夜间和星期日进行营业的交易所。从资金上看，1921年一年间成立的交易所的总资本，已超过截至1920年年底成立的所有的银行资本数。② 这种种奇景，被当时人形容为："论名称，既集华洋海陆为一家，论人物，则冶娼优隶卒于一炉。光怪陆离，开中外未有之先河；变幻莫测，极天地未有之奇观。"③ 更疯狂的是，仅在1921年10月至11月的两个月时间里，在上海外国领事馆里注册领照的交易所数量就达80余所。

随后的三次证券买卖高潮，都发生在抗战时期的上海，且分别出现在上海成为孤岛时期的西商众业公所、汪伪政权成立后证券买卖无管辖时期和汪伪政权时期复业的上海证券交易所阶段。其中时段上有间断，但都集中在1940—1945年。这三次证券买卖高潮，也可以说是投机高潮：

1941年12月太平洋战争爆发前，追逐的是在华外商企业股票，从1940年开始，虽有起伏，却出现了前所未有的投机追逐热。"投机之狂热，匪可宣言"，在短短的一两年时间内，西商股票"价格之

---

① 《银行周报》1921年第5卷第50号，"信交狂潮之反动"。
② 中国人民银行上海市分行编：《上海钱庄史料》，上海人民出版社1960年版，第118页。据统计，截至1920年，全国成立的银行总数不过82家，总资本51987077元。而1921年一年间成立的交易所就有一百多家，总资本在14855万元以上。
③ 《银行周报》1921年第5卷第50号，"信交狂潮之反动"。

暴升，竟有超过票面数十倍者"。① 交易的狂热甚至导致1941年1月8日上午众业公所因过于拥挤而"不得不临时停止营业十分钟"。当时的《经济统计月志》惊呼这种情况"可谓骇人听闻矣"。② 但这种骇人听闻的情况实际由此才仅仅是开始，"股票买风之狂热可谓未曾得有，……几乎任何股票一律受人欢迎，故各项股票成交之数量无不剧增"。因此，2月"证券市价指数几乎全月均在上升过程中……"③，但因这时的证券市场是因游资投机而致，出现激涨狂跌的现象就是必然之事。5月，股市盛极而衰，出现了大幅下降，"公司股票每日成交额自六日突破百万股大关后，七日即骤减为563千股，八日复减为277千股"。证券市价指数则从6日的231.19点跌到23日的111.65点，"不足20日中，共计跌落119.54点，亦可谓骇人听闻矣"。④

太平洋战争爆发后，华商的股票成为追逐的对象。这时出现的一个奇异现象，是出现了许多借投机股票获利的股票公司。1942年，一年间成立的股票公司即达127家。曾创造"新设者竟日有数起"的纪录，"统计先后成立者竟达145家"。⑤

抗战时期的上海华商证券市场，在投机手法翻新和花样繁复等方面，开创了近代中国证券市场上前所未有的纪录，集中体现了近代中国证券市场投机性强的特点。这里仅略举股票发行过程中的数例弊端，从中以见一斑：

一为在股票发行过程中造假。由于当时发行股票并非难事，"既无法令束缚，亦无机关管理，加以投资投机者一致盲从，故新股票一经发行，一转手间，即获厚利"，给投机者带来了可乘之机。其做法大体是：若干不正当商人，并无相当资本而开设空头公司进行欺

---

① 美商环球信托公司经济研究部主编：《日用经济月刊》，《外商股票总诠》1940年第2卷第6期。
② 中国经济统计研究所发行：《经济统计月志》1940年第6卷第11期；1940年第7卷第2期。
③ 中国经济统计研究所发行：《经济统计月志》1940年第7卷第3期。
④ 上引均见中国经济统计研究所发行《经济统计月志》1940年第7卷第6期。
⑤ 上引均见吴毅堂编《中国股票年鉴》，中国股票年鉴社，1947年，第9页。

骗。先是由参与者分别认足股款总额,接着召开创立会,造成公司正式成立之假象。"实际股款并未交出,或以传票转账或以远期票据抵现搪塞,而此时参与者各人均已摊得股票,即联络数家股票公司,狼狈为奸,上市买卖,并作虚伪宣传,抬高其股票市价,照票面加数成抛出。一般顾客,不知实情,高价买进,而彼等则坐获巨利"。由于此种现象并非个别且贻害甚大,以至于上海租界工部局不得不发布公告警告云:"查近有若干不法商人,创设滑头公司,一面捏造消息,复凭无谓号召,将其股票推行市上。若干公司,其营业亏折,已为人明晓,但仍在市上推行股票,虽公司经济情形欠佳,然由于有人从事垄断,股票价值竟于一星期内,告涨百分之二十五至三十。此外若干新公司之股票,其价值与前途,并不可靠,但亦凭虚伪之宣传,推行市上……"

二为包揽发行。包揽发行又分好几种,其中最恶劣的一种是"私相授受,直接操纵某项股票,使其价格腾涨之一法。例如有某厂拟扩大增资,或改为股份有限公司组织,股额除由发起人认购外,其余部分决议向外界招募。但发起人为图满足私人欲望起见,此项招募并不采取公开方式,竟私与某一机关定订,以每股十元票面之股票,作价十一元或十二元,全部包于该公司销认。此一二元之升价,既非溢价,更非承募费用,自属归于发起人所有,饱入私囊。承揽此股票之公司,却又以更高价分包若干股票公司,一方面相互散布利多消息,使不明真相的投资者,愿出高价购进。此种'飞票'式的公开招股,与房主秘密出顶房屋索取巨额顶费,以及二房东分租房屋,索取小费,初无二致……"

三为操纵垄断。其做法是:"若干厂商当局或少数大户握有巨量之股票者,勾结股票商,遇有适当机会,将其股票价格故意抬高,常在国际战局变化之时,或金融头寸松动时,故作谣言,散布空气,使股价在数日之间涨起数倍。在此高价,大户即陆续卖出,迨散户套进,市价即形猛跌。此种情形可谓大户之惯技……"

四为增资发股获利。在上海华商股票投机热中,老企业不断靠增资发股进行投机是很值得注意的一种手法。当大量新企业股票发行上市,其经营技术幼稚和股票上市时大涨大跌给社会留下恶劣印象,并对新股产生疑虑转而注意老企业股票时,一些投机分子又找到了可乘之机:利用老企业增资发股而获利。在此过程中,"不依产销状况为标准","不从业务着眼而滥行增资","完全视股票之需求而增发","因牟利而制造多量的股票","竟成一时风气!"在增资方式上,先有"升股"和"认股"的区别,后发展到以"升股"为主,"有一股送五股,与一股升一股者"。此种手法的目的,"显然以升股作增资,用以博取股东之欢心,刺激股价之上涨……"①

另外,在发行过程中,还有"溢价发行""股款临时收据流通"及"附加承募费"等名目,不一而足。

1943年汪伪政权上海证券交易所复业后,投机之风,炽烈如故。一些专以搜刮散户为获利捷径的企业家和投机大户,利用大众对于股票产生的厌恶心理,"投井下石,故意将股市放空压低,以便在散户忍痛斩弃时,再趁机拖进。致使市场惊波骇浪,无有已时"。在此阶段,交易所场外交易、黑市猖獗的现象始终未能禁绝。场外各经纪人私自对做,实行五日期、一星期期、一个月期不等的期货交易。甚至发展到"可允顾客只付一部分证金而代收货,或顾客如要放空而无现货时,亦可向顾客收取一部分证金而代客交货"。为吸引投资人注意,有的公司与此前企业增资扩股的手法相反,"实行减资,发还股款。首创者为康元制罐(厂),继起者有平安、三轮车、华成实业、联华地产等",以期博取社会好感,获取更大利益。

1945年全面抗战即将胜利前,由于军事局势已渐趋明朗,加上伪中储券恶性膨胀,有加无已,大票面之五千、一万元钞票相继发行,有资者为保本起见,除囤积货物外,即买进股票黄金,因此导致"股票市气之鼎沸,价格之激昂,实属无以复加",以至于上海证

---

① 上引均见吴毅堂编《中国股票年鉴》,中国股票年鉴社,1947年,第10—15页。

券交易所的"涨停板","几至无日无有"。这时股市"市面之疯狂,价格之爆跳","起伏高低,实动人心魄"。春夏间股价的高价与年初时相比,"甚有相差四千倍者"。① 可以说,在投机手段多样和股价起伏跌涨方面,抗战时期的上海证券市场创造了中国近代证券市场的新纪录。

近代中国证券市场病态的第二个特点是,证券市场运行连续时段最长、相对也较为正常和平稳的时期,即1918年证券交易所成立到1937年全面抗战全面爆发前为止的这一段时期,证券市场上占据主角的并非企业股票,而是政府债券。证券市场成为推销政府债券的场所。此前此后的两段时期虽然企业股票都是证券市场上的主角,但此前处于民间自由自发阶段,此后时段很短,未能形成气候,因此不具有代表性。

也就是说,近代中国证券市场进入交易所时代后的主旋律,或者说证券交易所成立的主要功能,突出表现为政府财政服务的单一功能,且越到后期趋势越明显。也因此,这一期间的中国证券市场,当时被定性为政府的"公债市场"或"财政市场"。

需要注意的是,这种为政府财政服务的功能可以说是近代中国证券交易所的先天基因所致。例如,最早获得北洋政府批准的北京证券交易所,它的诞生就并非因应近代中国产业发达的需要,而是适应北洋政府大量发行债券这一形势。这一点,在北京证券交易所向北洋政府农商部呈请成立开业的呈文中,就强调指出,北京"所有公债及一切有价证券之买卖渐见增多,但无统一机关为之评定,价值涨落毫无一定标准;且无稳固机关为之担保,故买卖通常只可为现货买卖,而不能为定期买卖,以是关于证券之流转不无窒滞之处"。② 可见,北京证券交易所的成立,就是为了解决证券特别是所有公债"流转不无窒滞"的状况。据统计,"自1912年到1926年,

---

① 上引见吴毅堂编《中国股票年鉴》,中国股票年鉴社,1947年,第40、41、51、52页。
② 《北京筹设证券交易所》,《银行周报》1918年3月26日第2卷第11号(通卷第42期)。

北洋政府总共发行了 27 种内债，发行总额达 876792228 元"，"其中绝大多数是在 1914 年以后发行的"，特别是 1918 年、1920 年、1921 年三年发行最多。①北洋政府发行的国内公债一般由银行承销，但需要通过证券市场进行流通，因此，"政府公债和国库券发行最多、最滥的时期，便是北京证券交易所最繁荣、最兴旺的时期"。②

1921 年发生的"信交风潮"，对证券市场演变为"财政市场"更是起到了火上浇油的作用。它除了使诞生不久的幼弱中国证券市场横遭摧折外，更从根本上动摇了一般社会大众对股票交易和证券交易所的认识。直到 1936 年时，穆藕初创办的《交易所周刊》上仍然留有"交易所经此次风潮后，一般社会人士，即莫不认为赌博场所，积习相沿，至今未改"③的记载，可见负面影响之大。

南京国民政府成立后，为支付日益增加的内战军政费用和弥补财政赤字，继承了北洋政府时期的做法，采取大量发行内债的方式来解决财政困难，而且发行的数量比北京政府时期更为巨大。据统计，在 1927—1931 年的 5 年间，南京国民政府发行的内债已达十亿零五千八百万元，远超北洋政府十六年内发行的公债数额。而 1927—1936 年，"南京政府发行了二十六亿元以上的内债"。④

公债发行额的扩大，导致证券市场上债券交易进一步活跃和兴旺。这一点，正如时人评论："国民政府北伐成功，发行公债愈多，证券交易所成了政府推销公债的大市场"，"设置完备之证券市场，交易数字日益增加。此时上海之剩余资金，群以证券市场为尾闾。所做交易，百分之九十八为公债，故该所亦有公债市场之称"。⑤

---

① 参见千家驹编《旧中国公债史资料》，财政经济出版社 1955 年版，第 10、11 页。
② 中国人民银行总行金融研究所金融历史研究室编：《近代中国的金融市场》，中国金融出版社 1989 年版，第 166 页。
③ 《本刊一年来工作之检讨》，《交易所周刊》1936 年 1 月 18 日第 1 卷第 50 期。
④ 千家驹：《旧中国公债史资料》，财政经济出版社 1955 年版，第 19、23 页。
⑤ 冯子明：《民元来上海之交易所》，朱斯煌主编《民国经济史》，台湾 1970 年影印本，第 152 页。

"自民十六至二十六抗战发生止,证券交易差不多全部是公债","股票不过应应卯,拍拍空板而已"。① 也就是说,这时的证券市场"大势所趋",是"专注重国内公债之买卖"。

1935年起,上海证券交易所开拍了包括金融业和工商企业的部分股票,"但以各方不感兴趣,成交数量之少,几不及当时公债成交数之千分之一","不但证券业视公债为利薮,即银行业投资项目中,益以公债为首位,而经济学者则称证交为公债交易所。要之,在此阶段,形成公债独占证券市场之局面,中国股票之冷落,恰与公债成为对照"。②

对于这一点,经济学家章乃器在分析时指出:"上海原来也有中国人办理的证券市场,就是华商证券交易所;然而,它所买卖的,却只有政府债券,它是财政证券市场,而不是产业证券市场。在资本主义先进国家里,政府债券自然也在证券市场上买卖,不过在地位上,产业证券是主,而政府债券是宾。现在我们是反过来,政府债券是主,产业证券连宾位都排不上。"又说,中国人设立的华商证券交易所,已"变成一个专做公债买卖的'财政市场'","因为事实上市面上没有可供买卖的股票和公司债票"。③

三 特点之三:与近代中国产业发展关系不大

但是,这里还有一个问题需要解决,也就是说,在近代中国证券市场相对最为正常并获得二十年存在延续期的这段时期,正好同时是近代中国资本主义经济发展最好最快的时期。这二十年上接第一次世界大战中国民族资本主义发展"黄金时代"的下半段,下连全面抗战爆发前被称为中国资本主义经济发展的"白银

---

① 冯子明:《民元来我国之证券交易》,朱斯煌主编《民国经济史》,台湾1970年影印本,第143页。
② 吴毅堂编:《中国股票年鉴》,中国股票年鉴社,1947年,第3页。
③ 章乃器:《中国货币金融问题》,见章立凡选编《章乃器文集》,华夏出版社1997年版,第425、438页。

时代",① 从而成为中国经济史上的重要时期。有学者对这一时期工农交产业总产值增长情况进行了估计,数据如表1:

表1　　　　　中国工农交产业总产值的估计　　　　　单位:万元

年份	农业	工业	近代化制造业	交通运输业
1920	1049494	543396	88287	60937
1936	1450506	973347	283073	141659

资料来源:摘自许涤新、吴承明主编《中国资本主义发展史》第三卷,表6—9,人民出版社1993年版,第739页。

从表1可以看出,1936年与1920年相比,中国农业总产值增长了38.2%,工业总产值增长了79.1%,中国交通运输业的总产值增长了132.5%。除农业外,增长情况都十分显著。在工业总产值中,属于近代化制造业的部分增长了220.6%,增速尤为明显。而且,特别值得注意的是,这一时期近代化制造业特别是股份制企业的增长,呈现出一种日益加速的趋势。例如,1928年以前注册成立的公司,总共不过716家,资本总数约为4.63亿元。而从1929年至1935年6月,成立注册的股份制企业就达到1966家,资本总数达5.6亿元。②进入20世纪30年代后,在6年左右时间里新成立的股份制企业,比以前成立的企业总数还多将近两倍,这些股份制企业的成立,都需要发行股票筹集资金,那么这里出现的一个明显现象就是:在近代中国资本主义发展最迅速,新式资本主义工矿企业的数量、资本额和经济增长速度都相当快的二十余年时间里,新式工矿企业的快速发展与这一时期的中国证券市场联系不大,或者说基本没有关系。

如上所述,这一时期的中国证券市场,除了昙花一现的地方证

---

① 第一次世界大战时期被视为中国资本主义发展的"黄金时代"已成定论。近年来,不少学者通过对全面抗战爆发前中国经济状况的研究,认为这是一段近代中国经济发展仅次于前一段时期的"白银时代"。参见《中国企业史》(近代卷),企业管理出版社2004年版,第390页。

② 王宗培:《中国公司企业资本之构造》,《金融知识》1942年第1卷第3期。

券交易所外,延续时间最长、交易最红火的上海证券市场,在近代中国资本主义经济发展最快的同时,是在为政府的财政服务,是一个"公债市场"和"财政市场",而不是一个为股份制企业服务的"股票证券市场",在工矿企业的资金筹集和资源配置方面根本无所作为,像是毫无关系的局外人。近代中国证券市场发展最正常的时段,证券市场与产业发展基本没关系,那么,其中原因何在?产业发展所需的资金又如何解决?笔者将在下面的分析中作出回答。

四 对近代中国证券市场特点的分析

显然,近代中国证券市场出现的这些特点,是近代中国从传统农业国向近代工业国家转变的大背景下出现的,历经几千年形成的历史传统、商业习惯和国民经济结构,导致这种转变十分不易,加上这一时期内忧外患不断,天灾人祸连绵,都增加了这种转变的难度,同时制约着这种变革的步伐。这些,可以说都是近代中国证券市场特点形成的大前提,也是产生如上所述各种特点的根本原因。但是,在充分注意和考虑到这些因素之时,笔者同时发现,中国经商传统中一些"惯习",或者说中国商业传统中一些不见于文字的"制度",同样发挥着重要的影响和作用。应该说,正是这些因素的影响和作用,成为构成近代中国证券市场特点的直接原因。这方面的表现,最集中和突出地体现为上述的特点之三,也就是近代中国证券市场与产业发展关系不大这一点上。简单地说,正是由于中国几千年形成的经商传统和资金筹集方式与西方国家不同,因而形成了中国企业的资金可以直接从社会吸收储蓄解决,有自己独特的渠道,而不必非得通过资本市场解决资金困难。而正是这个传统,成为近代中国证券市场与产业发展关系不大的直接原因。

确实,吸收社会储蓄,在一般现代人习惯了的观念里,是只有金融机构才具有的专利。可是，传统中国社会中却并非如此，而是众多行业具有的共同权利。其中，普通企业商号吸收社会储蓄存款，从明清以来，已经具有几百年的传统，并发展成民间约定俗成的不成文的金融制度。①

到了近代，特别是到了20世纪20年代后期和30年代初，当经历过第一次世界大战期间的成长，已经具有一定规模的中国近代工商企业为自己寻求更大发展空间，对资金需求更加旺盛之时，这种吸收社会储蓄的传统也随之出现了新的变化和发展，不少新老企业不再满足于企业内部吸收或通过熟人朋友招揽储蓄，而是发展到成立独立的企业储蓄部，公开登报招揽存款，并由此引发南京国民政府1931年颁布禁令，但因这种传统悠久且在社会经济生活中一直发挥重要作用，南京国民政府随后也只能作出调整，允许这种现象继续存在。②

关于企业商号吸收社会储蓄普遍存在和在企业营运中的重要作用，我们可以举当时学者王宗培对此的调查为例进行证明。

据王宗培自己介绍，他是1940年在讲授公司理财一课时，"深感我国公司企业之资本构造，与欧美先进国家显有不同"，而其中，"尤以收受存款一项为唯一之特色"，③因此引起了他的兴趣，进而他在"穷数周之力，搜集大小公司100家之资料"之后，"摄取其各项关系科目试作研讨"，讨论和分析了包括存款借款问题在内的中国企业的资本构造问题。

----

① 关于中国传统社会中众多行业吸收社会储蓄的情况，可参见刘秋根教授的研究。据他的研究，早在明清时期，经营"存款"这种金融业务的现象，就在中国社会中普遍存在。除典当、钱庄、票号等金融机构经营存款外，"也有一般工商店铺如盐铺、布铺、米铺、杂货铺、珠宝铺等兼营的存款"，甚至"一些在地方家产殷实且经济信用较好的财主有时也接受他人寄存，并付给薄息"。参见刘秋根《明清高利贷资本》，社会科学文献出版社2000年版，第138、139页。

② 关于近代中国企业商号吸收社会存款，可参见朱荫贵《论近代中国企业商号吸收社会储蓄》，《复旦学报》2007年第5期。

③ 下引除特别标明者外，均转引自陈真编《中国近代工业史资料》第四辑，生活·读书·新知三联书店1961年版，第59—71页。

从他收集的这 100 家公司的时间段来看,"远以民国 21 年为始,近迄民国 28 年为止"。而从区域划分,这 100 家公司所在的地区,除"上海市一处居其大半,计占 63 家外",还"包括苏、浙、冀、鲁、晋、皖、鄂、豫、川等九省及香港地区"。"其中江苏省计占 14 家,其次为浙江省计六家,再次为河北、山东、山西三省各计 3 家,再次为安徽、湖北两省及香港等 3 处各计 2 家,河南、四川两省最少,各有 1 家,总数为 100 家"。从其"所营事业"来看,"大体而论,制造事业约占 7 成,其他不及 3 成"。从企业资本情况看,他将所调查企业的资本在 300 万元以上的划为第一级,100 万至 300 万元间的划为第二级,50 万至 100 万元间的划为第三级,资本在 50 万元以下的为第四级。

表 2　　　　　　　　　100 家公司的行业分布

行业种类	家数(家)
纺织工业	36
其中:棉纺织业	29
其他纺织业	7
化学工业	14
公用事业	10
饮食品制造业	9
造纸印刷业	8
其他制造工业	6
百货贩卖业	6
交通运输业	6
煤矿及盐垦	5
合计	100

可以说,王宗培调查的这不同区域、不同行业、不同资本等级的企业资本构成的调查资料,从时间段、覆盖面和资本等级分布状

况看，都具有一定的代表性和典型性，因此是现今留存下来的不可多得的分析当时企业资本构成状况的珍贵资料。

由于王宗培"深感我国公司企业之资本构造，与欧美先进国家显有不同"，"尤以收受存款一项为唯一之特色"，因此他对企业吸收存款问题特别给予了关注。

他对中国近代企业吸收存款的总体看法是："我国以国情迥异，金融制度又未臻完善，普通之公司商号皆自行吸收存款，以为资金之调节"。"吸收存款为我国企业界特异之现象。但其运用几普及于各种企业及工商组织"。"其历史悠久基础厚实者，存款在运用资金中所占之地位亦更见重要"。"以其重要性言，有时且驾凌（银）行（钱）庄借款而上之"。

对于企业商号吸收社会存款，王宗培将之按狭义和广义进行了划分："普通公司商号之存款，其解释可分为狭义与广义两者。就狭义者言，则以活期或定期性质之存款为范围。而广义之存款，凡属董事股东之垫款，职工之储金，个人之借款等皆属之。而我人之研究对象，亦以后者为准绳"。他进而对这些企业吸收的存款性质和特点进行了分析："存款虽有定期活期之区分，然而研究其通常性质，则具通知存款之意味。既无订定之期限，而取款辄须先期通知，约期提取，此与普通之定期及活期存款显有不同。"对于企业商号吸收社会存款的原因，他的看法是，"若试究其通行之原因，仍以我国金融机关不发达，与夫长期赊帐制度为两大主因。以致社会资金，失其调节，工商业不得不自拓门径，张罗资金，以供周转上之所需"。他进而认为，"至今全国之重要厂商，往往有以资力充沛，常存不欠（即俗称之多单），称著于金融同业。然而试观其营业报告之所载，存款科目在负债方面之地位固极重要也"。

为使自己的分析更加客观，他首先将"未能尽合于常态"的22家企业剔除。这22家企业被剔除的原因属于："曾经公开招揽存款者""公司之借款及存款均呈冻滞状态者""新设立或新改组之公司",以及"不吸收存款,亦不调用银行借款"① 的企业。在剔除掉这"未能尽合于常态"的22家企业后,王宗培根据剩余的78家企业的调查资料,作出了表3;根据原有的100家企业和调整后的78家企业的资料,作出了表4。现在我们就根据表3、表4来具体观察:

表3　　调整后之78家企业自有资本与借款及存款百分比统计

等级	家数（家）	自有资本		借款及存款		总数（元）
		金额（元）	百分数（%）	金额（元）	百分数（%）	
第一级	15	103604922	65.37	54884467	34.63	158489389
第二级	26	49306577	64.18	27523691	35.82	76830268
第三级	17	11788455	57.12	8848915	42.88	20637370
第四级	20	4547630	53.08	4019523	46.92	8567153
合计	78	169247584	63.98	95276596	36.02	264524180

从表3看,自有资本的多与少,恰与借款及存款的百分数成反比。也就是说,资本数越多,借款和存款数越少;资本数越少,借款和存款数所占的比例就越高。

表4　　　　　　　存款对自有资本之比较

等级	原有数字（原有100家企业数字）			调整数字（78家企业数字）		
	自有资本数（元）	存款数（元）	存款对自有资本之比例（%）	自有资本数（元）	存款数（元）	存款对自有资本之比例（%）
第一级	184302146	41829106	22.70	103604922	20149751	19.45
第二级	56977706	14151715	24.84	49306577	13374902	27.13

---

① "曾经公开招揽存款者"被剔除的原因是因其"公开吸收存款,数量自巨,理应分别剔除,而减少其影响"。这样的企业包括荣家的申新、茂新和福新公司,上海永安公司及香港永安公司,新新公司,世界书局及大东书局等。"公司之借款及存款均呈冻滞状态者"是指公司因"营业亏负,周转困难,无力偿付,以至借款存款均呈冻滞状态者",包括先施公司、六合沟煤矿、宁绍商轮等11家。"新设立或新改组之公司"是因设立未久或改组,"信用未孚,根基未固,不易获取大量之借款存款,亦不应计算在内",这样的企业有5家。

续表

等级	原有数字（原有100家企业数字）			调整数字（78家企业数字）		
	自有资本数（元）	存款数（元）	存款对自有资本之比例（%）	自有资本数（元）	存款数（元）	存款对自有资本之比例（%）
第三级	15114091	5025432	33.25	11788455	3764750	31.93
第四级	5812824	2665305	45.85	4547630	2220601	48.83

从表4看，无论是调整前的100家企业的数字，还是调整后的78家企业的数字，存款在与企业自有资本的比例上，都呈现出一个共同的特点，这就是自有资本数越少的企业，存款数字在企业中所占的比例越高，呈现出一种明显的反比例趋势。这种趋势与表3的趋势大体一致。显现出来的特点是：资本力量薄弱的公司，信用力也弱，不易获得银行钱庄的借款，因此"只得仗公司当局之个人信用，招揽存款，以充公司周转上之运用"。这就是随着第四级到第一级资本逐渐递减而存款数逐渐递增的原因。

从上引王宗培的调查资料中，我们可以看出：其一，存款对于中国近代企业来说相当重要，不管是资力雄厚的大公司还是资力薄弱的小公司，存款在其中都占有重要地位，特别是对于小公司来说，存款一般要占其自有资本的1/3到1/2，其发挥的作用自然不需多言。其二，企业商号能够直接从社会上吸收存款，且吸收存款的企业比例数如此之高，吸收的存款数量又如此之大，那么显然，近代中国证券市场与企业发展之间关系不大这一点，也就是不需多加论证而很容易理解的事情了。但是，企业可以直接从社会吸收储蓄，必然压缩了通过证券市场筹集资金的动能，也必然成为从根本上制约近代中国证券市场发展的重要因素。

五 小结

由此，我们可以得出的结论是，近代中国证券市场出现的这些特点并非偶然，而有其深刻的历史必然性。近代中国证券市场上几国交易所并存、六次投机高潮的出现和证券市场为政府财政服务的功能等现象,是近代中国各种社会条件和特点的集中体现,但是,几千年历史形成的特殊商业习惯——企业商号可以直接吸收社会储蓄,却在某种程度上成为制约近代中国证券市场发展的根本因素。

也就是说,半殖民地半封建的社会环境,加上悠久历史传统中逐渐形成的商业习惯,是近代中国证券市场出现上述各种特点的根本原因。特别是历经历史风雨形成的商业习惯成为传统后,当面临着社会转型变化时,必然表现出一种延续和变异的现象:过去的"惯习"依然发挥作用,但往往已经出现了变异,是一种经过改造的"惯习"在继续发挥作用,或者仅仅成为新的制度出现后的补充。但即使这样,它也会或隐或显地存在,而非不留痕迹。

清楚地认识到这一点有一定的意义,对于我们认识和理解社会问题并进而解决问题,有事半功倍的效果。

(原载《经济研究》2008年第3期)

"大分流"之后的与时俱进:传统钱庄业在近代中国的变化与特点

钱庄是中国的传统金融机构,有着悠久的历史,[①] 在近代中国被称为三大金融机构之一。[②] 在数百年的发展历程中,逐渐形成自己的一套商业规则和习惯,大体有如下表现:

a. 组织简单,合伙或独资,无限责任组织形式,除大钱庄外一般无分号。

b. 资本薄弱,大的一二万两,小的只有几千两。上海等城市钱庄资本稍多,大钱庄资本能够达到四五万两。根据地位、资本和作用,上海的钱庄分为"汇划庄"、"元、亨、利、贞"等类别。

c. 一年一结(当年分红,不留公积,不面向社会吸收个人存款,信用放款)。

d. 在近代机器工业兴起之前,主要业务除银钱兑换外,放贷对象主要是商业机构和个人。

但是,长期以来,传统社会中钱庄的无限责任组织形式,信用放款且周期较短、资本规模有限及传统家族式经营管理等经营方式,往往被认为与近现代机器产业对资金需求量大期长的特点不相适应

[①] 现在学术界大多认为钱庄在明代就已存在,如张国辉认为:"钱庄,亦称钱铺、钱店,在清代之前便已存在。明代的文献和小说中就有过某些反映。"见张国辉《晚清钱庄和票号研究》,中华书局1989年版,第1页;洪葭管主编《中国金融史》,西南财经大学出版社1993年版,第79页;再如陈明光《钱庄史》,上海文艺出版社1997年版等。

[②] 参见王业键《中国近代货币与银行的演进》,"中研院"近代史研究所,1981年。近代早期的三大金融势力是钱庄、票号和在华外国银行;1911年后是钱庄、外国在华银行和近代中国银行。

而受到忽视。实际上，19世纪中叶，在东西方发展出现大分流，西方挟船坚炮利冲击东方，继而西风东渐中西对立和交融的近代中国，钱庄业依据时代变迁，在制度和规则运营等方面出现了许多变化，在资本市场上发挥了重要的作用。客观上说，钱庄在保持自身活跃和创造出发展空间的同时，证明了一个事实：传统的东西并非都与现代对立，只要依时调整，与时俱进，完全可能寻找到生存空间并有所发展。这里以近代中国金融最发达的地区上海的钱庄业为例，对此进行一些分析论证。

一　上海开埠后钱庄业的发展

1843年上海开埠后，对于外国商人来说，"上海不仅是一个巨大的进出口贸易的中心，而且还是中国南方和北方交换本国货和外国货的一个大商埠"①。大量的贸易结算和汇兑需求必然给上海原有的金融格局造成明显的冲击，带来巨大变化，同时也给钱庄业带来了发展的机遇。

早期，来到上海的外国洋行运进洋货，输出土货，需要借助两大助力，这就是洋行中的买办和原来就存在的中国金融机构特别是钱庄的协助。上海开埠后仅仅三年，外国在华洋行数量就达到二十五家②。这些洋行在到达上海初期的主要业务大体是运进鸦片和纺织品，运出生丝和茶以及白银。在这种经济活动中，资金的周转融通和结算是关键的一环，正是在这个过程中，钱庄与外国洋行、中国买办建立了联系，并在外资银行出现之后的很长一段时期里，在金融领域中发挥着不可忽视的作用。

中国钱庄与外商洋行结合开展金融业务，是上海开埠后传统金

---

① 姚贤镐编：《中国近代对外贸易史资料（1840—1895）》第一册，中华书局1962年版，第555页。
② （清）徐润：《上海杂记》，香山徐氏校印本，1927年，第12页，转引自张国辉《晚清钱庄和票号研究》，中华书局1989年版，第48页。

融业出现变化的第一阶段。

外商洋行为了打开洋货在中国市场上的销路,需要得到中国金融组织的支持和配合,钱庄就成为这样的组织。在清代,上海的钱庄已经成为具有相当规模的独立金融行业,1776年时上海钱庄已有钱业公所的组织。[1] 钱庄不仅家数多,同时还发展出一套信用手段,能够在流通领域里发挥促进商品交换的作用。1841年上海县的一个告示里说,"钱庄生意或买卖豆、麦、花、布,皆凭银票往来,或到期转换,收划银钱"[2]。这里的银票就是钱庄发行的庄票,又称本票。它代替现金在市面流通,钱庄对所签发的庄票负有完全责任,到期必须照付。如果出票的钱庄对到期庄票不能照付,则无疑表示该钱庄的破产。庄票有即期和远期两种。即期庄票就是见票即付;远期庄票则在到期时兑付。上海各商号在交易时大抵使用远期庄票。

上海的钱庄数量多,规模不等,所从事的主要业务和对象亦有不同,上海开埠初期钱庄的情况和业务流程大体如下。

1858年时,上海城区和上海租界约有120家钱庄。其中50家规模较小,称为小钱庄,这些小钱庄开业时,每家只有500—1000银两的资本,因此所发庄票不为外商所接受。其余钱庄里面只有8家或10家规模较大,称为大钱庄,合伙的股东都很富有,虽然它们的账面资本一般不超过3万两到5万两。这些大钱庄对沙船业主予以放款,以载货船只为押品。此项船只系从上海载运漕米北运,换回油、青豆、大豆及豆饼再返上海销售,钱庄收回放款。这些大钱庄对黄金、白银、上海银圆及墨西哥鹰洋从事投机业务,其方法系操纵行市,获致厚利。

除去上述两种钱庄以外,其余每家钱庄资本有五千两到一万两。这样的钱庄又分两类:一类钱庄专门从事对制成品、棉织品等批发商的放款;另一类则对贩卖鸦片捐客的放款。这两类钱庄以10天或20天到期的期票方式对当时上海有名气的人予以放款,帮助他们从事一般货物或鸦片的经营。当外商获悉钱庄有资本银作保证,即接

---

[1] 中国人民银行上海市分行编:《上海钱庄史料》,上海人民出版社1960年版,第11页。
[2] 中国人民银行上海市分行编:《上海钱庄史料》,上海人民出版社1960年版,第12页。

受此种庄票作为结算的工具。如借款人能于庄票到期前将归还款项，所收取的利息是较低的；如借款人到期不能出售他的货物或由于其他原因以致不能还款，则将遭受重利盘剥的压迫。①

通过买办的中介活动，外国洋行接受上海钱庄的庄票作为支付手段和结算手段。上海钱庄同内地之间的贸易渠道，包括从上海到镇江转苏北一线，沿江到汉口乃至再上溯到四川一线，经宁波深入到浙江腹地和江西一线等。上海钱庄与各地钱庄都建有广泛的联系。外国洋行接受上海钱庄的庄票，实际上是借助上海钱庄的信用和商业流通渠道，达到更快地推销洋货和收购土产的目的。中国进口商人在购进洋货时以钱庄开出的庄票支付，而外国洋商愿意接受庄票，实际是把中国进口商人对洋行的债务转移由钱庄来承担。外国洋商接受钱庄的庄票，为的是利用钱庄已经建立起来的商业信用和商业渠道，达到迅速出售洋货的目的。商人利用庄票给予的期限去调度资金，以清偿自己与钱庄之间的债务。洋行在庄票到期时，向钱庄收取款项。这样一来，洋行、钱庄和商人之间就建立起环环相扣的商业链条，在这样的商业链条中，几方都能获利。在此过程中，洋行信任钱庄发行的庄票是一个关键因素。对此，马寅初曾在《商业月报》杂志上发表文章，指出洋行信任钱庄的三大理由："（1）洋行之东家（俗称大班）不谙我国商情，不操我国方言，遇事诸多不便，故聘一买办，以负一切责任。买办对钱庄如有信用，可以负责收受其庄票。（2）钱庄系一商号，较为可靠，与掮客不同。（3）如钱庄止付，仍可向掮客追偿。"他进一步解释道："外国普通商家，都有所谓银行证明书者，银行对于素有信用之商家出此证明书，以便商家易与他商往来。吾国国外贸易，洋商与内地商人，无直接关系，既不直接交货，又不直接收款，无所用其证明书也。华商与洋商之关系，一变而为钱庄与洋商之关系，故证明书无用，而庄票遂应运而生也。"②

到19世纪70年代时，"上海出售的一切外国进口货，都是以本

---

① 中国人民银行上海市分行编：《上海钱庄史料》，上海人民出版社1960年版，第14页。
② 中国人民银行上海市分行编：《上海钱庄史料》，上海人民出版社1960年版，第19页。

地钱庄签发的五天到十天的期票支付的"。① 这是上海开埠后金融业出现变化的第一阶段,这一阶段的最大特点,就是中外商人在商业贸易中的支付和结算方面通过传统中国金融机构钱庄发行的票据结成了利益共同体。

钱庄业出现变化的第二阶段,是外资银行业进入上海后上海的钱庄业与外资银行业发生了资金融通的关系,这是这一时期金融业的第二个变化,并且带来了此前未有的新特点。外国在华银行业的活动,可以追溯到19世纪40年代。中国出现最早的外国金融机构,是英国的丽如银行(后改名东方银行)。1847年,丽如银行在上海设立机构。在丽如银行之后,相继在上海设立开业的外国银行是英商麦加利银行和汇丰银行的分行。此后法国的东方汇理、英国的有利、德国的德华、日本的正金、俄国的华俄道胜、美国的花旗银行、比利时的华比银行、荷兰的荷兰银行、日本的台湾银行都相继在中国成立分行。中国第一家银行——中国通商银行1897年成立时,距这家英国银行在上海的成立已整整落后了半个世纪。②

早期外国银行在华的业务主要是给外商办理汇兑,并不与钱庄发生过多的联系,这时的钱庄主要也是依赖洋行进行资金周转。"银行始初仅通洋商,外洋往来,以先令汇票为宗,存银概不付息"③,就是这种状况的写照。

从19世纪60年代后期开始,外国银行的存放款业务明显增多,从而掌握的流动资金数量也大幅增加。其中汇丰银行就是一个典型:60年代汇丰银行的存款数额经常在五六百万之间,70年代末上升到二千二百万元以上,80年代以后,增长更为迅速,1895年吸收的存款竟达一亿四千三百万元。④ 这些大量吸收的存款,在应付商务上必要的款项外,常常有多余的头寸,"他们自然很乐意用最好的方式来

---

① 《英国领事报告(1875—1876年)》,转引自丁日初主编《上海近代经济史》第一卷,上海人民出版社1994年版,第62页。
② 参见吴承禧《中国的银行》,商务印书馆1934年版,第105页。
③ 中国人民银行上海市分行编:《上海钱庄史料》,上海人民出版社1960年版,第29页。
④ 转引自张国辉《晚清钱庄和票号研究》,中华书局1989年版,第63页。

利用这些头寸。他们用拆票的方法来供给钱庄所需要的资金"。"若干钱庄每天依照它们的需要,也依照它们在商业上的地位和与外国银行的关系,向外国银行拆借所需要的资金,因此使它们能够做庞大的生意"。① "当时钱庄流动资本,大部取给于外商银行之拆票。外商银行之剩余资金,亦常以此为尾闾,且可由此推动国内贸易,以利洋货之畅销","钱庄则赖此而周转灵活,营业可以推广,自属乐于接受"。②

很明显,利用资金融通即"拆票"的方式与钱庄发生关系,是外国银行力图控制中国经济命脉的手段,但是钱庄利用外国银行的融资进行经营,扩大势力,也成为赢家。

这一时期,尽管上海金融行业的发展还不成熟,主要表现还是以贸易金融为主,新的金融业务处于刚刚开始的阶段,但是随着上海贸易中心地位的日益明显,外来的金融行业和经营方式、活动方式、操作形态等等,却不得不面对具有悠久传统的中国金融规范和商业渠道的制约,外来和本土金融体制在这块土地上相会、适应、融合,逐步在上海率先形成了具有浓厚时代特色的新型金融机制,也预示着钱庄在以后还会有更多的发展和变化。

二 钱庄在融资和规则中的变化

征诸此后的历史事实,发展演变的状况确实如此。首先,随着洋务运动的兴起,近代中国开始了此前未有的工业化进程,在此过程中,钱庄扮演了重要角色,在向近代中国新式企业的融资和贷款中发挥了重要作用,推动了近代中国新式企业的兴办和成长。

这里可以略举一些事例以作证明:

1872年成立的轮船招商局,由于招股困难,在主要依靠官方借

---

① 中国人民银行上海市分行编:《上海钱庄史料》,上海人民出版社1960年版,第30页。
② 中国人民银行上海市分行编:《上海钱庄史料》,上海人民出版社1960年版,第29—30页。

款成立后,就不得不为筹措企业的营运资金而不断奔走。表1显示的是轮船招商局在1880年前的财务负债情况:

表1　　　　1880年前轮船招商局的负债情况一览　　　　　单位:两

时间	资本数	所借官款	钱庄借款	私人借款	仁和保险存款
1873—1874年	476000	123023	—	—	
1874—1875年	602400	136957	475354（钱庄私人合计）		—
1875—1876年	685100	353499	613228	238328	200000
1876—1877年	730200	1866979	593449	87884	350000
1877—1878年	751000	1928868	1472404（钱庄私人合计）		418430
1878—1879年	800600	1928868	624088（钱庄私人合计）		582632
1879—1880年	830300	1903868	533029（钱庄私人合计）		619848

资料来源:徐润:《招商局第一至第七届帐略》,转引自胡政、李亚东点校《招商局创办之初(1873—1880)》,中国社会科学出版社2010年版。

表1的统计数字来自《招商局第一至第七届帐略》。据招商局负责财务的会办徐润在这本册子的"序"中说,"商局七年以来刊发总揭帐略及开办续订各章程,递年散处,阅者难窥全豹",因此"今特汇成一册,庶可一目了然","以供同人便览"。① 也就是说,帐略是为给各位股东查阅招商局的状况而编,因此,从帐略中,能够客观真实地反映出轮船招商局成立后数年的财务情况。

通过查阅轮船招商局这七届的财务数据可知,从轮船招商局成立开始,企业营运资金不足就是相当严重的问题,为此各年均借有巨额外债,且外借的债务数额越来越大,一般都是资本数额的好几倍。在借款中,只有1875—1876年和1876—1877年两届单独列出了钱庄贷给轮船招商局的借款数额,其余各届钱庄和私人借给轮船招商局的债款数额是合并计算的。但就在这两届数额单独列出的钱庄借款中,1875—1876年钱庄借给轮船招商局的款额就达61万多两,

---

① 参见徐润《招商局第一至第七届帐略·序》,转引自胡政、李亚东点校《招商局创办之初(1873—1880)》,中国社会科学出版社2010年版,第3页。

与轮船招商局该年的资本总数相差无几,远远超过官方借给轮船招商局的款项。1876—1877年轮船招商局因盘购美商旗昌轮船公司所借官款大幅增加,但轮船招商局仍然获得钱庄贷款接近60万两。

轮船招商局成立后即面对拥有雄厚资本的英美轮船商的跌价竞争,在轮船招商局前三届资本分别只有47万、60万和68万两,官方借款12万、13万和35万两的情况下,钱庄的借款(与私人合计)47万两、钱庄单独借给的61万两以及1876—1877年的59万两,对招商局稳定经营的重要性自是不言而喻的。"输转不遑之处,率向沪庄通融",① 唐廷枢、徐润在第三届帐略中所说的这句话,从1881年刘坤一奉旨彻查轮船招商局后奏折所称"(招商局)计现在结存轮船、码头、栈房、船坞、趸船等项,共置价银三百六十五万九千二百两,所收官帑商股共银二百七十三万四千余两,又保险公积采余抵银十七万九千余两,实短银七十四万五千余两,系向钱庄挪用……"② 中得到了证实。"于此局系倡议之人"③ 的李鸿章对轮船招商局在收购美国旗昌轮船公司后向钱庄融资,则视为理所当然:"至该局既骤难集股,自不能不暂向钱庄借垫。"④ 徐润在自编年谱中亦称:轮船招商局"初时本少用多,恒形竭蹶,常年周转,既赖官款接济,亦赖商款流通。……十余年来,统计每年年终结欠庄款既绅商存款,常有百余万两之多……"⑤

从上述这些资料中可知,轮船招商局在成立后能够站稳脚跟并获得初步发展时,钱庄对其的融资不说具有决定性作用,重要性也不言而喻。

---

① 《招商局第三届帐略》,转引自胡政、李亚东点校《招商局创办之初(1873—1880)》,中国社会科学出版社2010年版,第98页。
② 《光绪七年正月十五日两江总督刘坤一奏》,中国史学会主编:《洋务运动》第6册,上海人民出版社2000年版,第41页。
③ 《光绪七年二月十一日直隶总督李鸿章奏》,中国史学会主编:《洋务运动》第6册,上海人民出版社2000年版,第60页。
④ 《光绪七年二月十一日直隶总督李鸿章奏》,中国史学会主编:《洋务运动》第6册,上海人民出版社2000年版,第54页。
⑤ (清)徐润:《徐愚斋自叙年谱》,台湾商务印书馆1981年影印本,第177页。

汉冶萍公司是中国近代规模最大的钢铁煤炭联合企业。这家企业兼采矿、炼铁、开煤三大端，集勘探、冶炼、销售于一身，"创地球东半面未有之局"。① 对解决汉冶萍燃料至关重要，可谓汉冶萍生命线的萍乡煤矿的勘探和开发资金，就几乎完全依靠钱庄的融资支持。1898年萍乡煤矿成立，在成立及头几年的营运中，资本周转几乎全靠钱庄贷款维持："开办之初，并未领有资本，起首用款，即皆贷之庄号"。"至所收股本，乃二十五（1899）年以后事，且系陆续零交，指作还款，不能应时济用，势不得不辗转挪移，以为扯东补西之计"。②

据现有资料，1905年1月时萍乡煤矿向钱庄借入款项达41.6万余两。③ 除萍乡煤矿外，汉冶萍公司也存在大量钱庄借款。1917年8月，汉冶萍公司不算欠上海钱庄的款项，仅欠汉口30余家钱庄的款项，就达35万余两。④

一般人不会想到，像轮船招商局和汉冶萍公司这样的大型新式企业，会向资本小、贷款周期短的传统中国民间金融机构钱庄大量贷款。也因此，这一时期一家大型企业向几十家钱庄贷款的现象并不少见（见表2）。

表2　　　　　1915年汉冶萍公司欠汉口钱庄债款明细　　　单位：洋例银

钱庄名	所欠银两	钱庄名	所欠银两
百川盛	9063	保泰庄	3371.12
履康庄	158755.11	仁太庄	5705.49
大丰庄	9202.5	春元庄	284.68

---

① （清）张之洞：《铁厂招商承办议定章程折》，苑书义主编《张之洞全集》第2册卷44，河北人民出版社1998年版，第1167页。
② （清）张赞宸：《奏报萍乡煤矿历年办法及矿内已成工程》，转引自湖北省档案馆编《汉冶萍公司档案史料选编》（上），中国社会科学出版社1992年版，第205页。截至光绪三十年十二月（1905年1月），萍乡煤矿"先后股本库平银一百万两"。见上书，第204页。
③ （清）张赞宸：《奏报萍乡煤矿历年办法及矿内已成工程》，转引自湖北省档案馆编《汉冶萍公司档案史料选编》（上），中国社会科学出版社1992年版，第205页。
④ 湖北省档案馆编：《汉冶萍公司档案史料选编》（下），中国社会科学出版社1994年版，第727页。

续表

钱庄名	所欠银两	钱庄名	所欠银两
晋裕庄	15060	谦益庄	2528.69
晋昌庄	9202.5	谦大庄	1901.9
仁太庄	3042	公顺庄	1293
丰成庄	6084	隆泰庄	482.13
春元庄	3031.5	福生恒	908.66
同裕祥	4587.67	丰泰庄	1836.74
百川盛	1091.68	慎昌庄	2877.56
大丰庄	1203	庆昌隆	1744.89
新昌庄	209.6	晋裕庄	3024
其昌庄	2053.98	衡源庄	9714
晋昌庄	2281.78	裕通庄	9360
晋裕庄	3992.39	裕恒益	46620
源盛庄	575.9	大丰庄	12384
丰成庄	68.67	晋昌庄	3042
玉成庄	2171.54	协成银号	3065.2

资料来源：湖北省档案馆编：《汉冶萍公司档案史料选编》（下），中国社会科学出版社1994年版，第727页。

值得注意的是，在向新式企业放贷的过程中，钱庄改变了以往完全采用信用放款的做法，采用了信用放款和抵押放款相结合的做法，这可以说是钱庄与时俱进的一个明显例证。表3则是一家钱庄向多家企业放贷时信用放款和抵押放款同时存在的例证：

表3　　　1899—1907年上海福康钱庄的工业企业放款调查　　　单位：两

年份	企业名称	放款数额	年份	企业名称	放款数额
1899	纺织局	20246（信用放款）	1904	纶华丝厂	5720（信用放款）
1899	瑞纶丝厂	5112（信用放款）	1904	恒昌丝厂	44000（抵押放款）
1900	恒昌丝厂	80000（信用放款）	1905	恒昌丝厂	33233（抵押放款）
1902	燮昌火柴厂	5000（信用放款）	1906	又新纱厂	10317（信用放款）
1902	瑞顺丝厂	65000（抵押放款）	1906	汉冶萍局	10200（信用放款）

续表

年份	企业名称	放款数额	年份	企业名称	放款数额
1902	丰记油厂	22259（抵押放款）	1906	又新纱厂	20000（抵押放款）
1902	纺织局	20000（抵押放款）	1907	公益纱厂	20279（信用放款）
1903	纶华丝厂	10315（信用放款）	1907	汉冶萍局	20267（信用放款）
1903	瑞纶丝厂	100000（抵押放款）	1907	又新纱厂	10337（信用放款）
1903	宝昌丝厂	40000（抵押放款）	1907	启新洋灰公司	10244（信用放款）
1904	瑞顺丝厂	45000（信用放款）	1907	华兴面粉公司	10184（信用放款）

注：原资料将钱庄对工矿企业的贷款以信用和抵押贷款分别做表，此表中两者合在一起，但分别注明信用放款和抵押放款。有的企业同一年获得两次贷款，即是因有信用贷款和抵押贷款的缘故。

资料来源：中国人民银行上海市分行编：《上海钱庄史料》，上海人民出版社1960年版，第784—785页。

如果说改变一向以来的信用放款的习惯，是钱庄改变自身、谋求顺应时代发展变化的做法之一，那么改变过去放贷时间较短，要求当年结算还贷的做法就可以说是钱庄顺应时代发展变化的另外一种做法了。这里试以南通大生企业集团中的大生第三纺织厂为例（见表4）。

表4　　　　大生第三纺织厂向钱庄银行借款明细

融资行庄	借款期限	融资金额	利率	到期日期	抵押品
上海永聚钱庄	1年	规银100万两	月息一分零五毫	1924年农历9月底	地基、房屋、机器、生财
上海永聚钱庄	1年	规银100万两	月息一分零五毫	1925年农历9月底	地基、房屋、机器、生财
上海永聚钱庄	1年	规银100万两	月息一分零五毫	1926年农历9月底	地基、房屋、机器、生财
上海永聚钱庄	1年	规银100万两	月息一分零五毫	1927年农历9月底	地基、房屋、机器、生财
上海永聚钱庄	1年	规银75万两	月息一分零五毫	1928年农历9月底	地基、房屋、机器、生财
上海永聚钱庄	1年	规银65万两	月息一分	1929年农历9月底	地基、房屋、机器、生财
上海商业储蓄银行	1年	规银130万两（定期）	月息九厘	1930年10月2日	棉花、制造品、物料

续表

融资行庄	借款期限	融资金额	利率	到期日期	抵押品
上海商业储蓄银行	1年	规银20万两（活期）		1930年10月2日	棉花、制造品、物料
上海商业储蓄银行	1年	规银70万两	月息九厘	1930年10月2日	地基、房屋、机器、生财
上海商业储蓄银行（95%）江苏银行（5%）	1年	国币100万元	月息九厘	1937年3月31日	地基、房屋、机器、生财

资料来源：南通市档案馆、张謇研究中心合编：《大生集团档案资料选编》，纺织编（三），方志出版社2004年版，第510—513页。纺织编（四），方志出版社2006年版，第565—569、570—572、573—575、622—625页。

中国近代著名企业家张謇在江苏海门创办的大生第三纺织厂筹建于1914年，但因第一次世界大战影响，向英国订购的机器设备不能按期交货，建厂开车时已到纺织业进入萧条期的1921年。此时受欧战影响，"工食物料较战前已昂，机价亦重议增加"①，1922年该厂召开创立会时，议决再加股100万两，1923年张謇在股东会议上说，因加股"交者寥寥，而营运需款，为救急计，以厂押款100万两"。②这是大生第三纺织厂与上海永聚钱庄订立的第一次借款。

此后，从1923年开始，大生第三纺织厂每年向上海永聚钱庄融资100万两，1928年和1929年，向钱庄的借款数减为75万两和65万两。从1930年开始，才获得利息稍低的上海商业储蓄银行的融资借款。③

大生第三纺织厂向上海永聚钱庄的融资借款连续进行了6年后

---

① 南通市档案馆等编：《大生企业系统档案选编》，纺织编（一），南京大学出版社1987年版，第429页。
② 南通市档案馆、张謇研究中心编：《大生集团档案资料选编》，纺织编（三），方志出版社2004年版，第353—354页。
③ 南通市档案馆、张謇研究中心编：《大生集团档案资料选编》，纺织编（三），方志出版社2004年版，第510—513页。纺织编（四），方志出版社2006年版，第565—569、570—572、573—575、622—625页，大生第三纺织厂借钱庄的贷款利息是月息一分零五毫，借银行的利息为月息九厘。

才改换为银行融资。如加上1923年的融资，则是连续7年后才改为向银行借款。表4反映出来的钱庄给大生第三纺织厂的融资贷款，有如下几点值得注意：

其一，这家企业获得钱庄贷款时，已经不是几十家钱庄一起贷款，而是由一家钱庄独自进行或由一家钱庄牵头联合其他金融机构进行大额融资，相对于上述表2的"蚂蚁搬山"，表4更像是"一柱擎天"。

其二，这家钱庄对企业采取的完全是抵押贷款，从中透露出来的信息是：或者是大额贷款钱庄采取抵押贷款方式，或者这时这种抵押贷款已经成为普遍实行的方式。

其三，表中1924年至1927年的四年数据，显示永聚钱庄都是在每年农历9月底向大生第三纺织厂贷款100万两，贷款数一样、贷款时间一样、抵押物全都一样，贷款年数也一致。

之所以如此，是因为借户大生第三纺织厂1923年9月底向借主上海永聚钱庄借了规银100万两，以一年为期，后到了1924年9月底期满时，"借户除将已到期之利息付清外，对于本银无力归还，经借户与保人向借主商请，将借款展期一年，当经借主允许，将第一次合同取消，另订合同为凭"[①]。以后几年均同样是取消当年合同再订新的合同。1928年和1929年未能还完的75万和65万两，也均是如此办理，[②] 实际是上海永聚钱庄在改变了钱庄历来放贷当年结算当年收回的方式，这种变化对于需款数额多、周期长的近代新式工业企业具有的重大意义不言而喻。

20世纪30年代，钱庄出现新的变化，这就是从传统的独资或合伙组织进而发展演变成为"股份"公司，这种变化，不仅再一次证明了钱庄的"与时俱进"，而且因为这种变化，使得钱庄在新时期中国银行业快速发展的背景下仍然获得了生存空间，同时得以避免风

---

① 南通市档案馆、张謇研究中心编：《大生集团档案资料选编》，纺织编（四），方志出版社2006年版，第565页。
② 南通市档案馆、张謇研究中心编：《大生集团档案资料选编》，纺织编（四），方志出版社2006年版，第565—566页。

险和赚取利润。

股份制公司特别是股份有限公司产生于西方，因其具有的强大生命力随后成长为西方企业的主流。晚清时期，这种西方的资本组织形式开始传入我国，1872年成立的轮船招商局就是我国第一家采用股份制资本组织形式创立的新型资本企业。此后，这种资本组织形式逐步在中国社会中发展壮大，到20世纪三四十年代，同样成为中国企业的核心形式。但是，钱庄这种具有悠久历史的传统金融机构，能够改变自身的传统成立钱庄股份有限公司，一方面表明股份制这种企业组织形式的强大影响力和吸引力，另一方面也表明钱庄的确有与时俱进的特点。

下面这张1932年山东莱阳城西日庄集德成永有限钱庄的股票，就是确切的证明之一。

现在，我们就来看看这张股票。

这张股票的正面上方，是从右往左书写的"德成永有限钱庄"七个字；在各种花纹组合装饰的方框四角，分别有圆框框定的"德成永记"四个汉字。方框内从右向左竖排第一部分的文字内容是："莱阳城西日庄集德成永有限钱庄　为发给股票事今收到股东　　君名下大洋拾圆整计壹股合行发给深字第捌拾六号股票壹张收执以资信守"。紧接着第一部分，分上下两部分内容，上部刊载发起人七人

"大分流"之后的与时俱进:传统钱庄业在近代中国的变化与特点 333

的名字,"发起人:程述斋、吴子渤、李钦信、张中正、徐永富、徐永连、王义斋";下部是"总经理王显廷(印),副总经理徐日勋(印)";最左边是年代"中华民国廿壹年四月廿五日"。股票上另贴有两张山东第六区的印花票,还有德成永有限钱庄的一个财神爷印章和一个方形印章。除印章和印花票上封盖印章的颜色是红色外,其他文字和方框及环绕方框的花纹颜色均为浅蓝色。

这张股票的背面,是这家钱庄章程的主要条款。这些条款均为从右向左竖排印刷,题目为"兹将公议章程应载各条列下"。为对这种"变脸"类型的钱庄有更多了解,这里将这家钱庄章程的条款原文抄录如下:(标点符号为笔者所加)

一、本号定名德成永有限钱庄为宗旨;

二、本号开设莱阳城西日庄集为地址;

三、本号仿照有限公司办法,用人、用款等情得由总经理商酌之;

四、本号总经理柜伙等除身金外,不准长支浮欠以及担保债务等情;

五、本号账目每年清结一次,三年总结一次。总结期内各股东概不得有撤股长支情事;所有支取,以总结后来年正月方准需用;

六、本号红利每年除应用经费外,所得赢余按东五西五分劈之;

七、本号无论东西股分,后或因意见不合,或另有高就,均得遂年终核算,不得借口厚成,亦不得找算本号素日之红利有所交涉;

八、凡认股者均系本号股东,按每年正月开股东会一次,得以派股票人代表出席,会议期间,得由经理临时规定之;

九、本号为股分生意,东股甚多,无论东西,倘有借盖本号图章作保等事,由经理人许可,否则概不成事;

十、本号规章如有不完善之处，俟开股东会议时公议修改之。

观察这张股票，有几个地方值得读者注意：其一，从这张股票的标题"德成永有限钱庄"看，这张股票已经打破了传统钱庄负无限责任的传统，公开表明德成永有限钱庄只负"有限责任"，从打破几百年传统并在股票标题上公开宣明的角度看，这种变化程度确实相当大。其二，这张股票是山东莱阳城西日庄集德成永有限钱庄发行的股票，而非上海、北京、天津、武汉等大城市的某个钱庄发行的股票。从这点看，这张股票证明股份有限公司这种资本组织形式已经影响到小城市的钱庄，也就是说，股份制企业组织形式的影响在当时可能已经超过我们的想象。其三，这张股票发行于1932年，这个年份很值得注意，之所以如此说，是因为南京国民政府在1931年颁布了《银行法》（这部《银行法》最后因争议太大，特别是钱庄的强烈反弹，最后没有实行，但影响已经形成），这部法律除了规定将一切经营存贷款、票据贴现等业务的金融机构都视为银行，都要纳入《银行法》管理外，还有重要的一点，就是规定了银行的最低资本额不得低于20万元，大大超过一般钱庄的资本数额。这种规定虽然体现出当时执政者扶持银行发展的意图，但也从另一个侧面促进了传统钱庄业的改革。其四，这张股票背面刊载的"章程"条款，留下了钱庄从传统金融组织向股份制企业过渡的浓厚"过渡形态"。例如，我们看到德成永有限钱庄虽号称按照西方股份制的资本组织形式设立［"本号仿造有限公司办法"（背面章程第三条），"本号定名德成永有限钱庄为宗旨"（第一条）］，也仿造股份公司设立股东大会，开股东会议时股东如不能参加，可"派股票人代表出席会议"，宣称公司规章"如有不完善之处"，可在"开股东会议时公议修改之"。实际上还保留了传统金融组织的"东家"和"西家"，也保留了"身金"这类传统合伙组织的内容。另外，作为股份有限公司应有的基本事项如公司的资本总额、每股金额、营业事项、营业年限等，都没有交代，对于股票是否可以转让、如何转让等同样也没有交代（这里没有交代很可能不是遗忘，而是根本就没有设定）。反而在第四、第五、第七等条留下不少过去合伙组织成立时合伙人入股的类似规定。

总起来看，这张钱庄股份有限公司的股票是一张反映中国传统金融组织与西方股份制企业融合和过渡时期的实物，是一张传统钱庄向现代股份制企业过渡时期的历史证据。它的存在，证明了传统并不一定与现代对立，在一定的情况和条件下可以相互融合，相互借鉴和相互转化，从而获得新的生命力。

三 传统向现代的转化融合

钱庄出现的这种变化，并非偶然。在相同的时期里的其他行业中同样出现过。这里就以传统手工业的情况为例进一步说明。在《中国资本主义发展史》第二卷中，对传统手工业的40个行业进行了系统的统计和分析。他指出，洋货是随着列强的武装侵略和攫取特权而来，其势穷凶极恶。但是，外国资本主义洋货倾销的范围和数量都有一定的限度，"对中国手工业的冲击作用至为复杂。如以洋纱洋布而言，确实使我国农村手纺业遭到摧残，但手织业情况不同，取代过程甚缓。又如煤油的倾销，是在照明上取代部分植物油，而不能在食用和工业用途上取代，我国手工榨油业在后来曾大有发展。再如钢铁进口，确使我国土钢至于绝迹，而土铁情况迥异；土针确遭毁灭，而铁器制造反有发展。至于机制工业与手工业之间，固属矛盾，但在发展过程中，亦有互相补充的作用。我国近代纱厂的发展，即是靠手工织布打开销路，在其他近代工业中，利用厂外手工劳动从事部件、包装等工序，亦属常见"。[①] 因此传统手工业中，因外国资本主义的入侵而遭到严重摧毁的行业并不多，根据吴承明先生在该书中的统计，40个传统手工业行业中受到比较严重冲击和摧

---

① 许涤新、吴承明主编：《中国资本主义发展史》第二卷，人民出版社1990年版，第903页。

毁的行业主要有 8 个,分别为"手工纺纱、制靛、踹布、土钢、土针、土烛、土烟、木板印刷等",其余的行业都能维持,"多数并有发展"。而且,中国近代工业化道路发展的共同特点是:起始阶段不管是外国资本还是中国官办工业,都是从国外引进整套设备,但是引进的整套设备进入中国后的具体操作,却是要与中国的手工工业结合。例如,第一家外资工厂也就是 1845 年广州的柯拜船坞,在引进整套外国设备后,"仍是先用中国式的泥坞手工操作,然后机械化。上海第一家外商船厂伯维公司也是这样。第一家官办工厂即 1861 年的安庆内军械所,初建也是手工工厂,以后添置机器。其后上海的洋炮局也是这样。早期的民营机器厂,大半是从打铁作坊发展而来,一些有名的大厂如周恒顺等,也是这样。它们先添置一两台手摇或足踏机床,经营有利,再添设蒸汽动力"。在矿业领域中,这种情况表现得更为明显。"绝大部分机械化的煤矿都是由手工煤窑转化而来,它们先是添置蒸汽动力吸水机,积累资本,再添置上井口卷扬机,采掘仍用手工。金属矿也是这样,先添置几架蒸汽动力的铁杵捣石机,积累资金,再添置新式冶炉,采掘仍用手工"。[①] 而且在其他行业中,"例如在缫丝业中,由手摇丝车到足踏丝车、到汽喉足踏丝车、再到蒸汽动力丝车;制棉业中,由手摇轧花车到足踏车、到足踏皮辊车、再到蒸汽动力齿轮轧花车;……磨粉业中,由畜力石磨到火轮石磨、再到电力钢磨;棉丝业和丝织业中,由投梭机到手拉机、再到足踏铁轮织机以至足踏自动提花机。"针对这种情况,吴承明先生指出,"手工业中看来是传统的东西,同时也是进步的力量,因为它包含有能动因素,能够推动生产的商品化、社会化,成为工业近代化的积极因素",因此吴承明先生总结说:"那种把传统经济和现代经济完全对立起来的理论,缺乏辩证思考,也是非历史的"。[②]

显然,在上述吴承明先生研究的手工业中,外来的成套设备进

---

① 吴承明:《市场·近代化·经济史论》,云南大学出版社 1996 年版,第 121—122 页。
② 吴承明:《市场·近代化·经济史论》,云南大学出版社 1996 年版,第 121—122 页。

入中国后，既有从手工业配合开始起步的类型，也有原来的手工行业逐步引入蒸汽动力、机械设备甚至电力设备，步步走向现代的类型，但不管是哪种类型，都证明至少在近代中国，传统与现代是完全可以转化和相融，并能够在新的基础上得到进一步发展这个事实。

笔者曾对陈真编《中国近代工业史资料》第四辑中所记载的22个行业资料中的企业资本组织形态进行过统计，结果发现，在22个行业中，只有8个不同的行业有资本组织形态的介绍记载。而在具有明确记载资本组织形式的8个行业中，带有传统中国手工业特点的合股制组织形式的企业最多。例如，蚕丝业中只有独资和合伙两种资本组织形式，93家企业中有5家独资、88家合股，合股企业占了绝对统治地位。

毛纺织业独资最多，全国332家中有276家为独资，次为合股。

上海面粉业到1947年时，留下记载的15家企业中，合股3家，独资1家，余者为股份制和其他。

卷烟业中，股份制企业数量为第一，独资为第二，合股为第三。

皮革工业中"各厂营业性质，华商中大部分系旧式合股开办。各股东间之关系，有凭合同议据而成立者，大约居各厂坊总数十分之七"，"合资者之股本，占最多数"。可见在皮革工业中，合股制企业无论在企业数量上还是在资本总数额上，均超过独资和股份公司。

广州橡胶工业企业中，17家记载了资本来源，其中合股制企业占14家，独资1家，股份制1家，合股制占了绝对优势。

机械工业留下了北京和上海两地组织形式的记载。1935年时北京机械企业的资本组合，"仅有合伙及独资两种，股份组织则完全没有。独资经营者共55厂，资本总额为335000元，合伙经营者6厂，资本总额为359318元，此外属于官营者1厂，资本为20000元。独资经营的工厂，占总厂数的88%，资本占45%，合伙的工厂，仅占总厂数的10%，而资本总额却超过全部资本的一半"。1895—1931年时上海机械工业共有316家，其中独资163家，合股120家，股份制31家，政府经营者2家。无论北京还是上海，独资和合股均为企业数量中的最大多数，独资企业数量最多，可是合股企业的单家资本数量却远超独资。

采矿业中虽没有具体的企业分类数量，但却留下"合伙制：此制在各矿区甚为普遍，为现时赣南钨矿生产最重要之形态"的记载，可见在该行业中合股制所占份额绝不会少。①

也就是说，在留下资本组织形态的 8 个行业中，蚕丝、皮革、橡胶、采矿业 4 个行业中，合股制均占压倒性多数，毛纺和机械算是处于大致相等的状态，只有面粉和卷烟业中合股制不占优势。为何在近代社会急剧变动向工业化转化的时期，合股制这种有着悠久传统的企业组织形态，仍然有着旺盛的生命力？从经济学的角度看，证明利用传统中国社会经济领域中的活力和商事习惯，对于减少社会交易成本、提高收益有着明显的好处。

钱庄行业也是如此，在东西方出现大分流，中国国门被西方强行打开，世界局势发生巨大改变，外来势力进入的近代中国，我们可以看到钱庄作为一个行业发生的相当大的变化：首先是加入中西商品贸易，成为中国进出口贸易结算中的重要一员；其次是在资金上先后与外国洋行和银行结成融通关系，奠定了自身存在和发展的基础；在业务方面，随着中国近代工业的起步和发展，钱庄改变了过去主要针对商业和贸易放贷的习惯，近代中国第一家机器大工业企业——轮船招商局从成立开始的第一届帐略，以及此后的帐略中，都存在着钱庄的大量贷款就是一个确实的证明。此后钱庄更加广泛地参与到中国工业化的进程之中，在多个行业多个企业的发展过程中，都留下了钱庄的活跃身影。

在贷款的形式方面，同样出现多样的改变，如将对人信用贷款改变为对物抵押贷款方式是重要的一种；在放贷时间上改变当年收回放贷进行结算的方式是重要的一种；改变放贷时候放贷款数量小方式单一的情况又是重要的一种（大生第三纺织厂的放贷即为一例）。

---

① 参见笔者 2017 年 10 月下旬参加福建师范大学召开的"首届中国企业史研究范式与方法"学术讨论会提交的论文《试论近代中国民间资本中合伙制企业生命力强大的原因》。

此后，为适应新时期工商企业的需求，增加自身资本，甚至从制度上进行改变，将此前的独资或合伙的组织形式改变为股份制有限钱庄更是重大的变化。

当然，一种制度得以存在，必然有使其存在的社会基础、条件和要求。一种传统行业在外在环境发生巨变而依然要求生存发展时，改变自身条件适应环境获得更有效的发展是一种自然的选择。而从代表"现代"的外来经济势力的角度看，它的主要目标是获取利润和追求特权，当其来到中国这样一个面积广阔、人口众多而传统和文化又自成一体且具有几千年商事习惯的国家时，如何尽快适应当地的传统，采用最简单、成本最低、时间最短的方式达到目标，必然是它们的首选。在这样的情况下，与当地长期存在的机构和组织合作，融入当地行之有效的商业网络中运作，在合作和运作中寻求对对方的改造以利于达到自己目标，无疑是最有效且最直接的手段。在这样的背景和考虑下，出现合作的结果并不会令人意外，而且一般会是"双赢"，只不过获得"双赢"大头的一方根据时段和地区的变化往往会发生变化而已。

回过头来看，钱庄这样一个被称为"百业之首"的行业所发生的变化，正好是钱庄与外来势力合作的案例。只不过需要我们关注和思考的地方是：从小的方面来说，我们可以看到钱庄顺应时代发展改变自身规则的种种做法，显示了钱庄不纠结于传统的灵活性和与时俱进的特点。而从大的方面来说，钱庄的因时而变、与时俱进的特点，反映了中华文明能够历经几千年延续发展而生机不枯竭、活力不凋敝的根源所在。在上述所举钱庄和手工业以及合股制企业变化中反映出来的这些特点和性质，才是需要我们格外重视以及深入研究的东西。

（原载《南国学术》2018 年第 3 期）

编选者手记

朱荫贵先生从事经济史的研究已有四十余年，学问赅洽，著述宏富。朱荫贵先生的研究主要集中在中日现代化比较、近代中国企业史、中国近代轮船航运史以及近代金融史等领域。他的研究侧重从宏观和制度层面探讨研究对象，并结合政治、经济、军事、社会等因素进行综合分析。同时注重同日本等国家进行横向比较，从而有助于更深入地探索近代中国经济发展或停滞的原因，以及形成近代中国社会、经济制度的因素。基于上述思路，朱荫贵先生发表的主要论著大致集中在以下几个方面：其一，中国与日本在早期现代化过程中的异同及各自政府在其中扮演的角色。其二，中国近代轮船航运业的兴衰过程以及外在的影响因素。其三，近代中国企业制度的生成与演变过程。其四，近代中国的资本市场及与中国现代化的关系。

本文集所编选的《中国早期现代化：与日本的比较》《近代中国的第一批股份制企业》《中国近代股份制企业的特点——以资金运行为中心的考察》《两次世界大战间的中国银行业》等文章，是朱荫贵先生思考中国早期现代化的路径以及近代中国证券市场、股份制企业形成与发展的宏观之作，立意高远，论述精当。《论晚清新式工商企业对政府的报效》《引进与变革：近代中国企业官利制度分析》《试论近代中国证券市场的特点》等文章则是朱荫贵先生采用实证与理论相结合，剖析近代中国企业制度以及证券市场生成与演变的精深之作。而《论国家政权在中日近代化过程中的作用——十九世纪中日两国海技自立的比较研究》《"官督商办"与"命令书"——中日近代工商企业经营管理形态的比较研究》《抗战时期日本对中国轮船航运业的入侵与垄断》《1937年前的外国在华银行——以南京国民政府时期为中心》等文章，则可看出朱荫贵先生在经济史的研究过程中，十分注重国家政权、军事战争以及其他外在因素对经济活动的影响，而不仅仅局限在经济层面的分析，是故上述论著同样具有十分重要的学术价值。

熊昌锟

2022年5月

《经济所人文库》第二辑总目(25种)

(按作者出生年月排序)

《汤象龙集》　　《李伯重集》

《张培刚集》　　《陈其广集》

《彭泽益集》　　《朱荫贵集》

《方　行集》　　《徐建青集》

《朱家桢集》　　《陈争平集》

《唐宗焜集》　　《左大培集》

《李成勋集》　　《刘小玄集》

《刘克祥集》　　《王　诚集》

《张曙光集》　　《魏明孔集》

《江太新集》　　《叶　坦集》

《李根蟠集》　　《胡家勇集》

《林　刚集》　　《杨春学集》

《史志宏集》